课书房
新/形/态/教/材

高等职业教育
市政工程类专业教材

总主编◎杨转运

MUNICIPAL
ENGINEERING

国家教学资源库配套教材

市政工程资料编制与归档

主编 段贵明 王 亮 副主编 贾 瑜 张 洁 马晋芳
参编 郑超杰 秦宇峰 主审 杨转运 王宇清

重庆大学出版社

内容提要

本书是高等职业教育市政工程类专业系列教材之一，由校企合作开发，并配套丰富的数字资源。本书根据学生职业能力培养的基本规律，按照工作过程，以项目化教学理念构建内容体系，结合市政道路工程、桥梁工程、给排水工程具体的施工过程，，以实际工程为例详细介绍了市政工程资料编制与归档的内容。本书突出实用性，注重实践能力的培养，贴近职业岗位的核心能力。

本书可作为高等职业教育（本科）市政工程类专业的教学用书和市政实训的辅导资料，也可作为从事市政工程管理、资料整理等从业人员的参考用书。

图书在版编目（CIP）数据

市政工程资料编制与归档 / 段贵明，王亮主编. -- 重庆：重庆大学出版社，2022.7（2025.1 重印）
高等职业教育市政工程类专业教材
ISBN 978-7-5689-3413-8

Ⅰ. ①市… Ⅱ. ①段… ②王… Ⅲ. ①市政工程—技术档案—档案管理-高等职业教育-教材 Ⅳ. ①G275.3

中国版本图书馆 CIP 数据核字（2022）第 121102 号

高等职业教育市政工程类专业教材
市政工程资料编制与归档
主　编　段贵明　王　亮
副主编　贾　瑜　张　洁　马晋芳
主　审　杨转运　王宇清
策划编辑：范春青
责任编辑：陈　力　　版式设计：范春青
责任校对：王　倩　　责任印制：赵　晟
*
重庆大学出版社出版发行
出版人：陈晓阳
社址：重庆市沙坪坝区大学城西路 21 号
邮编：401331
电话：（023）88617190　88617185（中小学）
传真：（023）88617186　88617166
网址：http://www.cqup.com.cn
邮箱：fxk@cqup.com.cn（营销中心）
全国新华书店经销
重庆亘鑫印务有限公司印刷
*
开本：787mm×1092mm　1/16　印张：18.25　字数：411 千
2022 年 7 月第 1 版　　2025 年 1 月第 2 次印刷
印数：2 001—3 000
ISBN 978-7-5689-3413-8　定价：55.00 元

前言

本书根据高等职业教育土建类专业指导性教学文件，以国家现行市政工程标准、规范、规程为依据，坚持项目导向，以实用为原则，精准对接市政工程实际，结合编者多年工作经验和教学实践，在自编讲义的基础上修改、补充而成。

市政工程资料编制与归档是一门实践性、综合性很强的课程。全书以实践为主、理论为辅，根据学生职业能力培养的基本规律，按照工作过程，以项目化教学理念构建教材体系，通过具有启发性、实用性内容的安排，提高学生的学习兴趣和实践能力。

本书由段贵明、王亮担任主编。参加编写人员的分工如下：项目1任务1、任务2和任务4由山西工程科技职业大学段贵明编写；项目1任务3由山西五建集团有限公司郑超杰编写；项目2由中国能源建设集团山西电力建设有限公司秦宇峰编写；项目3由山西工程科技职业大学王亮编写；项目4由山西工程科技职业大学张洁编写；项目5由山西工程科技职业大学马晋芳编写；项目6由山西工程科技职业大学贾瑜编写。四川建筑职业技术学院杨转运教授、山西五建集团有限公司王宇清正高级工程师担任本书主审。

在本书编写过程中参阅了一些公开出版和发表的文献，在此向文献作者表示衷心的感谢，由于编者水平有限，书中难免存在疏漏之处，恳请广大读者和同行专家批评指正。

编　者

2022年1月

目录

项目1　市政工程资料管理知识储备 …… 1
任务1　市政工程资料基本概念 …… 1
任务2　资料员基本要求 …… 2
任务3　市政工程资料的组卷与归档 …… 4
任务4　市政工程施工资料认知 …… 11
项目小结 …… 20

项目2　市政工程施工管理技术与造价进度资料编制 …… 21
任务1　施工管理技术文件资料编制 …… 22
任务2　施工进度造价文件编制 …… 34
项目小结 …… 40

项目3　市政道路工程施工资料编制 …… 41
任务1　市政道路工程施工物资资料编制 …… 41
任务2　市政道路工程分部、分项、检验批划分 …… 46
任务3　市政道路工程路基分部工程资料编制 …… 49
任务4　市政道路工程路面基层分部工程资料编制 …… 62
任务5　市政道路工程路面面层分部工程资料编制 …… 72
任务6　市政道路工程人行道分部工程资料编制 …… 79
任务7　市政道路工程附属构筑物分部工程资料编制 …… 90
任务8　市政道路工程施工验收资料编制 …… 102
项目小结 …… 114

项目4　市政桥梁工程施工资料编制 …… 115
任务1　桥梁工程施工物资资料编制 …… 115
任务2　市政桥梁工程分部、分项、检验批划分 …… 124

任务 3　地基与基础分部工程资料编制 …… 125
任务 4　墩台分部工程资料编制 …… 140
任务 5　支座分部工程资料编制 …… 146
任务 6　桥跨承重结构分部工程资料编制 …… 151
任务 7　桥面系分部工程资料编制 …… 175
任务 8　附属结构分部工程资料编制 …… 179
任务 9　市政桥梁工程施工验收资料编制 …… 182
项目小结 …… 195

项目 5　市政给排水工程施工资料编制 …… 196
任务 1　给排水工程施工物资资料编制 …… 196
任务 2　给排水工程分部、分项、检验批的划分 …… 201
任务 3　土方工程分部工程资料编制 …… 203
任务 4　管道主体工程分部工程资料编制 …… 218
任务 5　附属构筑物分部工程资料编制 …… 236
任务 6　市政给排水施工验收资料编制 …… 254
项目小结 …… 261

项目 6　市政工程监理资料编制 …… 262
任务 1　市政工程监理资料内容 …… 262
任务 2　市政工程监理管理资料收集与编制 …… 264
任务 3　工程进度控制资料收集与编制 …… 272
任务 4　工程质量控制资料收集与编制 …… 277
任务 5　工程造价控制资料收集与编制 …… 280
项目小结 …… 284

参考文献 …… 285

配套数字资源列表 …… 286

项目1 市政工程资料管理知识储备

任务1 市政工程资料基本概念

任务目标

市政工程资料既是市政工程进行竣工验收的必备材料，也是对市政工程进行检查、维修、管理、使用以及改建的重要依据。通过本任务的学习，学生能够掌握市政资料的基本概念和分类，并能够制订C类资料的整理顺序。

1.1.1 工程资料的概念

在市政工程建设过程中形成的各种形式的信息记录，包括工程准备阶段资料、监理资料、施工资料、竣工图和竣工验收资料，简称市政工程资料。

①工程准备阶段资料：市政工程在立项、审批、征地、勘察、设计、招投标等工程准备阶段形成的资料，由建设单位提供。本阶段为开工前从项目立项申请开始到办完工程手续为止。

②监理资料：监理单位在工程设计、施工等监理过程中形成的资料。

③施工资料：施工过程中施工单位依据有关规定所做的文字记录、图纸、表格、音像等应归档的资料。它是评定工程质量、竣工交付使用的必要条件，也是对工程进行检查、维护、管理、使用、改建和扩建的依据。

④竣工图：工程竣工验收后，真实反映建设工程施工结果的图样。

⑤竣工验收：建设工程项目竣工验收活动中形成的文件。

（本书将结合实际工程案例以施工资料为重点进行介绍）

资料的类别及编号

1.1.2 市政工程资料的分类

市政工程资料按照《建设工程文件归档规范（2019版）》（GB/T 50328—2014）分类如下：工程准备阶段文件（A类）、监理文件（B类）、施工文件（C类）、竣工图（D类）、工程竣工文件（E类）。其内容可扫二维码进行阅览。

①工程准备阶段文件分为立项文件、建设用地与拆迁文件、勘察和设计文件、招投标文件、开工审批文件、工程造价文件和工程建设基本信息 7 类。

②监理文件分为监理管理文件、进度控制文件、质量控制文件、造价控制文件、工期管理文件和监理验收文件 6 类。

③施工文件分为施工管理文件、施工技术文件、进度造价文件、施工物资文件、施工记录文件、施工试验记录及检测文件、施工质量验收文件和施工验收文件 8 类。

④竣工图分为道路竣工图、桥梁竣工图、地下管线竣工图、地下管线工程竣工测量成果文件等。

⑤工程竣工文件分为竣工验收与备案文件、竣工决算文件、工程声像文件和其他工程文件 4 类。

1.1.3 市政工程资料的管理规定

①工程资料应真实反映工程的实际情况，具有永久和长期保存价值的材料必须完整、准确和系统。

②工程资料应使用原件，因各种原因不能使用原件的，应在复印件上加盖原件存放单位公章、注明原件存放处、并有经办人签字及时间。

③工程资料应保证字迹清晰，签字、盖章手续齐全，签字必须使用档案规定用笔。计算机形成的工程资料应采用内容打印、手工签名的方式。

④施工图的变更、洽商绘图应符合技术要求。凡采用施工蓝图改绘竣工图的，必须使用反差明显的蓝图，竣工图图面应整洁。

⑤工程档案的填写和编制应符合档案缩微管理和信息化管理的要求。

⑥工程档案的缩微制品，必须按国家缩微标准进行制作，主要技术指标（解像力、密度、海波残留量等）应符合国家标准，保证质量，以适应长期安全保管的需要。

⑦工程资料的照片（含底片）及声像档案，应图像清晰，声音清楚，文字说明或内容准确。

任务 2 资料员基本要求

任务目标

市政工程资料员是负责工程项目资料的编制、收集、整理、档案管理等内业管理工作的技术人员。通过本任务的学习，学生能够了解资料员的工作范围、能力要求和必备知识。

1.2.1 资料员的工作范围

①认真贯彻上级主管部门的各项规定。

②负责所有工程资料图纸变更、洽商记录、来函的及时接收、整理、发放、借出、保存等工作。

③随工程进度同步收集、整理施工资料。

④收到文件及设计变更通知后，应立即编号登记，并及时、有效地传达到工程技术文件使用者手中。

⑤收集和整理工程准备阶段、竣工验收阶段形成的文件，并进行立卷归档。

⑥归档文件必须齐全、完整、系统、准确。归档文件材料必须层次分明，符合其形成规律。

⑦归档文件必须准确地反映生产、科研、基建和经营管理等活动的真实内容和历史过程。

⑧严格执行资料工作的要求，加强资料的日常管理和保护工作，定期检查，发现问题及时向分管经理汇报，采取有效措施，保证资料安全。

⑨按照资料保管期限定期鉴定资料。

⑩维护项目工程资料的完善与安全，对违反制度或不正确使用的行为，可拒绝提供相关工程资料。

⑪参与工程竣工图的整理和移交。

1.2.2　资料员工作能力要求

①坚定不移地贯彻执行党的路线、方针、政策，严格遵守国家法律、法规和规章，认真按照自身的职责权限和工作程序履行职责。

②具有良好的职业道德，高度的责任感、事业心和积极乐观的工作态度，良好的团队合作精神和分析问题、解决问题的能力。

③能收集、分析工程建设市场信息。

④能收集、整理工程施工过程中各类图纸以及补充资料。

⑤能进行文书处理工作。

⑥掌握施工技术质量资料的归档要求。

⑦对竣工资料和竣工图等能独立组合案卷。

1.2.3　资料员岗位必备知识

市政工程项目资料员必须具备一定的专业及相关知识，根据市政工程资料整理需要，市政工程资料员必须具备以下知识能力：

①资料员需具有市政工程相关专业中等专业以上文化程度，具有一定的文书处理能力。

②具备市政工程识图、工程结构和构造的基本知识。

③了解现场施工程序及各种关键数据。

④了解施工企业承包方式、合同签订、施工预算、现场经济活动分析管理的基本知识。

⑤了解市政工程设计、施工验收规范和安全生产的法律法规、标准及规范。

⑥具有计算机应用基本知识和现代化管理基本知识。

⑦了解国家或项目所在地的各级政府有关档案管理的规定。

任务3 市政工程资料的组卷与归档

任务目标

市政工程资料的组卷是指按照一定的方法和原则将工程资料分类整理成案卷的过程。市政工程资料的归档是指把工程资料整理与组卷并按照规定移交给档案管理部门的工作。通过本任务的学习，学生能够对市政工程资料进行组卷和归档。

1.3.1 市政工程施工资料组卷认知

1）市政工程资料的组卷形式

①工程资料应使用纸质载体和光盘载体两种形式。

②纸质载体和光盘载体的工程资料应在工程建设过程中形成、收集和整理。

③光盘载体的电子工程档案应符合下列规定：

a. 城建档案馆首先对纸质载体的工程档案进行验收，合格后再进行电子工程档案的核查，核查无误后，最后进行电子工程档案的光盘刻录。

b. 电子工程档案的封套、格式必须按城建档案馆的要求进行。

2）市政工程资料组卷的要求

对属于归档范围的工程资料进行分类，确定归入案卷的资料；对卷内资料进行排列、编目、装订、装盒；排列所有案卷，形成案卷目录。

（1）市政工程资料组卷原则

①立卷应遵循工程资料的自然形成规律和工程专业的特点，保持卷内资料的有机联系，便于档案的保管和利用。

②工程资料应按不同形成、整理单位及建设程序，按工程准备阶段资料、监理资料、施工资料、竣工图、竣工验收资料分别进行立卷，并根据数量多少组成一卷或多卷。

③建设工程项目由多个单位工程组成时，工程资料应按单位工程立卷。

④建设工程项目由多个单位工程组成时，多个单位工程共用一份的资料可单独组卷；当同一项目中多个单位工程要求归档的资料出现重复时，其原件可归入其中一个单位工程，其余单位工程可不归档，但应说明情况，以备互查。

⑤不同载体的资料应分别立卷。

（2）案卷的厚度要求

案卷不宜过厚，文字材料卷厚度不宜超过20 mm，图纸卷厚度不宜超过50 mm。

(3)外文资料的相关规定

工程资料为外文版的,应用中外两种文字准确表达,并应符合下列规定:

①有关资料的中文翻译件应由翻译责任者签字认证,并与原件一并归档。

②如无翻译件的材料,案卷目录中的案卷题名和卷内目录中的资料(图纸)名称应用中外文两种文字准确表达。

(4)建设工程电子资料的相关规定

①归档的建设工程电子资料应采用表1.1所列的资料格式或通用格式进行存储。专用软件产生的非通用格式的电子资料应转换为通用格式。

表1.1　工程电子资料存储格式表

资料类别	格　式
文本(表格)资料	PDF、XML、TXT
图像资料	JPEG、TIFF
图形资料	DWG、PDF、SVG
影像资料	MPEG2、MPEG4、AVI
声音资料	MP3、WAV

②归档的建设工程电子资料应包含元数据,保证资料的完整性和有效性。元数据应符合现行行业标准《建设电子档案元数据标准》(CJJ/T 187—2012)的规定。

③归档的建设工程电子资料应采用电子签名等手段,所载内容应真实可靠。

④归档的建设工程电子资料的内容必须与其纸质档案一致。

⑤离线归档的建设工程电子档案载体,应一次性写入光盘,光盘不应有磨损、划伤。

⑥存储移交电子档案的载体应经过检测,应无病毒、无数据读写故障,并应确保接收方设备读出数据。

3)市政工程资料的卷内排列

①文字材料应按事项、专业顺序排列。同一事项的请示与批复、同一资料的印本与定稿、主体与附件不应分开,并应按批复在前、请示在后,印本在前、定稿在后,主体在前、附件在后的顺序排列。

②图纸应按专业排列,同专业图纸应按图号顺序排列。

③当案卷内既有文字材料又有图纸时,文字材料应排放在前面,图纸应排放在后面。

4)市政工程资料的案卷编目

(1)编制卷内资料页号的规定

①卷内资料均应按有书写内容的页面编号。每卷单独编号,页号从"1"开始。

②页号编写位置:单面书写的资料在右下角;双面书写的资料,正面在右下角,背面在左

下角；折叠后的图纸一律在右下角。

③成套图纸或印刷成册的资料材料，自成一卷的，原目录可代替卷内目录，不必重新编写页码。

④案卷封面、卷内目录、卷内备考表不编写页号。

（2）卷内目录的编制规定

①卷内目录排列在卷内资料首页之前，式样如图1.1所示。

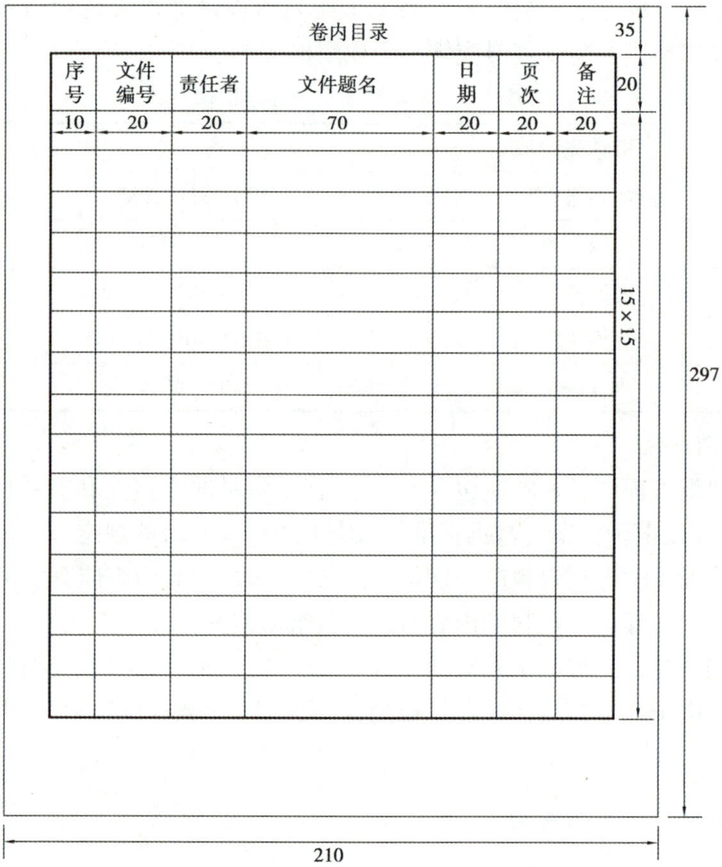

图1.1　卷内目录样式

注：1. 尺寸单位统一为：mm；

2. 比例 1∶2。

②序号应以一份资料为单位编写，用阿拉伯数字从1依次标注。

③责任者应填写资料的直接形成单位或个人。有多个责任者时，应选择两个主要责任者，其余用“等”代替。

④资料编号应填写资料形成单位的发文号或图纸的图号，或设备、项目代号。

⑤资料题名应填写资料标题的全称。当资料无标题时，应根据内容拟写标题，拟写标题外应加“[ ]”符号。

⑥日期应填写资料的形成日期或资料的起止日期,竣工图应填写编制日期。日期中“年”应用四位数字表示,“月”和“日”应分别用两位数字表示。

⑦页次应填写资料在卷内所排的起始页号,最后一份资料应填写起止页号。

⑧备注应填写需要说明的问题。

(3)卷内备考表的编制规定

①卷内备考表应排列在卷内资料的尾页之后,式样如图1.2所示。

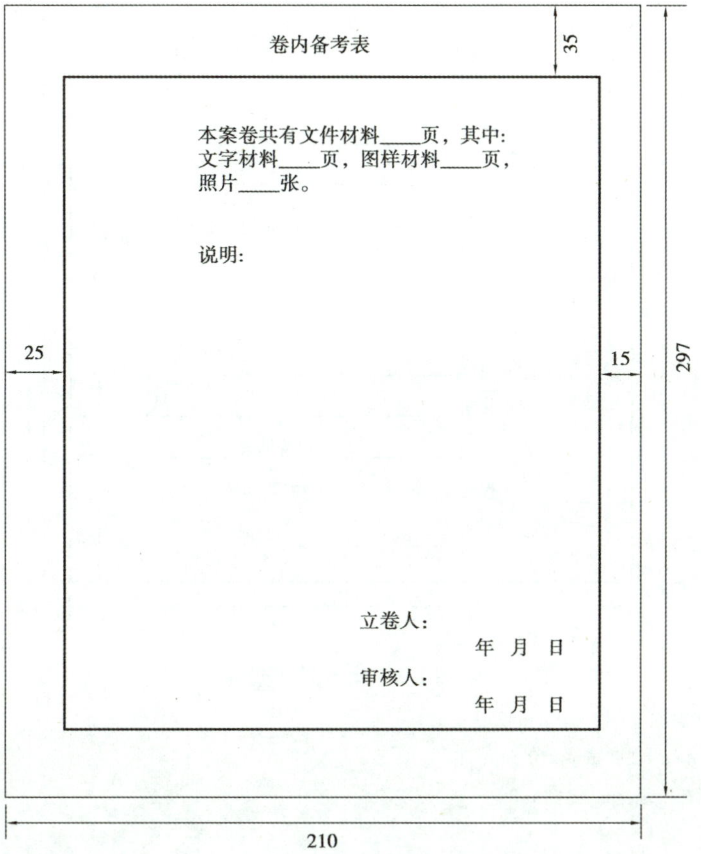

图1.2　卷内备考表式样

注:1.尺寸单位统一为:mm;

2.比例1:2。

②卷内备考表应标明卷内资料的总页数、各类资料页数或照片张数及立卷单位对案卷情况的说明。

③立卷单位的立卷人和审核人应在卷内备考表上签名;年、月、日应按立卷、审核时间填写。

(4)案卷封面的编制规定

①案卷封面应印刷在卷盒、卷夹的正表面,也可采用内封面形式。案卷封面的式样如图1.3所示。

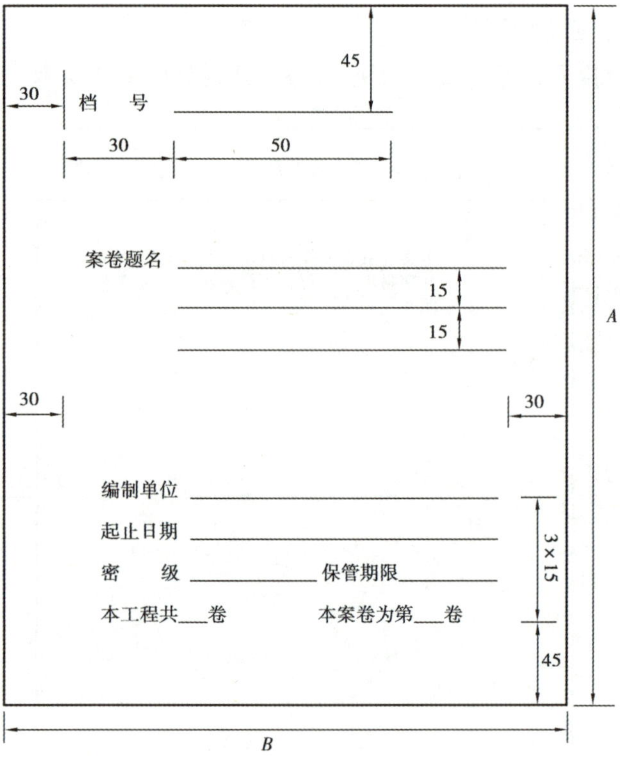

图1.3　案卷封面式样

注:1. 卷盒、卷夹封面 $A \times B = 310\ mm \times 220\ mm$;

2. 案卷封面 $A \times B = 297\ mm \times 210\ mm$;

3. 尺寸单位统一为:mm,比例1:2。

②案卷封面的内容应包括档号、案卷题名、编制单位、起止日期、密级、保管期限、本案卷所属工程的案卷总量、本案卷在该工程案卷总量中的排序。

③档号应由分类号、项目号和案卷号组成。档号由档案保管单位填写。

④案卷题名应简明、准确地表示卷内资料的内容。

⑤编制单位应填写案卷内资料的形成单位或主要责任者。工程准备阶段资料和工程竣工资料的编制单位应为建设单位;勘察、设计资料的编制单位应为工程勘察、设计单位;监理资料的编制单位应为监理单位;施工资料和竣工图的编制单位应为施工单位。

⑥起止日期应填写案卷内全部资料形成的起止日期。

⑦保管期限应根据卷内资料的保存价值在永久保管、长期保管、短期保管3种保管期限中选择划定。当同一案卷内有不同保管期限的资料时,该案卷保管期限应从长。

⑧密级应在绝密、机密、秘密 3 个级别中选择划定。当同一案卷内有不同密级的资料时，应以高密级为本卷密级。

(5)案卷题名规定

①道路、桥梁工程案卷题名应包括工程名称(含单位工程名称)、分部工程或专业名称及卷内资料概要等内容，必要时可增加工程地址内容。

②地下管线工程案卷题名应包括工程名称(含单位工程名称)、专业管线名称和卷内资料概要等内容，必要时可增加工程地址内容。

③卷内资料概要应符合《建设工程文件归档规范(2019 版)》(GB/T 50328—2014)中所列案卷内容(标题)的要求。其内容可扫二维码进行阅览。

资料的类别及编号

④外文资料的题名及主要内容应译成中文。

(6)案卷脊背规定

案卷脊背应由档号、案卷题名构成，由档案保管单位填写；案卷脊背的式样如图 1.4 所示。

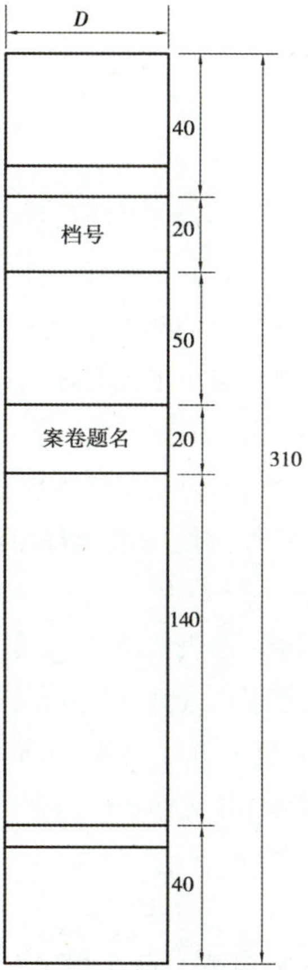

图 1.4　案卷脊背

注：1. D = 20,30,40,50 mm；

2. 尺寸单位统一为：mm，比例 1∶2。

(7)卷内目录、卷内备考表、案卷内封面的要求

卷内目录、卷内备考表、案卷内封面宜采用70 g以上白色书写纸制作,幅面应统一采用A4幅面。

5)市政工程资料的案卷装订与装具

①案卷可采用装订与不装订两种形式。文字材料必须装订。装订时不应破坏资料的内容,并应保持整齐、牢固,便于保管和利用。

②案卷装具可采用卷盒、卷夹两种形式,并应符合下列规定:

a. 卷盒的外表尺寸应为310 mm×220 mm,厚度可为20,30,40,50 mm。

b. 卷夹的外表尺寸应为310 mm×220 mm,厚度宜为20~30 mm。

c. 卷盒、卷夹应采用无酸纸制作。

1.3.2 市政工程资料的归档认知

1)市政工程资料归档质量要求

①归档的纸质工程资料应为原件;若为复印件时,提供单位应在复印件上加盖单位印章,并应有经办人签字及日期。提供单位应对资料的真实性负责。

②工程资料的内容应符合国家现行有关勘察、设计、施工、监理等标准的规定。

③工程资料的内容必须真实、准确,应与工程实际相符合。

④工程资料的纸张应采用能长期保存的韧性大、耐久性强的纸张。工程资料应采用碳素墨水、蓝黑墨水等耐久性强的书写材料,不得使用红色墨水、纯蓝墨水、圆珠笔、复写纸等易褪色的书写材料。计算机输出文字和图件应使用激光打印机,不应使用色带式打印机、水性墨打印机和热敏打印机。

⑤工程资料应字迹清楚、图样清晰、图表整洁,签字盖章手续应完备。

⑥工程资料中文字材料幅面尺寸规格宜为A4幅面(297 mm×210 mm),图纸宜采用国家标准图幅。不同幅面的工程图纸,应统一折叠成A4幅面(297 mm×210 mm)。图面应朝内,首先沿标题栏的长边方向以W形折叠,并使标题栏露在外面。

2)建设工程资料的归档规定

①归档资料必须完整、准确、系统,能够反映工程建设活动的全过程。

②列入城建档案管理机构档案接收范围的工程,竣工验收前,城建档案管理机构应对工程档案进行预验收。

③建设单位在组织工程竣工验收前应提请城建档案管理机构对工程档案进行预验收。

④城建档案管理机构在进行工程档案预验收时,应查验下列主要内容:

a. 工程档案应齐全、系统、完整,全面反映工程建设活动和工程实际状况。

b. 工程档案已整理立卷,立卷符合第1.3.1节的相关规定。

⑤竣工图的绘制方法,图式及规格应符合专业技术要求,图面整洁,并盖有竣工图图章。

⑥资料的形成、来源符合实际,要求单位或个人签章的资料,其签章手续完备;资料的材质、幅面、书写、绘图、用墨、托裱等符合要求;电子档案格式、载体等符合要求;声像档案内容、质量、格式符合要求。

⑦归档时间应符合的规定:根据建设程序和工程特点,归档可分阶段分期进行,也可在单位或分部工程通过竣工验收后进行。勘察、设计单位应当在任务完成时,施工、监理单位应当在工程竣工验收前,将各自形成的有关工程档案向建设单位归档。

⑧归档顺序应符合的规定:勘察、设计、施工单位在收齐工程文件并整理立卷后,建设单位、监理单位应根据城建档案管理机构的要求对档案文件完整、准确、系统情况和案卷质量进行审查。审查合格后向建设单位移交。勘察、设计、施工、监理等单位向建设单位移交档案时,应编制移交清单,双方签字、盖章后方可交接。

⑨归档数量应符合的规定:工程档案一般不少于两套,一套由建设单位保管,另一套(原件)移交当地城建档案馆(室)。列入城建档案管理机构接收范围的工程,建设单位在工程竣工验收后3个月内,必须向城建档案管理机构移交一套符合规定的工程档案。

⑩停建、缓建工程的档案,可暂由建设单位保管。对改建、扩建和维修工程,建设单位应组织设计、施工单位对改变部位据实编制新的工程档案,并应在工程竣工验收后3个月内向城建档案管理机构移交。

⑪当建设单位向城建档案管理机构移交工程档案时,应移交案卷目录,办理移交手续,双方签字、盖章后方可交接。

任务4　市政工程施工资料认知

任务目标

市政工程施工资料是指市政工程在工程施工过程中形成的资料。通过本任务的学习,学生能够对市政工程物资资料分类和分级管理有一定的了解;能够进行单位工程、分部工程、分项工程的划分;能够了解市政工程施工质量管理验收资料一般规定。

1.4.1　市政工程施工物资资料的管理

市政工程施工物资资料是反映市政工程施工所用的物资是否满足设计和规范要求的各种质量证明文件和相关配套文件。

1) 市政工程施工物资分类

市政工程物资应按类别进行市政工程资料的编制和报验工作。市政工程物资可分为下述几类:

(1) Ⅰ类物资

Ⅰ类物资是指仅需有质量证明文件的工程物资,如大型混凝土预制构件、一般设备、仪表、管材等。

(2) Ⅱ类物资

Ⅱ类物资是指到场后除必须有出厂质量证明文件外,还必须通过复试检验(试验)才能认可其质量的物资,如水泥、钢筋、砌块、混凝土外加剂、石灰、小型混凝土预制构件、防水材料、关键防腐材料(产品)、保温材料、锅炉、进口压力容器等。

Ⅱ类物资进厂后应按规定进行复试,验收批量的划分及必试项目按相关规定进行,可根据工程的特殊需要另外增加试验项目。

水泥出厂超过 3 个月、快硬硅酸盐水泥出厂 1 个月后必须进行复试并提供复试检验(试验)报告,复试结果有效期限同出厂有效期限。

(3) Ⅲ类物资

Ⅲ类物资是指除需有出厂质量证明文件、复试检验(试验)报告外,施工完成后,需要通过规定龄期后再经检验(试验)方能认可其质量的物资,如混凝土、沥青混合料、砌筑砂浆、无机结合料稳定材料等。

2) 市政工程施工物资资料分级管理

市政工程物资资料需进行分级管理,对于进场的半成品材料,其原材料的质量证明文件由半成品供应单位或加工单位保存,施工单位则需要收集、整理、保存供应或加工单位提供的半成品的质量证明文件和进场后进行的检验、试验文件。各单位负责汇总整理各自范围内的工程资料,保证工程资料的可追溯性。

(1)钢筋资料的分级管理

如钢筋采用场外委托加工时,钢筋的原材报告、复试报告等原材料质量文件由加工单位保存;加工单位提供的半成品钢筋加工出厂合格证由施工单位保存,施工单位还应对半成品钢筋进行外观检查,对力学性能进行有见证试验。力学性能和工艺性能的抽样复试,应以同一出厂批、同规格、同品种、同加工形式为一验收批,对焊接钢筋连接接头应按每 300 个接头取不少于一组的要求进行验收。

(2)混凝土资料的分级管理

①预拌混凝土供应单位必须向施工单位提供质量合格的混凝土并随车提供预拌混凝土发货单,于45 d之内提供预拌混凝土出厂合格证;有抗冻、抗渗等特殊要求的预拌混凝土合格

证应提供时间，由供应单位和施工单位在合同中明确，一般不大于 60 d。

②预拌混凝土供应单位除向施工单位提供预拌混凝土的上述资料外，还应完整保存以下资料，以供查询：混凝土配合比及试配记录，水泥出厂合格证及复试报告，砂子试验报告，碎(卵)石试验报告，轻集料试验报告，外加剂材料试验报告，掺合料试验报告，碱含量试验报告(用于结构混凝土)，混凝土开盘鉴定，混凝土抗压强度、抗折强度报告(出厂检验、数值填入预拌混凝土出厂合格证)，混凝土抗渗、抗冻性能试验(按合同要求提供)，混凝土试块强度统计、评定记录(搅拌单位取样部分)，混凝土坍落度测试记录(搅拌单位测试记录)。

③施工单位应填写、整理以下混凝土资料：预拌混凝土出厂合格证(搅拌单位提供)，混凝土抗压强度、抗折强度报告(检测单位提供)，混凝土抗渗、抗冻性能试验记录(有要求时的现场取样检验)，C20 以上混凝土浇筑记录(其中部分内容根据预拌混凝土发货单内容整理)，混凝土坍落度测试记录(现场检验)，混凝土测温记录(有要求时的现场检测)，混凝土试块强度统计、评定记录(施工单位现场取样部分)，混凝土试块有见证取样记录。

④如果采用现场搅拌混凝土方式，施工单位应提供上述除预拌混凝土出厂合格证、发货单之外的所有资料。

⑤现场搅拌混凝土强度等级在 C40(含 C40)以上或特种混凝土需履行开盘鉴定手续。

(3)混凝土预制构件资料的分级管理

当施工单位使用混凝土预制构件时，钢筋、钢丝、预应力筋、混凝土等组成材料的原材报告、复试报告等质量证明文件及混凝土性能试验报告等由混凝土预制构件加工单位保存；加工单位提供的预制构件出厂合格证由施工单位保存。

(4)无机结合料稳定材料资料的分级管理

①无机结合料稳定材料生产厂家必须向施工单位提供质量合格的无机结合料稳定材料，并随车提供其运输单，并于 15 d 之内提供其出厂质量合格证。

②无机结合料稳定材料生产厂家除向施工单位提供上述资料外，还应完整保存以下资料，以供查询：无机结合料稳定材料配合比及试配记录，标准击实数据及最佳含水量数据，石灰、水泥出厂质量证明及复试报告，粉煤灰出厂质量证明及复试报告，工业废渣质量证明及复试报告，集料筛分试验报告，7 d 无侧限抗压强度试验报告。

③施工单位应收集、整理以下资料：无机结合料稳定材料出厂质量合格证(生产厂家提供)，无机结合料稳定材料 7 d 无侧限抗压强度(含有见证取样)试验报告(现场检测)，无机结合料稳定材料中石灰、水泥剂量检测报告(现场检测)。

(5)热拌沥青混合料资料的分级管理

①热拌沥青混合料生产厂家应向施工单位提供合格的沥青混合料并随车提供混合料运输单、标准密度资料及沥青混合料出厂质量合格证。

②热拌沥青混合料生产厂家除向施工单位提供上述资料外，还应完整保存以下资料，以供查询：热拌沥青混合料配合比设计及检验试验报告，路用沥青、乳化沥青、液体石油沥青出

厂合格证及复试报告，集料试验报告，添加剂试验报告。

③施工单位应收集、整理以下资料：热拌沥青混合料出厂合格证（生产厂家提供），热拌沥青混合料标准密度资料（生产厂家提供），沥青混合料压实度试验报告（有见证取样）。

3）市政工程施工物资资料要求

①市政工程物资（包括主要原材料、成品、半成品、构配件、设备等）质量必须合格，并有出厂质量证明文件（包括质量合格证明、检验/试验报告、产品生产安全许可证、质量备案证明、产品监督检验报告等）。

②质量证明文件的抄件（复印件）应保留原件所有内容，并注明原件存放单位，应有抄件人、抄件单位的签字和盖章。

③不合格物资不准使用。设计结构安全的材料需要更换时，应征得原设计单位的书面同意，并符合有关规定，经建设、监理单位批准后方可使用。

④凡使用无国家、行业、地方标准的新材料、新产品、新工艺、新技术，应有国家鉴定机构出具的鉴定证书，同时应有其产品质量标准、使用说明书、施工技术要求、工艺要求。使用前按其质量标准进行检验和试验。

⑤有见证取样检验要求的应按规定送检，并做好见证记录。

1.4.2 市政工程施工质量验收文件

1）市政工程质量验收项目划分

市政工程质量验收应划分为单位工程、分部工程、分项工程和检验批。

（1）工程划分的原则

①单位（子单位）工程划分的原则：

a. 建设单位招标文件确定的每一个独立合同应为一个单位工程。当工程规模较大或由若干独立设计组成时，宜按工程部位或工程量、每一独立设计将单位工程分成若干子单位工程。

b. 具有独立施工条件并能形成独立使用功能的构筑物、建筑物，或是具有独立施工条件并能进行独立核算的工程标段项目。

当单位工程的规模较大时，可将其形成独立使用功能的部分划分为一个子单位工程。一个单位工程中，子单位工程不宜划分过多。

②分部（子分部）工程的划分原则：

a. 单位（子单位）工程应按工程的结构部位或特点、功能、工程量划分分部工程。

b. 分部工程的规模较大或工程复杂时宜按材料种类、工艺特点、施工工法等，将分部工程划分为若干子分部工程。

分部工程（子分部工程）可由一个或若干个分项工程组成。

③分项工程的划分原则：

分项工程应按主要工种、材料、施工工艺等划分。分项工程可由一个或若干检验批组成。

④检验批的划分原则：

a. 检验批应根据施工、质量控制和专业验收需要划定。

b. 当一个工程为一个检验批时，可不设检验批。

检验批是施工过程中条件相同并有一定数量的材料、构配件或安装项目，由于其质量基本均匀一致，因此作为质量检验的基本单位，按批验收。它是工程验收的最小单位，是分项工程乃至整个工程质量检验与验收的基础。

检验批与分项工程是“同级”而不是分项工程的“下级”，检验批的验收内容与分项工程的验收内容是相同的。只是当一个分项工程较大时，可根据施工进度计划和质量控制的需要，将一个分项工程的验收分为若干次进行，即将一个分项工程划分为若干检验批。

(2)工程划分的方法

开工前，施工单位应会同建设单位、监理单位确认构成建设项目的单位工程、分部工程、分项工程和检验批，作为施工质量检验、验收的基础。

市政基础设施工程的单位(子单位)工程、分部(子分部)工程、分项工程、检验批的划分可扫二维码进行阅览。

单位、分部、分项工程及检验批划分表

2)市政工程施工质量验收一般规定

①工程施工质量应符合相关验收规范的规定。

②工程施工应符合工程勘察、设计文件的要求。

③参加工程施工质量验收的各方人员应具备规定的资格。

④工程质量的验收均应在施工单位自行检查评定的基础上进行。

⑤隐蔽工程在隐蔽前，应由施工单位通知监理工程师和相关单位进行隐蔽验收，确认合格后，形成隐蔽验收文件。

⑥监理单位应按规定对涉及结构安全的试块、试件、有关材料和现场检测项目，进行平行检测、见证取样检测并确认合格。

⑦检验批的质量应按主控项目和一般项目进行验收。

⑧对涉及结构安全和使用功能的分部工程应进行抽样检测。

⑨承担见证取样检测及有关结构安全检测的单位应具有相应资质。

⑩工程的外观质量应由验收人员通过现场检查共同确认。

1.4.3 市政工程竣工验收文件

依据《房屋建筑和市政基础设施工程竣工验收规定》(建质〔2013〕171号)规定：房屋建筑工程和市政基础设施施工工程竣工验收工作，由建设单位负责组织实施。县级以上地方人民政府建设行政主管部门应当委托工程质量监督管理机构对工程竣工验收实施监管。

1)市政工程竣工验收要求

工程符合下列要求方可进行竣工验收：

①完成施工设计和合同约定的各项工作内容。

②施工单位应在工程完工后对工程质量进行检查，确认工程质量符合有关法律、法规和工程建设强制性标准，符合设计要求及合同约定，并提出工程竣工报告。工程竣工报告应经项目经理和施工单位有关负责人审核签字。

③对于委托监理的工程项目，监理单位对工程进行了质量评估，具有完整的监理资料，并提出工程质量评估报告。工程质量评估报告应经总监理工程师和监理单位有关负责人审核签字。

④勘察、设计单位应对勘察、设计文件及施工过程中由设计单位签署的设计变更通知书进行检查，并提出质量检查报告。质量检查报告应经该项目勘察、设计负责人和勘察、设计单位有关负责人审核签字。

⑤有完整的技术档案和施工管理资料。

⑥有工程使用的主要建筑材料、建筑构配件和设备的进场试验报告。

⑦建设单位已按合同约定支付工程款。

⑧有施工单位签署的工程质量保修书。

⑨城乡规划行政主管部门对工程是否符合规划设计要求进行检查，并出具认可文件。

⑩有公安消防、环保等部门出具的认可文件或者准许使用文件。

⑪建设行政主管部门及其委托的工程质量监督机构等有关部门责令整改的问题全部整改完毕。

2)市政工程竣工验收程序

市政工程竣工验收应当按以下程序进行：

①工程完工后，施工单位向建设单位提交工程竣工报告，申请工程竣工验收。实行监理的工程，工程竣工报告须经总监理工程师签署意见。

②建设单位收到工程竣工报告后，对符合竣工验收要求的工程，组织勘察、设计、施工、监理等单位和其他有关方面的专家组成验收组，制订验收方案。

③建设单位应当在工程竣工验收 7 个工作日前将验收的时间、地点及验收组名单书面通知负责监督该工程的工程质量监督机构。

④建设单位组织工程竣工验收。

3）市政工程竣工验收资料

（1）单位工程竣工预验收报验表

单位（子单位）工程承包单位自检符合竣工条件后，向项目监理机构提出工程竣工验收。工程验收通过后，总监理工程师应及时报告建设单位和编写《工程质量评估报告》。

（2）竣工移交证书

①工程竣工验收完成后，由项目总监理工程师及建设单位代表共同签署《竣工移交证书》（表式B6-1）（表1.2），并加盖监理单位、建设单位公章。

表1.2　竣工移交证书（表式B6-1）

<table>
<tr><td>工程名称</td><td></td><td>编　号</td><td></td></tr>
<tr><td colspan="4">致：<u>××市住建局</u>（建设单位名称）
兹证明施工单位××建设集团××市政公司施工的××市××外环快速路道路工程，已按施工合同的要求完成，并验收合格，即日起该工程移交建设单位管理，并进入保修期。</td></tr>
<tr><td colspan="2">总监理工程师（签字）</td><td colspan="2">监理单位（章）</td></tr>
<tr><td colspan="2">×××
日期：××××年××月××日</td><td colspan="2">日期：××××年××月××日</td></tr>
<tr><td colspan="2">建设单位代表（签字）</td><td colspan="2">建设单位（章）</td></tr>
<tr><td colspan="2">×××
日期：××××年××月××日</td><td colspan="2">日期：××××年××月××日</td></tr>
</table>

②建设单位、承包单位、监理单位、工程名称均应与施工合同所填写的名称一致。

③工程竣工验收合格后，本表由监理单位负责填写，总监理工程师签字并加盖监理单位公章；建设单位代表签字并加盖建设单位公章。

④《单位工程质量竣工验收记录》应由总监理工程师签字，加盖监理单位公章。

⑤日期应写清楚，表明即日起该工程移交建设单位管理，并进入保修期。

（3）工程质量评估报告

工程竣工预验收合格后，由项目总监理工程师向建设单位提交《工程质量评估报告》。

《工程质量评估报告》包括工程概况、施工单位基本情况、主要采取的施工方法、工程地基基础和主体结构的质量状况、施工中发生过的质量事故和主要质量问题、原因分析和处理结果，以及对工程质量的综合评估意见。评估报告应由项目总监理工程师及监理单位技术负责人签认，并加盖公章。

(4)竣工总结

竣工总结主要包括工程概况，竣工的主要工程数量和质量情况，使用了何种新技术、新工艺、新材料、新设备，施工过程中遇到的问题及处理方法，工程中发生的主要变更和洽商，遗留的问题及建议等。

(5)竣工图

工程竣工后应及时进行竣工图的整理。绘制竣工图须遵照以下原则:

①凡在施工中按图施工没有变更的，在新的原施工图上加盖“竣工图”的标志后，可作为竣工图。

②无大变更的，应将修改内容按实际发生描绘在原施工图上，并注明变更或洽商编号，盖“竣工图”标志后作为竣工图。

③凡结构形式改变、工艺改变、平面布置改变、项目改变以及其他重大改变；或虽非重大变更，但难以在原施工图上表示清楚的，应重新绘制竣工图。改绘竣工图，必须使用不褪色的黑色绘图墨水。

(6)竣工验收报告与验收证书

①竣工验收报告。工程竣工报告是由施工单位对已完工程进行检查，确认工程质量符合有关法律、法规和工程建设强制性标准，符合设计及合同要求而提出的综合性报告，报告的主要内容包括工程概况、工程施工组织情况、施工中技术组织落实和质量管理验收情况、质量事故及处理情况、工程质量的评价与问题的处理建议。实行监理的工程，工程竣工报告必须经总监理工程师签署意见。

工程竣工预验收合格后，由项目总监理工程师向建设单位提交《工程质量评估报告》。《工程质量评估报告》包括工程概况、施工单位基本情况、主要采取的施工方法、工程地基基础和工程结构的质量状况、施工中发生过的质量事故和主要质量问题、原因分析和处理结果，以及对工程质量的综合评估意见。评估报告应由项目总监理工程师及监理单位技术负责人签认，并加盖公章。该报告应经项目经理和施工单位有关负责人审核签字并加盖公章。

②工程竣工验收证书。填写示例见表1.3。

表1.3　市政工程竣工验收证书(表式E1-1)

<table>
<tr><td>工程名称</td><td colspan="3">××市××外环快速路道路工程项目</td></tr>
<tr><td>单位(标段)
工程名称</td><td>××市××外环快速路道路工程</td><td>施工单位</td><td>××建设集团</td></tr>
<tr><td rowspan="2">工程规模
范围</td><td rowspan="2">道路工程、给排水工程、桥梁工程、电气工程、交通工程、绿化工程</td><td>项目经理</td><td>×××</td></tr>
<tr><td>技术负责人</td><td>×××</td></tr>
<tr><td>开工日期</td><td>××××年××月××日</td><td>竣工日期</td><td>××××年××月××日</td></tr>
<tr><td>合同造价/万元</td><td>××××万元</td><td>施工决算/万元</td><td></td></tr>
<tr><td colspan="4">验收范围及数量:
包括一条城市道路,××外环快速路红线宽60 m,为城市快速路。
工程设计内容包括道路工程、给排水工程、桥梁工程、电气工程、交通工程、绿化工程。</td></tr>
<tr><td colspan="4">存在问题及处理意见:</td></tr>
<tr><td colspan="4">对工程质量的评价:
一、资料部分:资料按照规定整理,能如实反映实际施工情况。有完整的原材料检测资料,有完整的中间检验和承包商申报资料,质量保证资料齐全。质量评定采用了市政工程质量验收标准。整个资料编制较完善,同意作为本工程竣工资料。
二、外观检查:道路平纵线形较好,路基、基础稳定,机动车道路面排水顺畅,沥青面层无脱落、裂缝现象,侧石基础稳固,侧石顺直;桥梁外观质量良好,混凝土无蜂窝、麻面、露筋、缺棱掉角等现象。
雨水检查井表面完整,井盖座完整无损,排管平稳直顺。
给水井井盖安装平整,无损坏。消火栓完整、防腐无漏刷部位。
三、现场实测实量:验收小组对该工程进行了现场检查,并委托测绘中心进行竣工测量,测量结果表明施工符合设计及合同要求。
四、质量评定:经验收小组评定为合格。</td></tr>
<tr><td colspan="4">竣工验收日期:　　　　××××年××月××日</td></tr>
<tr><td colspan="4">参加竣工验收单位意见</td></tr>
<tr><td>建设单位</td><td>(公章)
单位(项目)负责人签名:×××
××××年××月××日</td><td>设计单位</td><td>(公章)
单位(项目)负责人签名:×××
××××年××月××日</td></tr>
<tr><td>监理单位</td><td>(公章)
总监理工程师签名:×××
××××年××月××日</td><td>施工单位</td><td>(公章)
项目负责人签名:×××
××××年××月××日</td></tr>
</table>

名人名言

“人生一征途耳，其长百年，我已走过十之七八。回首前尘，历历在目。崎岖多于平坦，忽深谷，忽洪涛，幸赖桥梁以渡。桥何名欤？曰奋斗。”

——茅以升

项目小结

通过本项目的学习，使学生掌握市政资料的概念和分类，熟悉市政工程资料的管理规定，了解资料员基本要求。通过学习各资料表格的整理顺序，使学生能够制订施工资料的整理顺序，并能够对市政工程资料进行组卷与归档；通过学习使学生能够进行单位工程、分部工程、分项工程、检验批的划分。

项目2　市政工程施工管理技术与造价进度资料编制

工程概况

××市××路道路工程，道路总长约2.7 km，双向六车道。规划道路红线宽60 m，两侧机动车道宽23.5 m，两侧人行道各宽3 m，两侧非机动车道各宽3.5 m，中央分隔带宽2 m，两侧分隔带宽1.5 m。桩号范围：K1+400～K4+100，其中K2+648.673～K2+936.673、K3+539.357～K3+827.357、K4+520.7～K4+845.5段为高架桥，其余部分为地面道路或挡墙段道路。

机动车道：

4 cm中粒式沥青混凝土面层(AC-16C)

7 cm中粒式沥青混凝土面层(AC-20C)

7 cm粗式混凝土面层(AC-25C)

1 cm沥青下封层

35 cm水泥稳定碎石基层

20 cm石灰土基层

非机动车道：

4 cm中粒式沥青混凝土面层(AC-16C)

6 cm中粒式沥青混凝土面层(AC-20C)

1 cm沥青下封层

15 cm水泥稳定碎石基层

20 cm石灰土基层

人行道：

6 cm预制砌块人行道

3 cm水泥砂浆找平层

10 cm C15水泥混凝土

20 cm石灰土基层

任务 1　施工管理技术文件资料编制

任务目标

在施工过程中形成的内业资料，应按报验、报审程序，通过施工单位的有关部门审核后，再报送建设单位或监理单位进行审核认定。通过本任务的学习，学生能够填写市政工程施工管理技术资料中的常用表格，并根据市政工程施工管理技术资料的管理流程对报验资料进行收集与整理。

2.1.1　施工管理技术文件填报资料

填报资料的填写内容及要求

本案例工程在施工阶段的管理技术文件，根据施工管理技术文件资料管理流程需要，其资料填报顺序见表 2.1，填报资料的填写内容及要求可扫描二维码进行阅览。

表 2.1　施工管理技术文件填报资料

序号	程　序	所用表格
1	工程开工	工程开工/复工报审表（表式 B2-1）
		工程概况表（表式 C1-1）
2	施工组织设计	施工组织设计报审表（表式 B3-4-1）
		施工组织设计审批表（表式 C2-1）
3	施工现场质量管理	施工现场质量管理检查记录（表式 C1-2）
4	专项施工方案	施工组织设计（专项）施工方案报审表（表式 B3-4-1）
		施工组织设计（方案）审批表（表式 C2-1）
5	危险性较大的专项施工方案	施工组织设计（专项）施工方案报审表（表式 B3-4-1）
		施工组织设计（方案）审批表（表式 C2-1）
6	图纸会审记录、设计变更通知单及洽商记录	施工图设计文件会审记录（表式 C2-3）
		工程洽商记录（表式 C2-5）
		设计变更通知单（表式 C2-4）
7	技术交底记录	设计交底记录（表式 C2-2-1）
		施工技术交底记录（表式 C2-2-2）
8	工程质量事故资料	工程质量事故勘察记录（表式 C1-4-1）
		工程质量事故处理记录（表式 C1-4-2）
		工程质量事故报告书

续表

序号	程　序	所用表格
9	施工检测计划	见证试验检测汇总表(表式 C1-5)
		施工检测计划
10	施工日志	施工日志(表式 C1-6)(仅施工单位、指挥部归档)

2.1.2　施工管理技术资料填写范例

填写范例以××市××外环快速路道路工程的资料为例。

注意:本书范例中相关人员的名字、日期,以及书中与正文字体不一样的内容在工程实践中需要手写。其后的项目任务也按照此规则编写。

1)工程开工

建设单位依据合同约定完成了前期准备工作并满足施工作业条件后,应由施工单位向建设单位提交开工申请,专业监理工程师应审查承包单位报送的工程开工报审表及相关资料。当具备规定的开工条件时,由总监理工程师签发,并报送建设单位(见表 2.2 和表 2.3)。

表 2.2　工程开工/复工报审表(表式 B2-1)

<table>
<tr><td>工程名称</td><td>××市××外环快速路</td><td>编　号</td><td></td></tr>
<tr><td colspan="4">致:××监理公司　(监理公司)
我方承担的　××市××外环快速路道路　工程,已完成了以下各项工作,具备了开工/<s>复工</s>条件,特此申请施工,请核查并签发开工/<s>复工</s>指令。
附:
(1)开工报告(略)。
(2)证明文件:
①建设工程施工许可证(复印件)。
②施工组织设计。
③施工测试放线。
④现场主要管理人员和特殊工种人员资格证、上岗证。
⑤现场管理人员、机具、施工人员进场。
⑥工程主要材料已落实。
⑦施工现场道路、水、电、通信等已达到开工条件。
承包单位(章):××建设集团××市政公司
项目经理(签字):　×××
日　期:　××××年××月××日</td></tr>
</table>

续表

审查意见： (1)经查《建设工程施工许可证》已办理。 (2)施工现场主要管理人员和特殊工种人员资格证、上岗证符合要求。 (3)施工组织设计已批准。 (4)主要人员(项目经理、专业技术管理人员等)已进场，部分材料已进场。 (5)施工现场道路、水、电、通信已达到开工要求。 综上所述，工程已符合开工条件，同意开工！ 项目监理机构(章)：××监理公司××项目监理部 总监理工程师(签字)：××× 日　　期：××××年××月××日
各工程在施工前均应填写，本表只填写一次。

表 2.3　工程概况表(表式 C1-1)

<table>
<tr><td colspan="2">工程名称</td><td>××市××外环快速路</td><td>编　号</td><td></td></tr>
<tr><td colspan="2">建设地点</td><td>××市××区××路××号</td><td>工程造价/万元</td><td>××××</td></tr>
<tr><td colspan="2">开工日期</td><td>××××年××月××日</td><td>计划竣工日期</td><td>××××年××月××日</td></tr>
<tr><td colspan="2">施工许可证号</td><td></td><td>监管注册号</td><td>×××</td></tr>
<tr><td colspan="2">建设单位</td><td>××住建局</td><td>勘察单位</td><td>××市勘察院</td></tr>
<tr><td colspan="2">设计单位</td><td>××市政工程设计院</td><td>监理单位</td><td>××监理公司</td></tr>
<tr><td colspan="2">监督单位</td><td>××监督公司</td><td>工程分类</td><td>道路工程</td></tr>
<tr><td rowspan="3">施工单位</td><td>名　称</td><td>××建设集团××市政公司</td><td>单位负责人</td><td>×××</td></tr>
<tr><td>项目经理</td><td>×××</td><td>技术负责人</td><td>×××</td></tr>
<tr><td>现场管理负责人</td><td>×××</td><td></td><td></td></tr>
<tr><td colspan="2">工程内容</td><td colspan="3">××市××路道路工程，道路总长约 2.7 km，双向六车道。规划道路红线宽 60 m，两侧机动车道宽 23.5 m，两侧人行道各宽 3 m，两侧非机动车道各宽 3.5 m，中央分隔带宽 2 m，两侧分隔带宽 1.5 m。
桩号范围：K1+400 ~ K4+100，其中 K2+648.673 ~ K2+936.673、K3+539.357 ~ K3+827.357、K4+520.7 ~ K4+995.5 段为高架桥，其余部分为地面道路或挡墙段道路。</td></tr>
</table>

续表

结构类型	机动车道自上而下依次为4 cm中粒式沥青混凝土面层(AC-16C),7 cm中粒式沥青混凝土面层(AC-20C),7 cm粗式混凝土面层(AC-25C),1 cm沥青下封层,35 cm水泥稳定碎石基层,20 cm石灰土基层。 非机动车道自上而下依次为4 cm中粒式沥青混凝土面层(AC-16C),6 cm中粒式沥青混凝土面层(AC-20C),1 cm沥青下封层,15 cm水泥稳定碎石基层,20 cm石灰土基层。 人行道自上而下依次为6 cm预制砌块人行道,3 cm水泥砂浆找平层,10 cm C15水泥混凝土,20 cm石灰土基层。
主要工程量	路基土石方:××××m^3。 基层:石灰土××××t,水泥稳定碎石××××t。 沥青混凝土路面:AC-25C,××××m^2,AC-20C,××××m^2,AC-16C,××××m^2。
主要施工工艺	首先进行路床施工,然后进行路基施工和基层、铺7 cm粗粒式沥青混凝土面层压实,最后进行4 cm和5 cm中粒式沥青混凝土面层施工。
其　他	

2)施工组织设计

由施工组织设计单位填写,并经施工单位有关部门会签、主管部门归纳汇总后,提出审核意见,报审批人进行审批,施工单位盖章方为有效。在施工过程中如有较大的施工措施或方案变动时,还应有变动审批手续。施工组织设计的报审表和审批表见表2.4和表2.5。

表2.4　施工组织设计报审表(表式B3-4-1)

工程名称	××市××外环快速路	编　号	
致:　××监理公司　(监理公司) 　　我方已完成　××市××外环快速路道路　工程施工组织设计,并按规定已完成相关审批手续,请予以审查。 　　附:××市××外环快速路工程施工组织设计 施工项目经理部(章):　××建设集团××市政公司　××项目部 项目经理(签字):　××× 日　　期:　××××年××月××日			

续表

审查意见： 经审核，该施工组织设计合理、可行，且审批手续齐全，同意上报。 （若不符合要求，专业监理工程师审查意见应简要指出不符合要求之处，并提出修改补充意见后签署“暂不同意（部分或全部应指明）承包单位按该施工组织设计（方案）组织施工，待修改完善后再报，请总监理工程师审核”。） 专业监理工程师（签字）：××× 日　　期：××××年××月××日
审核意见： 同意专业监理工程师审查意见，同意承包单位按该施工组织设计（方案）组织施工。 （如不同意专业监理工程师的审查意见，应简要指明与专业监理工程师审查意见中的不同之处，签署修改意见；并签认最终结论“不同意承包单位按该施工组织设计（方案）组织施工（修改后再报）”。） 项目监理机构（盖章）：××监理公司××项目监理部 总监理工程师（签字加盖执业印章）：××× 日　　期：××××年××月××日
审批意见（仅针对超过一定规模的危险性较大分部分项工程专项方案）： 建设单位（盖章）： 建设单位代表（签字）： 日　　期：

表 2.5　施工组织设计审批表（表式 C2-1）

工程名称	××市××外环快速路	编　号	
施工单位	××建设集团××市政公司	日　期	××××年××月××日
编制单位	××建设集团××市政公司	编制人	×××
有关部门会签意见： 该施工组织设计，技术上可行，进度目标、质量安全目标能够实现。符合合同、规范、标准和施工图设计要求。同意按此施工组织设计指导本工程施工。			

续表

<table>
<tr><td>主管部门
审核意见</td><td colspan="2">同　意
负责人(签字):×××
××××年××月××日</td></tr>
<tr><td>审批结论</td><td>同　意
审批人(签字):×××
××××年××月××日</td><td>审批单位(章):</td></tr>
</table>

3)施工现场质量管理

《施工现场质量管理检查记录》(表2.6)应由施工单位项目经理在进场后、开工前按规定填写,报项目总监理工程师或建设单位项目技术负责人签字确认。

表2.6　施工现场质量管理检查记录(表式C1-2)

<table>
<tr><td>工程名称</td><td>××市××外环快速路</td><td colspan="2">编　号</td><td colspan="2"></td></tr>
<tr><td>开工日期</td><td>××××年××月××日</td><td colspan="2">施工许可证号</td><td colspan="2">××××</td></tr>
<tr><td>建设单位</td><td>××住建局</td><td colspan="2">项目责任人</td><td colspan="2">×××</td></tr>
<tr><td>勘察单位</td><td>××市勘察院</td><td colspan="2">项目责任人</td><td colspan="2">×××</td></tr>
<tr><td>设计单位</td><td>××市政工程设计院</td><td colspan="2">项目责任人</td><td colspan="2">×××</td></tr>
<tr><td>监理单位</td><td>××监理公司</td><td colspan="2">总监理工程师</td><td colspan="2">×××</td></tr>
<tr><td>施工单位</td><td>××建设集团××市政公司</td><td>项目经理</td><td>×××</td><td>技术负责人</td><td>×××</td></tr>
</table>

续表

序号	项　目	内　容
1	项目部质量管理体系	现场有健全的过程控制和合格控制质量的体系，有“三检”及交接检制度，有每周质量例会制度，有完善的质量事故责任制度。
2	现场质量责任制	质量岗位职责制度，设计交底制度，技术交底制度。现场责任明确。
3	主要专业工种操作上岗证书	测量工、钢筋工、混凝土工、架子工、木工、焊工、电工、起重工、塔吊司机等专业工种上岗证书齐全。
4	分包单位管理制度	—
5	图纸会审记录	已经进行了图纸会审，四方签字确认完毕。
6	地质勘察资料	勘察资料齐全，已使用，四方签字。
7	施工技术标准	操作和验收标准正确，满足工程实际需要。
8	施工组织设计、施工方案编制及审批	施工组织设计，专项施工方案均报监理审批完成。
9	物资采购管理制度	采购制度合理。
10	施工设施和机械设备管理制度	施工设施和机具管理责任落实到人，奖罚制度严密可行。
11	计量设备配置	设备准确，并由专人负责校准。
12	检测试验管理制度	检测试验制度完善，检测试验计划经过监理审批。
13	工程质量检查验收制度	验收制度合理，符合法规和规范要求，各项验收环节已落实到人。
自检结果： 符合要求 施工单位项目经理：××× ××××年××月××日		检查结论： 合格 总监理工程师：××× ××××年××月××日

4)图纸会审记录、设计变更通知单及洽商记录

工程开工前必须组织图纸会审,由承包工程的技术负责人组织施工、技术等有关人员对施工图进行全面学习、审查并做《施工图设计文件会审记录》(表2.7),将图纸审查中的问题整理、汇总、报监理(建设)单位,由监理(建设)单位提交给设计单位,以便在设计交底时予以答复。

表2.7　施工图设计文件会审记录(表式C2-3)

工程名称	××市××外环快速路	编　号	
施工单位	××建设集团××市政公司	技术负责人	×××
审查日期	××××年××月××日	共1页 第1页	
序　号	内　容		
提出问题及修改建议	提出问题: (1)阀门采用何种型号? (2)阀门井内阀门用户甩管多长? (3)阀门采用什么图集? 修改建议: (1)阀门采用245T-10。 (2)阀门井外甩1根管。 (3)阀门井采用给水图集。		

设计变更和技术洽商,应由设计单位、施工单位和监理(建设)单位等有关各方代表签认(详见表2.8、表2.9);设计单位如委托监理(建设)单位办理签认,应办理委托手续。变更洽商原件应存档,相同工程如需要同一个洽商时,可用复印件或抄件存档并注明原件存放处。

表 2.8　设计变更通知单(表式 C2-4)

工程名称	××市××外环快速路	编　号	
施工单位	××建设集团××市政公司	日　期	××××年××月××日
设计变更原因及内容： 树池尺寸由原设计 1.5 m×1.5 m 改为 1.3 m×1.3 m,间距不变。			
建设单位	监理单位	设计单位	施工单位
×××	×××	×××	×××

表 2.9　工程洽商记录(表式 C2-5)

工程名称	××市××外环快速路	编　号	
施工单位	××建设集团××市政公司	日　期	××××年××月××日
洽商内容： 根据现场调查,经与设计、甲方等单位协商决定树池尺寸由原设计 1.5 m×1.5 m 改为 1.3 m×1.3 m,间距不变。			
建设单位	监理单位	设计单位	施工单位
×××	×××	×××	×××

5)施工技术交底

施工组织设计交底、新技术、新工艺、新材料、新设备及主要工序施工技术交底各项交底应有文字记录,填写《施工技术交底记录》(表2.10),交底双方应履行签认手续。

表2.10　施工技术交底记录(表式C2-2-2)

<table>
<tr><td>工程名称</td><td>××市××外环快速路</td><td>编　号</td><td></td></tr>
<tr><td>分部工程名称</td><td>路基分部工程</td><td>分项工程名称</td><td></td></tr>
<tr><td>施工单位</td><td>×××市政有限公司</td><td>交底日期</td><td>××××年××月××日</td></tr>
<tr><td colspan="4">交底内容:
一、路基压实质量应符合下列规定:
(1)填土经碾压夯实后不得有翻浆、弹簧现象。
(2)填土中不得含有淤泥、腐殖土及有机物质等杂物。
二、路基质量符合下列规定:
(1)路基不得有翻浆、弹簧、起皮、波浪、积水等现象。
(2)重型击实标准在12 t以上、轻型击实标准用8~10 t压路机碾压后,轮迹深度不得大于5 mm。
(3)路基或允许偏差符合《城镇道路工程施工与质量验收规范》(CJJ 1—2008)表6.8.1的规定。
三、路肩质量符合下列规定:
(1)路肩应表面平整,不得有裂缝、凹陷及阻水现象,肩线应直顺。
(2)路肩质量或允许偏差应符合《城镇道路工程施工与质量验收规范》(CJJ 1—2008)表6.8.3的规定。</td></tr>
</table>

审核人	交底人	接受交底人
×××	×××	×××

6)见证试验检测汇总表

见证试验是在建设单位或监理单位人员的见证下,由施工单位有关人员对工程中的试件、材料现场取样后送到具有相应资质的检测单位检测。各个实验项目的见证实试验完成后,由施工单位填写《见证试验检测汇总表》(表2.11)。

表2.11　见证试验检测汇总表(表式C1-5)

工程名称	××市××外环快速路	编　号		
建设单位	××住建局	检测单位	××工程质量检测中心	
监理单位	××监理公司	见证人	×××	
施工单位	××建设集团××市政公司	取样人	×××	
试验项目	应试验组/次数	见证试验组/次数	不合格次数	备　注
K3+220～K3+320左幅主线机动车道AC-25C	10	10	0	
K3+220～K3+320左幅主线机动车道AC-25C(马歇尔、矿料级配、油石比、沥青含量)	1	1	0	
70号A沥青(针入度、软化点、延度、闪点、密度等)	1	1	0	
矿粉(密度、含水量、亲水系数、塑性指数、加热稳定性)	1	1	0	
机制砂(筛分、表面相关密度、泥含量、砂当量)	1	1	0	
碎石(筛分、表面相关密度、泥含量、砂当量、软石含量、洛杉矶磨耗、坚固性、压碎值)	1	1	0	
制表人	×××			

7)施工日志

施工日志(表2.12)以工程施工过程为记载对象,记载内容一般为:生产情况记录,包括施工生产的调度、存在问题及处理情况;安全生产和文明施工活动及存在问题等;技术质量工作记录,技术质量活动、存在问题、处理情况等。从工程开始施工起至工程竣工验收合格止,由项目负责人或指派专人逐日记载,记载内容须保持连续和完整。

表2.12　施工日志(表式C1-6)

<table>
<tr><td>工程名称</td><td colspan="2">××市××外环快速路</td><td>编　号</td><td colspan="2"></td></tr>
<tr><td>施工单位</td><td colspan="2">××建设集团××市政公司</td><td></td><td colspan="2"></td></tr>
<tr><td></td><td>天气状况</td><td>风力/级</td><td>大气温度/℃</td><td colspan="2">日平均温度/℃</td></tr>
<tr><td>白　天</td><td>晴</td><td>3～4</td><td>25</td><td colspan="2" rowspan="2">18.5</td></tr>
<tr><td>夜　间</td><td>晴</td><td>1～2</td><td>12</td></tr>
<tr><td colspan="6">生产情况记录:(施工生产的调度、存在问题及处理情况,安全生产和文明施工活动及存在问题等)
(1)K3+220～K3+320左幅路基施工;20 cm石灰稳定土基层。
(2)施工作业人员50人,碾压基层设备2台。</td></tr>
<tr><td colspan="6">技术质量工作记录:(技术质量活动、存在问题、处理情况等)
技术员提供设计变更单一张C2-4-002。
内容是:树池尺寸由原设计1.5 m×1.5 m改为1.3 m×1.3 m,间距不变。</td></tr>
<tr><td>项目负责人</td><td>×××</td><td>填写人</td><td>×××</td><td>日　期</td><td>××××年××月××日</td></tr>
</table>

任务2 施工进度造价文件编制

任务目标

在施工过程中，施工进度和造价控制是施工过程中的两项重要内容。通过本任务的学习，学生能够填写市政工程施工进度和造价控制资料中的常用表格，并根据市政工程的进度和造价文件的管理流程对报验资料进行收集与整理，同时培养学生的项目协作和沟通能力。

2.2.1 施工进度造价文件填报资料

本案例中施工阶段的管理文件，根据施工进度造价文件管理程序要求，其填报资料顺序见表2.13。

表2.13 施工进度造价文件填报资料

序 号	程 序	所用表格
1	施工进度计划	施工进度计划报审表(表式B2-2)
		施工进度计划
		人、机、料动态表(表式C3-1)
2	工程延期	工程延期申请表(表式B5-1)
		工程延期审批表(表式B5-2)
3	工程款支付	工程款支付申请表(表式B4-1)
		工程款支付证书(表式B4-2)
4	工程变更	工程变更费用报审表(表式B4-3)
5	费用索赔	费用索赔申请表(表式B4-4)

2.2.2 施工进度造价填写范例

1)施工进度计划

施工进度计划报审表是由施工单位根据已批准的施工总进度计划，按施工合同约定或监理工程师的要求而编制的施工进度计划，报送监理单位审查、确认和批准的资料，详见表2.14。

表 2.14 施工进度计划报审表(表式 B2-2)

<table>
<tr><td>工程名称</td><td>××市××外环快速路</td><td>编 号</td><td></td></tr>
<tr><td colspan="4">致：××监理公司(监理公司)
我单位已根据施工合同完成了 ××市××外环快速路 道路工程××××年××月工程施工进度计划编制工作，现报上该工程报验申请表，请予以审查和验收。
附件：
××××年××月工程施工进度计划(说明、图表、工程量、工作量、资源配置)1 份
××××年××月人、机、料动态表
承包单位(章)：××建设集团××市政公司
项目经理(签字)：×××
日 期：××××年××月××日</td></tr>
<tr><td colspan="4">审查意见：
经审查：本月编制的施工进度计划比较合理，具有可行性和可操作性，与工程实际情况相符合，符合合同工期及总控制计划的要求，予以通过。
同意按此计划组织施工。
项目监理机构：××监理公司××项目监理部
总/专业监理工程师：×××
日 期：××××年××月××日</td></tr>
</table>

人、机、料动态表(表 2.15)是根据进度计划，由施工单位向监理单位呈报的下月使用的人、机、料的情况，监理工程师收到此报表后，认真核实施工组织设计及现场的施工进度，特别对进场的机械、材料进行审查，并以此对进度作出准确判断。

表 2.15　××××年××月人、机、料动态表(表式 C3-1)

工程名称	××市××外环快速路	编　号	

致：××监理公司(监理单位)

根据××××年××月施工进度情况，我方现报上××××年××月人、机、料统计表。

劳动力	工　种	挖掘机司机	自卸车司机	平地机司机	压路机司机	电工	普工	合　计
	人　数	12	30	3	5	5	60	115
	持证人数	12	30	3	5	5	60	115

主要机械	机械名称	生产厂家	规格、型号	数　量	
	挖掘机	山东××机械厂	SK320	12	
	自卸车	天津××机械厂	T8815s1	30	
	平地机	山东××机械厂	PY120	3	
	振动式压路机	山东××机械厂	SD175D	5	
	洒水车	江苏××机械厂	LS10-8	3	

主要材料	名　称	单　位	上月库存量	本月进厂量	本月消耗量	本月库存量
	白灰	m^3	0	800	800	0

附件：

特殊工种上岗证复印

承包单位：××建设集团××市政公司

项目经理：×××

日　　期：××××年××月××日

2)工程延期

工程延期申请表和审批表分别见表2.16和表2.17。

表2.16　工程延期申请表(表式B5-1)

<table>
<tr><td>工程名称</td><td>××市××外环快速路</td><td>编　号</td><td></td></tr>
<tr><td colspan="4">致:××市政工程有限公司(承包单位)
根据施工合同条款　××　条的规定,由于　建设单位在承包单位完成路基、路床的施工任务后,未能按合同约定及时给付工程进度款,从而造成了水泥、沥青等原材料不能及时购置进场投入工程施工使用而延误工期的　原因,我方申请工程延期,请予以批准。

合同竣工日期:××××年××月××日
申请延长竣工日期:15天

项目监理机构:××监理公司××项目监理部
总监理工程师:　×××
日　　期:　××××年××月××日</td></tr>
</table>

表 2.17　工程延期审批表(表式 B5-2)

工程名称	××市××外环快速路	编　号	×××
致：××市政工程有限公司(承包单位) 根据施工合同条款 ×× 条的规定,我方对你方提出的 ××市××路道路工程 延期申请(第 ×× 号)要求延长工期 15 日历天的要求,经过审核评估: ☑最终同意工期延长 15 日历天。竣工日期(包括已指令延长的工期)从原来的 ××××年××月××日 延长到 ××××年××月××日 。请你方执行。 □不同意延长工期,请按约定竣工日期组织施工。 说明: 因建设单位在承包单位完成路基、路床的施工任务后,未能按合同约定及时给付工程进度款,从而造成水泥、沥青等原材料不能及时购置进场投入工程施工使用,经甲乙双方协商,同意延长工期。 项目监理机构:××监理公司××项目监理部 总监理工程师:××× 日　　期:××××年××月××日			

3)工程款支付

《工程款支付申请表》和《工程款支付证书》在工程预付款、工程进度款、工程结算等支付时配套使用,详见表 2.18 和表 2.19。

表 2.18　工程款支付申请表(表式 B4-1)

<table>
<tr><td>工程名称</td><td>××市××外环快速路</td><td>编　号</td><td>×××</td></tr>
<tr><td colspan="4">致：××监理公司(监理单位)
我方已完成了 K3+220 ~ K4+220 路基、路床工程施工 工作，按施工合同的规定，建设单位应在 ××××年××月××日 前支付该项工程款共(大写) ×××× 元整(小写：¥ ××××.××)，现报上 ××市××路道路 工程付款申请表，请予以审查并开具工程款支付证书。
附件：
(1)工程量清单：
(略)
(2)计算方法：
(略)
承包单位(章)：××建设集团××市政公司
总监理工程师：×××
日　　期：××××年××月××日</td></tr>
</table>

表 2.19　工程款支付证书(表式 B4-2)

<table>
<tr><td>工程名称</td><td>××市××外环快速路道路工程</td><td>编　号</td><td>×××</td></tr>
<tr><td colspan="4">致：××建设集团××市政公司(承包单位)
根据施工合同的规定，经审核承包单位的付款申请和报表，并扣除有关款项，同意本期支付工程款共(大写) ×××× 整(小写： ¥××××.××)。请按合同规定及时付款。
其中：
(1)承包单位申报款为：××××整。
(2)经审核承包单位应得款为：××××整
(3)本期应扣款为：××××整
(4)本期应付款为：××××整
附件：
(1)承包单位的工程付款申请表及附件。
(2)项目监理机构审查记录。
(略)
项目监理机构：××监理公司××工程项目监理部
总监理工程师：×××
日　　期：××××年××月××日</td></tr>
</table>

名人名言

“各出所学，各尽所知，使国家富强不受外侮，足以自立于地球之上。”

——詹天佑

项目小结

通过本项目的学习，使学生熟悉市政工程施工管理、技术及进度造价资料的组成；使学生掌握市政工程施工管理技术及进度造价资料的内容，主要学会开工报审表、施工组织设计报审表、施工图纸会审记录、设计交底记录、施工进度计划报审表等填写要求；能熟练填写市政工程施工管理、技术和进度造价资料，并能对施工前期资料进行分类和整理。

项目3　市政道路工程施工资料编制

任务1　市政道路工程施工物资资料编制

任务目标

在工程物资进场之前须履行工程物资报审手续。设备、原材料、半成品和成品的供货单位应按产品的相关技术标准、检验要求提供出厂质量合格证明或试验单。通过本任务的学习，学生能够填写市政道路工程施工物资文件，并根据施工物资进场填报所需资料对施工物资资料进行收集与整理，补充填写和整理道路石油沥青的进场报验资料。

填报资料的填写内容及要求

3.1.1　道路工程物资进场填报资料

在本案例中，根据材料及设备送检流程及物资进场报验资料管理流程，道路工程施工物资进场需要填报的资料见表3.1。填报资料的填写内容及要求可扫描二维码进行阅览。

表3.1　施工物资进场填报资料

序　号	程　序	所用表格
1	施工物资进场 [原材料进场报验、材料合格证及复试报告(钢材、水泥、砂、碎石、侧石、人行道砖等)]	工程材料/构配件/设备报验申请表(表式B3-5-1)
		材料、构配件检查记录(表式C4-2-1)
		质量证明文件(厂家提供)
		见证记录(需要见证取样及送检要求的)(表式B3-3)
		复试报告(参考表式)

3.1.2　道路工程施工物资资料填写范例

1)施工物资进场

本节内容以石灰进场为例，材料的出厂质量合格证明或试验单在本书中省略(本书中所有的出厂质量合格证明或试验单均省略)，其物资进场报验资料见表 3.2—表 3.5。

表 3.2　工程材料/构配件/设备报验申请表(表式 B3-4-1)

工程名称	××市××外环快速路	编　号	

致：××监理公司(监理单位)

我方于××××年××月××日进场的工程材料/~~构配件~~/~~设备~~数量如下：(见附件)。现将质量证明文件及自检结果报上，拟用于下述部位：

道路工程

请予以审核。

附件：1. 数量清单

2. 质量证明文件(略)

3. 自检结果

名称	规格	数量	产地
石灰	钙质消石灰	200 t	××××

承包单位(章)：××建设集团××市政公司

项目经理：×××

日　　期：××××年××月××日

审核意见：

经检查，上述工程材料/~~构配件~~/~~设备~~，符合设计文件和规范的要求，准许进场，同意使用于拟定部位。

项目监理机构(章)：××监理公司××项目监理部

总/专业监理工程师：×××

日　　期：××××年××月××日

表 3.3　材料、构配件检查记录(表式 C4-2-1)

<table>
<tr><td colspan="2">工程名称</td><td colspan="3">××市××外环快速路</td><td>编　号</td><td></td></tr>
<tr><td colspan="2">施工单位</td><td colspan="3">××市政工程有限公司</td><td>时　间</td><td>××××年××月××日</td></tr>
<tr><td rowspan="2">序号</td><td rowspan="2">名　称</td><td rowspan="2">规格型号</td><td rowspan="2">数　量</td><td rowspan="2">合格证号</td><td colspan="2">检查记录</td></tr>
<tr><td>检查量</td><td>检测手段</td></tr>
<tr><td>1</td><td>石灰</td><td>钙质消石灰</td><td>200 t</td><td>0011233</td><td>20 kg</td><td>送检</td></tr>
<tr><td></td><td></td><td></td><td></td><td></td><td></td><td></td></tr>
<tr><td colspan="7">检查结论:
□ 合格
□ 不合格</td></tr>
<tr><td colspan="3" rowspan="2">监理(建设)单位</td><td colspan="4">施工单位</td></tr>
<tr><td colspan="2">质检员</td><td colspan="2">材料员</td></tr>
<tr><td colspan="3">×××</td><td colspan="2">×××</td><td colspan="2">×××</td></tr>
</table>

表 3.4　见证记录(表式 B3-3)

<table>
<tr><td>工程名称</td><td>××市××外环快速路</td><td>编　号</td><td></td></tr>
<tr><td>取样部位</td><td colspan="3">道路工程</td></tr>
<tr><td>样品名称</td><td>石灰</td><td>取样数量</td><td>20 kg</td></tr>
<tr><td>取样地点</td><td>现场</td><td>取样日期</td><td>××××年××月××日</td></tr>
<tr><td colspan="4">见证记录:
钙质消石灰　　检验项目:有效氧化钙和氧化镁含量</td></tr>
<tr><td>有见证取样和送检印章</td><td colspan="3"></td></tr>
<tr><td>取样人员签字</td><td colspan="3">×××　　××××年××月××日</td></tr>
<tr><td>见证人员签字</td><td colspan="3">×××　　××××年××月××日</td></tr>
</table>

表 3.5　石灰检验报告(参考表式)

工程名称	××市××外环快速路		报告编号	××××	
委托单位	××市××外环快速路工程项目部		委托编号	××××	
试样名称	消石灰		试样编号	××××	
品种及标号	钙质消石灰		产　地	×××	
批　量	20 kg	采样日期	××××年××月××日	试验日期	××××年××月××日

检测项目		技术指标						试验结果
		钙质消石灰			镁质消石灰			
		Ⅰ	Ⅱ	Ⅲ	Ⅰ	Ⅱ	Ⅲ	
有效氧化钙和氧化镁含量		≥65	≥60	≥55	≥60	≥55	≥50	57.20
含水量		≤4	≤4	≤4	≤4	≤4	≤4	—
细度	0.71 mm 方孔筛的筛余/%	0	≤1	≤1	0	≤1	≤1	—
	0.125 mm 方孔筛的筛余/%	≤13	≤20	—	≤13	≤20	—	—
钙镁石灰的分界线,氧化镁含量/%		≤4			>4			—

组　号	序　号	试样质量/g	盐酸当量浓度/(mol · L^{-1})	滴定前盐酸溶液体积 V_1/mL	滴定前盐酸溶液体积 V_2/mL	盐酸消耗/mL	有效氧化钙和氧化镁含量 单值	有效氧化钙和氧化镁含量 平均值
1	1	0.813 4	0.954	19.3	36.9	17.6	57.80	57.20
	2	0.868 5	0.954	11.5	29.9	18.4	56.59	

结论:

根据《城镇道路工程施工与质量验收规范》(CJJ 1—2008)评定:

☑合格

☐不合格

检验人	审核人	负责人
×××	×××	×××
见证单位及见证人	××监理公司　×××　×协见字　××××	
报告日期	××××年××月××日(章)	

2)其他原材料进场

其他材料进场也应有相应的复试报告,表3.6以沥青进场复试为例,其他和石灰相同的表格省略。

表3.6 沥青检验报告(参考表式)

<table>
<tr><td>工程名称</td><td colspan="3">××市××外环快速路</td><td>试验编号</td><td>××××</td></tr>
<tr><td>委托单位</td><td colspan="3">××市××外环快速路工程项目部</td><td>委托编号</td><td>××××</td></tr>
<tr><td>试样名称</td><td colspan="3">道路石油沥青</td><td>试样编号</td><td>012</td></tr>
<tr><td>品种及标号</td><td colspan="3">A70号</td><td>产 地</td><td>××市</td></tr>
<tr><td>试验依据</td><td colspan="3">《公路沥青路面施工技术规范》
(JTG F 40—2004)</td><td></td><td></td></tr>
<tr><td>批 量</td><td>100 t</td><td>采样日期</td><td>××××年××月××日</td><td>试验日期</td><td>××××年××月××日</td></tr>
<tr><td colspan="6">道路石油沥青</td></tr>
<tr><td rowspan="2">试样编号</td><td colspan="2" rowspan="2">针入度
25℃(<0.1mm)</td><td colspan="2">延度/cm</td><td rowspan="2">软化点
/℃</td></tr>
<tr><td>15 ℃</td><td>25 ℃</td></tr>
<tr><td>012</td><td colspan="2">77</td><td>102.0</td><td></td><td>46.3</td></tr>
<tr><td colspan="6">煤沥青</td></tr>
<tr><td colspan="2">试样编号</td><td colspan="2">黏 度</td><td colspan="2">沥青含量/%</td></tr>
<tr><td colspan="2"></td><td colspan="2"></td><td colspan="2"></td></tr>
<tr><td colspan="6">乳化沥青</td></tr>
<tr><td colspan="2">试样编号</td><td colspan="2">黏 度</td><td colspan="2">沥青含量/%</td></tr>
<tr><td colspan="2"></td><td colspan="2"></td><td colspan="2"></td></tr>
<tr><td colspan="6">结论:
按《城镇道路工程施工与质量验收规范》(CJJ 1—2008)标准评定:
□合格
□不合格</td></tr>
<tr><td colspan="2">检验人</td><td colspan="2">审核人</td><td colspan="2">负责人</td></tr>
<tr><td colspan="2">×××</td><td colspan="2">×××</td><td colspan="2">×××</td></tr>
<tr><td colspan="2">见证单位及见证人</td><td colspan="4">××监理公司 ××× ×协见字 ××××</td></tr>
<tr><td colspan="2">报告日期</td><td colspan="4">××××年××月××日(章)</td></tr>
</table>

任务2　市政道路工程分部、分项、检验批划分

任务目标

建设项目的单位工程、分部工程、分项工程和检验批，是施工质量检验、验收的基础。通过本任务的学习，学生能够合理地对市政道路工程的分部、子分部、分项及检验批进行划分。各小组通过收集有关资料及采集相关信息，对市政道路工程的分部、子分部、分项及检验批进行不同的划分。

本案例中道路工程工程分部(子分部)、分项、检验批划分，取 K3+220 ~ K3+570，共 350 m 道路为例。共划分为 5 个分部工程，17 个分项工程，340 个检验批，其具体划分见表 3.7，市政道路工程的单位(子单位)、分部(子分部工程)、分项工程、检验批的划分，可扫描二维码进行阅览。

单位、分部、分项工程及检验批划分表

表 3.7　道路工程分部、分项、检验批划分表

序号	分部工程	子分部工程	分项工程	检验批	检验数量/个	划分原则
1	路基	—	原地面	K3+220 ~ K3+320 左幅	8	每条路或路段：每 100 m 为 1 个检验批，共 8 个
				K3+320 ~ K3+420 左幅		
				K3+420 ~ K3+520 左幅		
				K3+520 ~ K3+570 左幅		
				K3+220 ~ K3+320 右幅		
				K3+320 ~ K3+420 右幅		
				K3+420 ~ K3+520 右幅		
				K3+520 ~ K3+570 右幅		
		—	路基处理	K3+220 ~ K3+320 左幅	16	每条路或路段：每 100 m 为 1 个检验批，共 16 个
				K3+320 ~ K3+420 左幅		
				K3+420 ~ K3+520 左幅		
				K3+520 ~ K3+570 左幅		
				K3+220 ~ K3+320 右幅		
				K3+320 ~ K3+420 右幅		
				K3+420 ~ K3+520 右幅		
				K3+520 ~ K3+570 右幅		

续表

序号	分部工程	子分部工程	分项工程	检验批	检验数量/个	划分原则
1	路基	—	土方路基	K3+220～K3+320 左幅	8	每条路或路段:每100 m 为1个检验批,共8个
				K3+320～K3+420 左幅		
				K3+420～K3+520 左幅		
				K3+520～K3+570 左幅		
				K3+220～K3+320 右幅		
				K3+320～K3+420 右幅		
				K3+420～K3+520 右幅		
				K3+520～K3+570 右幅		
2	基层	—	石灰稳定土基层	K3+220～K3+320 左幅	8	每条路或路段:每100 m 为1个检验批,共8个
				K3+320～K3+420 左幅		
				K3+420～K3+520 左幅		
				K3+520～K3+570 左幅		
				K3+220～K3+320 右幅		
				K3+320～K3+420 右幅		
				K3+420～K3+520 右幅		
				K3+520～K3+570 右幅		
		—	水泥稳定碎石	同上	8	
3	面层	沥青混合料面层	透层	同上	8	每条路或路段:每100 m 为1个检验批,共56个
			封层		8	
			热拌沥青混合料面层(AC-25F)		8	
			黏层		8	
			热拌沥青混合料面层(AC-20C)		8	
			黏层		8	
			热拌沥青混合料面层(AC-16C)		8	
4	人行道	—	预制混凝土砌块面层(含盲道砖) 基础	同上	8	每条路或路段:每100 m 为1个检验批,共16个
			预制混凝土砌块面层(含盲道砖) 铺砌		8	

续表

序号	分部工程	子分部工程	分项工程		检验批	检验数量/个	划分原则
5	附属构筑物	—	路缘石	基础模板	K3+220 ~ K3+320 左侧	5	路缘石包括中央分隔带、机辅分隔带、辅非分隔带、人非分隔带、人行道边石；每条路或路段：每 100 m 为 1 个检验批，共 40 个
					K3+320 ~ K3+420 左侧	5	
					K3+420 ~ K3+520 左侧	5	
					K3+520 ~ K3+570 左侧	5	
					K3+220 ~ K3+320 右侧	5	
					K3+320 ~ K3+420 右侧	5	
					K3+420 ~ K3+520 右侧	5	
					K3+520 ~ K3+570 右侧	5	
				基础混凝土	同上	40	每条路或路段：每 100 m 为 1 个检验批，共 120 个
				安装		40	
				灰土垫层		40	
		—	雨水支管与雨水		K3+220 ~ K3+320 左幅	8	每条路或路段：每 100 m 为 1 个检验批，共 8 个
					K3+320 ~ K3+420 左幅		
					K3+420 ~ K3+520 左幅		
					K3+520 ~ K3+570 左幅		
					K3+220 ~ K3+320 右幅		
					K3+320 ~ K3+420 右幅		
					K3+420 ~ K3+520 右幅		
					K3+520 ~ K3+570 右幅		
		—	护栏（钢筋、混凝土、模板）		K3+220 ~ K3+320 中央	3	每条路或路段：每 100 m 为 1 个检验批，共 48 个
					K3+320 ~ K3+420 中央	3	
					K3+420 ~ K3+520 中央	3	
					K3+520 ~ K3+570 中央	3	
					K3+220 ~ K3+320 左幅	3	
					K3+320 ~ K3+420 左幅	3	
					K3+420 ~ K3+520 左幅	3	
					K3+520 ~ K3+570 左幅	3	

续表

序号	分部工程	子分部工程	分项工程	检验批	检验数量/个	划分原则
5	附属构筑物	—	护栏(钢筋、混凝土、模板)	K3+220～K3+320 右幅	3	每条路或路段:每100 m为1个检验批,共48个
				K3+320～K3+420 右幅	3	
				K3+420～K3+520 右幅	3	
				K3+520～K3+570 右幅	3	
				K3+220～K3+320 右幅人行道	3	
				K3+320～K3+420 右幅人行道	3	
				K3+420～K3+520 右幅人行道	3	
				K3+520～K3+570 右幅人行道	3	
		—	护坡	K3+220～K3+320 右幅	4	每条路或路段:每100 m为1个检验批,共4个
				K3+320～K3+420 右幅		
				K3+420～K3+520 右幅		
				K3+520～K3+570 右幅		

任务3　市政道路工程路基分部工程资料编制

填报资料的填写内容及要求

动画:压实

任务目标

路基是路面的基础,它在施工数量、占地面积及投资方面都占有重要地位。通过本任务的学习,学生能够填写路基分部工程的施工资料,并结合路基主要施工工序对路基分部工程所需填报资料进行收集与整理;讨论原地面的各个检验批的施工报验资料有何异同?小组成员分工填写和整理填写范例中路基处理(石灰土)的施工资料,并在实训过程中培养学生的团结协作,项目管理协调能力、解决问题的能力。

3.3.1　路基分部工程需填报的施工资料

在本案例中,根据施工工艺流程,路基分部工程施工资料填报内容及顺序见表3.8,填报资料的填写内容及要求可扫描二维码进行阅览。

表 3.8 路基分部工程施工资料

序号	程序	所用表格
1	原地面	报审/报验申请表(表式 B3-4-2)
		路基清理检查记录表(参考表式)
		隐蔽工程检查验收记录(表式 C5-9)
		土方路基(路床)检验批质量检验记录(表式 C7-2-1)
		高程测量成果表(表式 C5-7-1)
		见证记录(表式 B3-3)
		土壤压实度(灌砂法)检验报告(填方)(表式 C6-6)
2	路基处理(石灰土)	报审/报验申请表(表式 B3-4-2)
		隐蔽工程检查验收记录(表式 C5-9)
		路基处理检验批质量检验记录(表式 C7-2-2)
		高程测量成果表(表式 C5-7)
		见证记录(表式 B3-3)
		土工击实试验报告(表式 C6-1)
		压实度(灌砂法)检验报告(表式 C6-6)
		石灰剂量的测定(EDTA 滴定法)报告(表式 C6-11)
		道路弯沉检测报告(路基顶)(表式 C6-33)
3	挖方路基(分层报验)	报审/报验申请表(表式 B3-4-2)
		隐蔽工程检查验收记录(表式 C5-9)
		土方路基(路床)检验批质量检验记录(表式 C7-2-1)
		高程测量成果表(表式 C5-7)
		见证记录(表式 B3-3)
		压实度(灌砂法)检验报告(表式 C6-6)
4	填方路基(分层报验)	报审/报验申请表(表式 B3-4-2)
		隐蔽工程检查验收记录(表式 C5-9)
		土方路基(路床)检验批质量检验记录(表式 C7-2-1)
		高程测量成果表(表式 C5-7)
		见证记录(表式 B3-3)
		土壤压实度(灌砂法)检验报告(表式 C6-6)
		道路弯沉检测报告(路基顶)(表式 C6-31)

续表

序　号	程　序	所用表格
5	路基处理（土工格栅）	报审/报验申请表（表式 B3-4-2）
		隐蔽工程检查验收记录（表式 C5-9）
		土工材料处理软土路基检验批质量检验记录（表式 C7-2-3）

3.3.2　路基分部工程资料填写范例

路基必须严格控制每层结构的压实度、高程、弯沉等在施工中进行试验或测量并记录。本部分的填写内容以 K3+220 ~ K3+320 左幅机动车道的资料为例。

1）原地面

原地面施工完成后，其报验资料见表 3.9—表 3.15。

表 3.9　土方路基　报验申请表（表式 B3-4-2）

工程名称	××市××外环快速路	编　号	
致：××监理公司（监理公司） 我单位已经完成了 K3+220 ~ K3+320 左幅原地面 工作，现报上该工程报验申请表，请予以审查和验收。 附件：1. 路基清理检查记录表 2. 隐蔽工程检查验收记录 3. 土方路基检验批质量检验记录 4. 高程测量成果表 5. 压实度试验报告 承包单位（章）：××建设集团××市政公司 项目经理（签字）：××× 日　　期：××××年××月××日			
审核意见： 经审核，符合要求，同意报验。 项目监理机构（章）：××监理公司××项目监理部 总/专业监理工程师：××× 日　　期：××××年××月××日			

表 3.10　路基清理检查记录表(参考表式)

<table>
<tr><td>工程名称</td><td colspan="3">××市××外环快速路</td><td>编　号</td><td colspan="3"></td></tr>
<tr><td>桩号及部位</td><td colspan="7">K3+220 ~ K3+320(左幅)</td></tr>
<tr><td>检查项目</td><td colspan="7">检查结果</td></tr>
<tr><td>路基清表</td><td colspan="7">腐殖土及种植土已完成清理,原有覆盖物已拆除至原土合理持力层(清表 180 m^3)</td></tr>
<tr><td>挖除旧路面</td><td colspan="7">已挖除旧路面</td></tr>
<tr><td>填前碾压</td><td colspan="7">压实度报告详见后附表格</td></tr>
<tr><td>挖台阶</td><td colspan="7"></td></tr>
<tr><td>检测意见</td><td colspan="3">经检查,该工序符合规范、设计要求,质量合格。</td><td>监理意见</td><td colspan="3">经检查,该工序符合规范、设计要求,且审批手续齐全,质量合格。</td></tr>
<tr><td>质量员</td><td>×××</td><td>技术负责人</td><td>×××</td><td>专业监理工程师</td><td>×××</td><td>检测日期</td><td>××××年××月××日</td></tr>
</table>

表 3.11　隐蔽工程检查验收记录(表式 C5-9)

工程名称	××市××外环快速路	编　号	
施工单位	××建设集团××市政公司	时　间	××××年××月××日
隐检项目	原地面	隐检范围	K3+220 ~ K3+320 左幅原地面
隐检内容及检查情况	质量验收规范规定的检查项目　检查评定记录 主控项目 压实度　符合设计要求 一般项目 纵断高程、中线偏位、宽度　合格率 100% 平整度　应测 15 点　14 点合格　合格率 93.33% 横坡　应测 30 点　30 点合格　合格率 100% 边坡　应测 10 点　10 点合格　合格率 100% 路基表面和边坡　符合要求 检查人:×××　××××年××月××日		
验收意见	经检查,符合规范规定和设计要求,同意隐蔽,可进行下一道工序施工。 检查人:×××　××××年××月××日		
监理验收意见	经检查符合规范规定和设计要求,同意隐蔽。 检查人:×××　××××年××月××日		
监理工程员	施工项目技术负责人	质检员	
×××	×××	×××	
道路工程中隐蔽项目包括:路基、路面基层、路面(除路面顶层)、透层和黏层			

检验批应由专业监理工程师组织施工单位项目专业质量(技术)负责人等进行验收。检验批合格质量应符合下列规定:

①主控项目的质量应经抽样检验合格。

②一般项目的质量应经抽样检验合格。

③具有完整的施工操作依据和质量检查记录。

表 3.12 土方路基(路床)检验批质量检验记录(表式 C7-2-1)

工程名称	××市××外环快速路	分部工程名称	路基	分项工程名称	土方路基
施工单位	××建设集团××市政公司	专业工长	×××	项目经理	×××
验收批名称、部位	土方路基检验批质量检验记录 K3+220 ~ K3+320 左幅原地面				
分包单位	—	分包项目经理	—	施工班组长	—

质量验收规范规定的检查项目及验收标准				1	2	3	4	5	6	7	8	9	应测点数	合格点数	合格率/%	
				检查结果—实测点偏差值或实测值												
主控项目	1	压实度/%	≥96	压实度报告见后附报告												√
主控项目	2	弯沉值不大于设计规定值		—												—
一般项目	1	纵断高程	-20,+10	2	6	4	10	5					5	5	100.00	√
一般项目	2	中线偏位	≤30	20	9								2	2	100.00	√
一般项目	3	平整度	≤15	12	10	13	10	1	6	5	4	2	15	14	93.33	√
				4	10	5	6	16	6							
一般项目	4	宽度	≮设计值+B	19	20	18							3	3	100.00	√
一般项目	5	横坡	+0.3%且不反坡	0.2	0.1	0.2	0.1	0.1	0.1	0.1	0.1	0.2	30	30	100.00	√
				0.1	0.3	0.1	0.1	0.1	0.2	0.2	0.2	0.1				
				0.1	0.2	0.0	0.2	0.1	0.2	0.1	0.2	0.1				
				0.3	0.1	0.2	0.1	0.2	0.1	0.0	0.2	0.1				
				0.2	0.2	0.1										
				填写此项时注意每个断面不要出现正负交替、反坡的现象												
一般项目	6	边坡	不陡于设计值(1∶1.5)	1∶1.52	1∶1.5	1∶1.53	1∶1.52	1∶1.51	1∶1.52	1∶1.53	1∶1.52	1∶1.51	10	10	100.00	√
				1∶1.52												
一般项目	7	路基填筑应平整,坚实,无显著轮迹、翻浆、波浪、起皮等现象,边坡应密实、稳定、平顺等		路基平整,坚实,无显著轮迹、翻浆、波浪、起皮等现象,边坡密实、稳定、平顺等												
平均合格率/%				一般项目平均合格率:98.67												
施工单位检查评定结果				质检合格												
监理/(建设)单位验收结论				验收合格。 监理工程师: ××× ××××年××月××日												

表3.13　高程测量成果表(表式C5-7-1)

工程名称	××市××外环快速路			编　号			
施工单位	××建设集团××市政公司			时　间	××××年××月××日		
桩　号	后　视	仪　高	中　视	前　视	实测高	设计高	比　差
BM5	2.569	883.210				880.641	
K3+240(左偏45 m)			0.057		883.153	883.151	0.002
K3+260(左偏45 m)			0.110		883.100	883.094	0.006
K3+280(左偏45 m)			0.192		883.018	883.014	0.004
K3+300(左偏45 m)			0.260		882.950	882.940	0.010
K3+320(左偏45 m)			0.291		882.919	882.914	0.005
K3+340(左偏45 m)			0.312		882.898	882.892	0.006
ZD1				4.216	878.994		
ZD1	0.512	879.506					
BM4				3.635	875.871	875.866	0.005
测量人	×××			复核人	×××		

表 3.14　见证记录(表式 B3-3)

<table>
<tr><td>工程名称</td><td>××市××外环快速路</td><td>编　号</td><td></td></tr>
<tr><td>取样部位</td><td colspan="3">K3+220 ~ K3+320 左幅原地面</td></tr>
<tr><td>样品名称</td><td>素土</td><td>取样数量</td><td></td></tr>
<tr><td>取样地点</td><td>现场</td><td>取样日期</td><td>××××年××月××日</td></tr>
<tr><td colspan="4">见证记录：
K3+220 ~ K3+320 左幅原地面　　一层　　压实度系数≥0.93</td></tr>
<tr><td>有见证取样和送检印章</td><td colspan="3"></td></tr>
<tr><td>取样人员签字</td><td colspan="3">×××　　××××年××月××日</td></tr>
<tr><td>见证人员签字</td><td colspan="3">×××　　××××年××月××日</td></tr>
</table>

表 3.15　土壤压实度（灌砂法）检验报告（表式 C6-6）

工程名称	××市××外环快速路	编　号	YS××××
委托单位	××建设集团××市政公司	收样日期	××××年××月××日
建设单位	××住建局	检验日期	××××年××月××日
监理单位	××监理公司	报告日期	××××年××月××日
试样名称	素土	最大干密度 /(g·cm^{-3})	1.91
要求压实系数	≥0.93	最佳含水率 /%	11.2
工程部位	K3+220 ~ K3+320 左幅原地面	控制干密度 /(g·cm^{-3})	1.78

步　数	点号	湿密度 /(g·cm^{-3})	含水率/%			干密度 /(g·cm^{-3})	压实系数	桩　号
		单值	次数	单值	平均值	单值		
原地面	1	2.03	第一次	11.3	11.4	1.82	0.95	K3+230
			第二次	11.4				
原地面	2	2.06	第一次	12.3	12.6	1.83	0.96	K3+250
			第二次	12.9				
原地面	3	2.02	第一次	11.3	11.5	1.81	0.95	K3+260
			第二次	11.7				
原地面	4	1.99	第一次	10.3	10.7	1.80	0.94	K3+280
			第二次	11.0				
原地面	5	2.05	第一次	12.4	12.4	1.82	0.95	K3+290
			第二次	12.4				
原地面	6	2.00	第一次	11.4	11.5	1.79	0.94	K3+310
			第二次	11.6				
			第一次					
			第二次					
			第一次					
			第二次					

检验依据	《土工试验方法标准》（GB/T 50123—2019）				
结　论	经检测所有检测点都符合设计要求				
检验人	×××	审核人	×××	负责人	×××
见证单位及见证人	××监理公司　　×协见字　××××				

检测单位：××工程质量检测有限公司
报告日期：××××年××月××日

2)路基处理

路基处理(石灰土)为例,报验资料见表3.16—表3.19,其他和原地面相同的表格省略。

表3.16　土工击实试验报告(表式C6-1)

<table>
<tr><td colspan="2">工程名称</td><td colspan="2">××市××外环快速路</td><td>编　号</td><td colspan="2">JS××××</td></tr>
<tr><td colspan="2">委托单位</td><td colspan="2">××建设集团××市政公司</td><td>收样日期</td><td colspan="2">××××年××月××日</td></tr>
<tr><td colspan="2">建设单位</td><td colspan="2">××住建局</td><td>检验日期</td><td colspan="2">××××年××月××日</td></tr>
<tr><td colspan="2">监理单位</td><td colspan="2">××监理公司</td><td>报告日期</td><td colspan="2">××××年××月××日</td></tr>
<tr><td colspan="2">工程部位</td><td colspan="2">K3+220 ~ K3+320 左幅机动车道路基换填第1 ~2层</td><td>检验方法</td><td colspan="2">重型击实</td></tr>
<tr><td>土样种类</td><td>取样地点</td><td>要求压实系数</td><td colspan="2">超40 mm颗粒含量/%</td><td colspan="2">超5 mm颗粒含量/%</td></tr>
<tr><td>素土</td><td>现场</td><td>—</td><td colspan="2">—</td><td colspan="2">0.00</td></tr>
<tr><td>含水率/%</td><td>干密度/(g·cm⁻³)</td><td colspan="5" rowspan="12">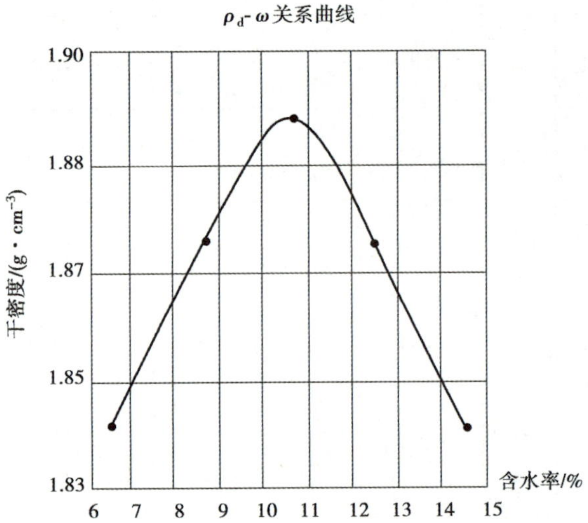
</td></tr>
<tr><td>6.5</td><td>1.84</td></tr>
<tr><td>8.6</td><td>1.87</td></tr>
<tr><td>10.6</td><td>1.89</td></tr>
<tr><td>12.5</td><td>1.87</td></tr>
<tr><td>14.6</td><td>1.84</td></tr>
<tr><td>—</td><td>—</td></tr>
<tr><td>—</td><td>—</td></tr>
<tr><td>试验项目</td><td>试验结果</td></tr>
<tr><td>最大干密度/(g·cm⁻³)</td><td>1.89</td></tr>
<tr><td>最优含水率/%</td><td>10.6</td></tr>
<tr></tr>
<tr><td colspan="2">样品状态描述</td><td colspan="5">与标准状态要求无偏离</td></tr>
<tr><td colspan="2">检验依据</td><td colspan="5">《土工试验方法标准》(GB/T 50123—2019)</td></tr>
<tr><td>检验人</td><td>×××</td><td>审核人</td><td>×××</td><td>负责人</td><td colspan="2">×××</td></tr>
<tr><td colspan="2">见证单位及见证人</td><td colspan="5">××监理公司　×××　×协见字　××××</td></tr>
<tr><td colspan="7">检测单位:××工程质量检测有限公司
报告日期:××××年××月××日</td></tr>
</table>

表3.17　路基处理检验批质量检验记录(表式C7-2-2)

工程名称	××市××外环快速路			分部工程名称			土方工程		分项工程名称			路基处理			
施工单位	××建设集团××市政公司			专业工长			×××		项目经理			×××			
验收批名称、部位	路基处理检验批质量检验记录 K3+220 ~ K3+320 左幅机动车道灰土处理第一层														
分包单位	—		分包项目经理			—			施工班组长			—			
质量验收规范规定的检查项目及验收标准				检查结果—实测点偏差值或实测值											
				1	2	3	4	5	6	7	8	9	应测点数	合格点数	合格率/%
主控项目	1	压实度/%	≥96	压实度报告见后附报告											√
主控项目	2	弯沉值不大于设计规定值		—											—
一般项目	1	纵断高程	-20,+10	2	6	5	8	-4					5	5	100.00 √
一般项目	2	中线偏位	≤30	15	23								2	2	100.00 √
一般项目	3	平整度	≤15	1	2	6	2	0	1	5	0	3	15	15	100.00 √
				6	1	9	0	2	0						
一般项目	4	宽度	≮13.6	14	13.8	14							3	3	100.00 √
一般项目	5	横坡	+0.3%且不反坡	0.1	0.2	0.1	0	0.1	0.2	0.1	0.2	0.1	30	30	100.00 √
				0.2	0.2	0.1	0	0.2	0.1	0.2	0.1	0.2			
				0.2	0	0	0.1	0.2	0.1	0.2	0.1	0.1			
				0.1	0.2	0.1									
一般项目	6	边坡	不陡于设计值(1:1.5)	1:1.6	1:1.5	1:1.52	1:1.53	1:1.50	1:1.52	1:1.53	1:1.52	1:1.63	10	10	100.00 √
				1:1.52											
一般项目	7	路基填筑应平整,坚实,无显著轮迹、翻浆、波浪、起皮等现象,边坡应密实、稳定、平顺等		路基平整,坚实,无显著轮迹、翻浆、波浪、起皮等现象,边坡密实、稳定、平顺											
平均合格率/%				一般项目平均合格率:100											
施工单位检查评定结果				质检合格											
监理/(建设)单位验收结论				验收合格。　监理工程师:×××　××××年××月××日											

表 3.18　石灰剂量的测定(EDTA 滴定法)报告(表式 C6-11)

<table>
<tr><td>工程名称</td><td colspan="3">××市××外环快速路</td><td colspan="2">编　号</td><td colspan="3">××××</td></tr>
<tr><td>委托单位</td><td colspan="3">××建设集团××市政公司</td><td colspan="2">收样日期</td><td colspan="3">××××年××月××日</td></tr>
<tr><td>建设单位</td><td colspan="3">××住建局</td><td colspan="2">检验日期</td><td colspan="3">××××年××月××日</td></tr>
<tr><td>监理单位</td><td colspan="3">××监理公司</td><td colspan="2">样品编号</td><td colspan="3">×××</td></tr>
<tr><td>试验单位</td><td colspan="3">××工程质量检测中心</td><td colspan="2">试样名称</td><td colspan="3">无机结合稳定材料
12% 石灰土</td></tr>
<tr><td>工程部位</td><td colspan="8">K3+220 ~ K3+320 左幅机动车道路基换填第 1—2 层</td></tr>
<tr><td rowspan="2">取样位置</td><td rowspan="2">试样重/g</td><td rowspan="2">编　号</td><td colspan="4">EDTA 消耗量/mL</td><td rowspan="2">剂量/%</td><td rowspan="2">规定值/%</td></tr>
<tr><td>初读数</td><td>终读数</td><td>滴定量</td><td>平均值</td></tr>
<tr><td rowspan="2">K1+400</td><td rowspan="2">300</td><td>1</td><td>0.1</td><td>44.1</td><td>44.0</td><td rowspan="2">44.2</td><td rowspan="2">13.1</td><td rowspan="2">12</td></tr>
<tr><td>2</td><td>0.0</td><td>44.3</td><td>44.3</td></tr>
<tr><td rowspan="2"></td><td rowspan="2"></td><td></td><td></td><td></td><td></td><td rowspan="2"></td><td rowspan="2"></td><td rowspan="2"></td></tr>
<tr><td></td><td></td><td></td><td></td></tr>
<tr><td rowspan="2"></td><td rowspan="2"></td><td></td><td></td><td></td><td></td><td rowspan="2"></td><td rowspan="2"></td><td rowspan="2"></td></tr>
<tr><td></td><td></td><td></td><td></td></tr>
<tr><td rowspan="2"></td><td rowspan="2"></td><td></td><td></td><td></td><td></td><td rowspan="2"></td><td rowspan="2"></td><td rowspan="2"></td></tr>
<tr><td></td><td></td><td></td><td></td></tr>
<tr><td>检验依据</td><td colspan="8">《公路工程无机结合料稳定材料试验规程》(JTG E51—2009)</td></tr>
<tr><td>结　论</td><td colspan="8">经检验,石灰剂量实测值为 13.1%</td></tr>
<tr><td>检验人</td><td colspan="2">×××</td><td colspan="2">审核人</td><td colspan="2">×××</td><td>负责人</td><td>×××</td></tr>
<tr><td colspan="3">见证单位及见证人</td><td colspan="6">××监理公司　×××　×协见字　××××</td></tr>
<tr><td colspan="9">检测单位:××工程质量检测有限公司
报告日期:××××年××月××日</td></tr>
</table>

表 3.19　道路弯沉检测报告（表式 C6-33）

工程名称	××市××外环快速路		编号	××××	
委托单位	××建设集团××市政公司		工程部位	路基处理（石灰土）顶层	
试验依据	《公路路基路面现场测试规程》（JTG 3450—2019）		判定依据	《公路工程质量检验评定标准 第一册 土建工程》（JTG F80/1—2017）	
试验环境	晴，微风，表面平整		实验日期	××××年××月××日	
主要仪器设备	落锤式弯沉仪				
结构层类型	土方路基	路段桩号	K3+220～K3+320 机动车道		
弯沉设计值（0.01 mm）	310.5	重锤质量/kg	200	冲击荷载/kN	50
荷载板直径/mm	300	荷载板类型	四分式	弯沉仪类型	车载式
相关关系式	$L_a=-9.747+0.492\times L_{FWD}$		相关系数	0.93	
路表温度/℃	—	温度修正系数	—	季节修正系数	—
道路等级	城市快速路	保证率系数	2.0	舍弃系数	3.0
检测路段	K3+220～K3+320 左幅		轮胎充气压力/MPa	0.7 MPa	
测点桩号及车道	动态弯沉值（0.01 mm）	回弹弯沉值（0.01 mm）	测点桩号及车道	动态弯沉值（0.01 mm）	回弹弯沉值（0.01 mm）
K3+220 左幅 1	282.67	129.33	—	—	—
K3+240 左幅 1	276.34	126.21	—	—	—
K3+260 左幅 1	297.37	136.56	—	—	—
K3+280 左幅 1	306.08	140.85	—	—	—
K3+300 左幅 1	293.3	134.56	—	—	—
K3+320 左幅 1	279.52	127.78	—	—	—
—	—	—	—	—	—
测点数	动态弯沉值	平均值（0.01 mm）	标准差	动态弯沉代表值（0.01 mm）	
		289.21	10.59	306.60	
6	回弹弯沉值	平均值（0.01 mm）	标准差	弹弯沉代表值（0.01 mm）	
		132.55	5.20	141.10	
结　论	实测弯沉代表值小于设计弯沉值，该段弯沉检测合格				
检验人	×××	审核人	×××	负责人	×××
见证单位及见证人	××监理公司　×××　×协见字　××××				
检测单位：××工程质量检测有限公司 报告日期：××××年××月××日					

任务4　市政道路工程路面基层分部工程资料编制

填报资料的填写内容及要求

动画:无机结合料稳定层路拌法施工

任务目标

无机结合料稳定基层是一种半刚性基层,常用的有石灰(水泥)稳定土、石灰(水泥)稳定粒料,石灰粉煤灰稳定土或稳定粒料。通过本任务的学习,学生能够填写路面基层分部工程的施工资料,并结合路面基层主要施工工序对路面基层分部工程所需填报资料进行收集与整理;讨论石灰稳定土基层在施工中其报验资料在书中写的内容是否还有其他部分,如果有,它们是什么?小组成员分工填写和整理填写范例中填写和整理水泥稳定碎石基层的施工资料,以此通过学做结合,培养学生解决问题的能力。

3.4.1　路面基层分部工程施工资料

在本案例中,根据施工工艺流程,路面基层分部工程施工资料填报顺序见表3.20,填报资料的填写内容及要求可扫描二维码进行阅览。

表3.20　路面基层填报资料(参考表示)

序号	程　序	所用表格
1	石灰稳定土基层	报验申请表(表式B3-4-2)
		隐蔽工程检查验收记录(表式C5-9)
		石灰土、粉煤灰稳定钢渣基层(底基层)检验批质量检验记录(表式C7-4-1)
		高程测量成果表(表式C5-7)
		见证记录(表式B3-3)
		压实度(灌砂法)检验报告(表式C6-6)
		无侧限抗压强度试验(表式C6-13)
		水泥或石灰剂量的测定(EDTA滴定法)(表式C6-11)
		弯沉检测报告(基层顶)(表式C6-33)
2	水泥稳定碎石基层	报审/报验申请表(表式B3-4-2)
		隐蔽工程检查验收记录(表式C5-9)
		水泥稳定碎石检验批质量检验记录(表式C7-4-2)
		高程测量成果表(表式C5-7)
		见证记录(表式B3-3)
		土壤压实度(灌砂法)检验报告(表式C6-6)
		无侧限抗压强度试验(表式C6-13)
		水泥剂量的测定(EDTA滴定法)(表式C6-11)
		弯沉检测报告(基层顶)(表式C6-33)

3.4.2　路面基层分部工程资料填写范例

填写内容以K3+220～K3+320左幅机动车道石灰稳定土底基层的资料为例。石灰稳定土底基层施工完成后，其报验资料见表3.21—表3.29。

表3.21　<u>石灰稳定土底基层</u>报验申请表(表式B3-4-2)

工程名称	××市××外环快速路	编　号	

致：<u>××监理公司</u>(监理公司)

我单位已经完成了<u>K3+220～K3+320左幅机动车道石灰稳定土底基层</u>工作，现报上该工程报验申请表，请予以审查和验收。

附件：1.隐蔽工程检查验收记录

2.石灰土、粉煤灰稳定钢渣底基层检验批质量检验记录

3.高程测量成果表

4.压实度检测报告

5.灰剂量检测报告

承包单位(章)：<u>××建设集团××市政公司</u>

项目经理：<u>×××</u>

日　　期：<u>××××年××月××日</u>

审核意见：

经审核，符合要求，同意报验。

项目监理机构(章)：<u>××监理公司××项目监理部</u>

总/专业监理工程师：<u>×××</u>

日　　期：<u>××××年××月××日</u>

表 3.22　隐蔽工程检查验收记录(表式 C5-9)

工程名称	××市××外环快速路	编　号	
施工单位	××建设集团××市政公司	时　间	××××年××月××日
隐检项目	石灰稳定土底基层	隐检范围	K3+220 ~ K3+320 左幅机动车道
隐检内容及检查情况	质量验收规范规定的检查项目　　检查评定记录 主控项目 原材料质量检验应符合规范要求　　符合设计要求 压实度　　符合设计要求 试件做 7 d 无侧限抗压强度　　符合设计要求 一般项目 中线偏位、纵断高程、平整度、宽度、横坡、厚度　　合格率 100% 检查人:×××　　××××年××月××日		
验收意见	经检查,符合规范规定和设计要求,同意隐蔽,可进行下一道工序施工。 检查人:×××　　××××年××月××日		
监理验收意见	经检查符合规范规定和设计要求,同意隐蔽。 检查人:×××　　××××年××月×× 日		
监理工程员	施工项目技术负责人	质检员	
×××	×××	×××	

表 3.23 石灰土、粉煤灰稳定钢渣基层(底基层)检验批质量检验记录(表式 C7-4-1)

工程名称	××市××外环快速路		编　号		
施工单位	××建设集团××市政公司				
单位工程名称	××市××外环快速路道路工程		分部工程名称	基层	
分项工程名称	石灰稳定土底基层		验收部位	K3+220～K3+320 左幅机动车道	
工程数量	100 m	项目经理	×××	技术负责人	×××
制表人	×××	施工负责人	×××	质量检验员	×××
交方班组	—	接方班组	—	检验日期	××××年××月××日

质量验收规范规定的检查项目及验收标准					检查结果—实测点偏差值或实测值												
					1	2	3	4	5	6	7	8	9	应测点数	合格点数	合格率/%	
主控项目	1	质量原材料质量检验应符合《城镇道路工程施工与质量验收规范》(CJJ 1—2008)规范要求			符合设计要求												√
主控项目	2	压实度/%	≥96		符合设计要求												√
主控项目	3	试件作 7 d 无侧限抗压强度,应符合设计要求			7 d 无侧限抗压强度报告见后附报告												√
一般项目	1	中线偏位	≤20		16									1	1	100.00	√
一般项目	2	纵断高程	基层 ±15	底基层 ±20	12	13	0	12	15					5	5	100.00	√
一般项目	3	平整度	≤10	≤15	13	12	15	0	1	3	6	9	5	15	15	100.00	√
					3	6	5	15	14	2							
一般项目	4	宽度	≥13.6 m		13.8	14	14.2							3	3	100.00	√
一般项目	5	横坡	±0.3%且不反坡		0.1	0.2	0.1	0.3	0.1	0.11	0.1	0.12	0.2	30	30	100.00	√
					0.15	0.26	0.1	0.1	0.1	0.2	0.24	0.23	0.1				
					0.1	0.21	0.0	0.22	0.1	0.2	0.1	0.1	0.1				
					0.3	0.1	0.2	0.2	0.28	0.14	0.0	0.29	0.1				
					0.27	0.19	0.3										
一般项目	6	厚度	±10		3									1	1	100.00	√
一般项目	7	表面应平整、坚实、无粗细骨料集中现象,无明显轮迹推移、裂缝,接茬平顺,无贴皮、散料			底基层平整,坚实,无粗细骨料集中现象,无明显轮迹推移、裂缝,接茬平顺,无贴皮、散料等												
平均合格率/%					一般项目平均合格率:100.00												
施工单位检查评定结果					质检合格。												
监理/(建设)单位验收结论					验收合格。　监理工程师:×××　××××年××月××日												

表 3.24　高程测量成果表(表式 C5-7)

工程名称	××市××外环快速路			编　号			
施工单位	××建设集团××市政公司			时　间	××××年××月××日		
桩　号	后　视	仪　高	中　视	前　视	实测高	设计高	比　差
BM5	2.742	883.365				880.641	
K3+240(左偏 13 m)			0.045		883.320	883.308	0.012
K3+260(左偏 13 m)			0.214		883.151	883.138	0.013
K3+280(左偏 13 m)			0.451		882.914	882.914	0.000
K3+300(左偏 13 m)			0.260		882.147	882.135	0.012
K3+320(左偏 13 m)			0.291		881.912	882.910	0.002
K3+340(左偏 13 m)			0.312		882.898	882.892	0.006
ZD1				4.658	878.707		
ZD1	0.536 5	879.072					
BM4				3.203	875.869	875.866	0.003
测量人	×××			复核人	×××		

表 3.25　见证记录(表式 B3-3)

工程名称	××市××外环快速路	编　号	
取样部位	K3+220～K3+320 左幅机动车道石灰土底基层		
样品名称	12% 石灰稳定土	取样数量	
取样地点	现场	取样日期	××××年××月××日
见证记录： K3+220～K3+320 左幅机动车道石灰稳定土底基层　一层　压实度系数≥0.96			
有见证取样和送检印章			
取样人员签字		×××	××××年××月××日
见证人员签字		×××	××××年××月××日

表 3.26　压实度(灌砂法)检验报告(表式 C6-6)

工程名称	××市××外环快速路	编　号	××××
委托单位	××建设集团××市政公司	收样日期	××××年××月××日
建设单位	××住建局	检验日期	××××年××月××日
监理单位	××监理公司	报告日期	××××年××月××日
试验单位	××工程质量检测中心	试样名称	12%石灰稳定土
最大干密度/($\mathrm{g\cdot cm^{-3}}$)	1.77	最佳含水率/%	16.4
要求压实系数	≥0.96	控制干密度/($\mathrm{g\cdot cm^{-3}}$)	1.70
工程部位	K3+220～K3+320 左幅机动车道石灰土底基层		

步　数	点　号	湿密度/($\mathrm{g\cdot cm^{-3}}$)	含水率/%			干密度/($\mathrm{g\cdot cm^{-3}}$)	压实系数	桩　号
		单值	次数	单值	平均值	单值		
	1	2.05	第一次	16.6	16.6	1.76	0.99	K3+230
			第二次	16.5				
	2	2.02	第一次	17.8	18.0	1.71	0.97	K3+250
			第二次	18.2				
	3	2.00	第一次	16.9	17.0	1.71	0.97	K3+260
			第二次	17.0				
	4	1.99	第一次	16.2	15.8	1.72	0.97	K3+280
			第二次	15.4				
	5	2.01	第一次	18.0	18.2	1.70	0.96	K3+290
			第二次	18.3				
	6	2.01	第一次	17.1	17.2	1.72	0.97	K3+310
			第二次	17.2				
	7	2.01	第一次	15.7	15.8	1.74	0.98	K3+320
			第二次	16.0				
	8	2.05	第一次	17.0	16.9	1.75	0.99	K3+340
			第二次	16.7				
	9	2.04	第一次	17.2	17.0	1.74	0.98	K3+350
			第二次	16.7				

检验依据	《土工试验方法标准》(GB/T 50123—2019)				
结　论	经检测所有检测点都符合设计要求				
检验人	×××	审核人	×××	负责人	×××
见证单位及见证人	××监理公司　×××　×协见字　××××				
检测单位:××工程质量检测有限公司 报告日期:××××年××月××日					

动画:无机结合料稳定材料无侧限抗压强度试验

表 3.27　无侧限抗压强度试验报告(表式 C6-13)

<table>
<tr><td>工程名称</td><td colspan="5">××市××外环快速路</td><td colspan="4">编　号</td><td colspan="4"></td></tr>
<tr><td>委托单位</td><td colspan="5">××建设集团××市政公司</td><td colspan="4">试件成型日期</td><td colspan="4">××××年××月××日</td></tr>
<tr><td>建设单位</td><td colspan="5">××住建局</td><td colspan="4">试验完成日期</td><td colspan="4">××××年××月××日</td></tr>
<tr><td>监理单位</td><td colspan="5">××监理公司</td><td colspan="4">试验规程</td><td colspan="4">JTG E51—2009</td></tr>
<tr><td>试验单位</td><td colspan="5">××工程质量检测中心</td><td colspan="4">技术标准</td><td colspan="4">CJJ 169—2012</td></tr>
<tr><td>工程部位</td><td colspan="5">K3+220 ~ K3+320 左幅机动车道石灰土底基层</td><td colspan="4">试样名称</td><td colspan="4">12% 石灰稳定土</td></tr>
<tr><td>混合料类别</td><td colspan="3">水泥稳定砂砾</td><td colspan="2">养护龄期</td><td colspan="3">7 d</td><td colspan="2">制件方法</td><td colspan="3">静压</td></tr>
<tr><td>取样地点</td><td colspan="3">施工现场</td><td colspan="2">养护条件</td><td colspan="3">标准养护</td><td colspan="2"></td><td colspan="3"></td></tr>
<tr><td>混合料配合比</td><td colspan="2">石灰:素土</td><td colspan="2">12:100</td><td colspan="2">集料产地</td><td colspan="2">—</td><td colspan="2">试件规格/mm</td><td colspan="3">ϕ50×50</td></tr>
<tr><td>最大干密度/$(g \cdot m^{-3})$</td><td colspan="3">1.78</td><td colspan="2">水泥品种及强度等级</td><td colspan="3">—</td><td colspan="2">试件压实度/%</td><td colspan="3">97.0</td></tr>
<tr><td>最佳含水率/%</td><td colspan="3">16.2</td><td colspan="2">实测含水率/%</td><td colspan="3">—</td><td colspan="2">实测石灰剂量/%</td><td colspan="3">12</td></tr>
<tr><td rowspan="2">无侧限抗压强度/MPa</td><td>1</td><td>2</td><td>3</td><td>4</td><td>5</td><td>6</td><td>7</td><td>8</td><td>9</td><td>10</td><td>11</td><td>12</td><td>13</td></tr>
<tr><td>1.70</td><td>1.62</td><td>1.70</td><td>1.70</td><td>1.62</td><td>1.72</td><td>—</td><td>—</td><td>—</td><td>—</td><td>—</td><td>—</td><td>—</td></tr>
<tr><td>抗压强度平均 R_c/MPa</td><td>1.68</td><td>标准差 S</td><td>0.042</td><td>偏差系数 C_v/%</td><td>3.6</td><td colspan="3">无侧限抗压强度($R_{c0.95}=R_c-1.645S$)</td><td>1.13</td><td colspan="3">无强度设计值 R/MPa</td><td>1.0</td></tr>
<tr><td>结　论</td><td colspan="13">该混合料 7 d 无侧限抗压强度符合设计及《城镇道路路面设计规范》(CJJ 169—2012)的要求</td></tr>
<tr><td>检验人</td><td colspan="2">×××</td><td colspan="3">审核人</td><td colspan="3">×××</td><td colspan="2">负责人</td><td colspan="3">×××</td></tr>
<tr><td colspan="3">见证单位及见证人</td><td colspan="11">××监理公司　×××　×协见字　××××</td></tr>
<tr><td colspan="14">检测单位:××工程质量检测有限公司
报告日期:××××年××月××日</td></tr>
</table>

表 3.28　见证记录(表式 B3-3)

<table>
<tr><td>工程名称</td><td>××市××外环快速路</td><td>编　号</td><td></td></tr>
<tr><td>取样部位</td><td colspan="3">K3+220～K3+320 左幅机动车道石灰土底基层</td></tr>
<tr><td>样品名称</td><td>12% 石灰稳定土</td><td>取样数量</td><td>2 kg</td></tr>
<tr><td>取样地点</td><td>现场</td><td>取样日期</td><td>××××年××月××日</td></tr>
<tr><td colspan="4">见证记录:

K3+220～K3+320 左幅机动车道石灰土底基层　　一层　　灰剂量</td></tr>
<tr><td>有见证取样和送检印章</td><td colspan="3"></td></tr>
<tr><td>取样人员签字</td><td colspan="3">×××　　　　××××年××月××日</td></tr>
<tr><td>见证人员签字</td><td colspan="3">×××　　　　××××年××月××日</td></tr>
</table>

表3.29 石灰剂量的测定(EDTA滴定法)报告(表式C6-11)

<table>
<tr><td>工程名称</td><td colspan="3">××市××外环快速路</td><td colspan="2">编 号</td><td colspan="3">××××</td></tr>
<tr><td>委托单位</td><td colspan="3">××建设集团××市政公司</td><td colspan="2">收样日期</td><td colspan="3">××××年××月××日</td></tr>
<tr><td>建设单位</td><td colspan="3">××住建局</td><td colspan="2">检验日期</td><td colspan="3">××××年××月××日</td></tr>
<tr><td>监理单位</td><td colspan="3">××监理公司</td><td colspan="2">报告日期</td><td colspan="3">××××年××月××日</td></tr>
<tr><td>试验单位</td><td colspan="3">××工程质量检测中心</td><td colspan="2">样品编号</td><td colspan="3">××××</td></tr>
<tr><td>式样名称</td><td colspan="3">无机结合稳定材料
12%石灰稳定土</td><td colspan="2">试验规程</td><td colspan="3">《公路工程无机结合料稳定材料试验规程》(JTG E51—2009)</td></tr>
<tr><td>工程部位</td><td colspan="8">K3+220 ~ K3+320 左幅机动车道石灰土底基层</td></tr>
<tr><td rowspan="2">取样位置</td><td rowspan="2">试样重/g</td><td rowspan="2">编 号</td><td colspan="4">EDTA消耗量/mL</td><td rowspan="2">剂量/%</td><td rowspan="2">规定值/%</td></tr>
<tr><td>初读数</td><td>终读数</td><td>滴定量</td><td>平均值</td></tr>
<tr><td rowspan="2">K3+260</td><td rowspan="2">300</td><td>1</td><td>0.3</td><td>43.8</td><td>43.7</td><td rowspan="2">43.5</td><td rowspan="2">12.8</td><td rowspan="2">12</td></tr>
<tr><td>2</td><td>0.2</td><td>44.5</td><td>44.3</td></tr>
<tr><td rowspan="2"></td><td rowspan="2"></td><td></td><td></td><td></td><td></td><td rowspan="2"></td><td rowspan="2"></td><td rowspan="2"></td></tr>
<tr><td></td><td></td><td></td><td></td></tr>
<tr><td rowspan="2"></td><td rowspan="2"></td><td></td><td></td><td></td><td></td><td rowspan="2"></td><td rowspan="2"></td><td rowspan="2"></td></tr>
<tr><td></td><td></td><td></td><td></td></tr>
<tr><td rowspan="2"></td><td rowspan="2"></td><td></td><td></td><td></td><td></td><td rowspan="2"></td><td rowspan="2"></td><td rowspan="2"></td></tr>
<tr><td></td><td></td><td></td><td></td></tr>
<tr><td colspan="9">结论:经检验,石灰剂量实测值为12.8%</td></tr>
<tr><td>检验人</td><td colspan="2">×××</td><td colspan="2">审核人</td><td>×××</td><td colspan="2">负责人</td><td>×××</td></tr>
<tr><td colspan="3">见证单位及见证人</td><td colspan="6">××监理公司 ××× ×协见字 ××××</td></tr>
<tr><td colspan="9">检测单位:××工程质量检测有限公司
报告日期:××××年××月××日</td></tr>
</table>

任务5　市政道路工程路面面层分部工程资料编制

任务目标

面层可由一层或数层组成，高等路面可包括上(表)面层、中面层、下(底)面层。通过本任务的学习，学生能够填写路面面层分部工程的施工资料，并结合路面面层主要施工工序对路面面层分部工程所需填报资进行收集与整理；讨论热拌沥青混合料面层施工填报资料中，是否都需要填写《隐蔽工程检查验收记录》；小组成员分工填写和整理填写范例中热拌沥青混合料下面层的施工资料。通过任务实施使学生能够对实践过程中发现的问题进行简单分析，并提出相应的策略，提高学生理论联系实际的能力。

填报资料的填写内容及要求

动画:热拌沥青混合料结构层施工

动画:沥青表面接缝处理

动画:路面摩擦系数测定

3.5.1　路面面层分部工程施工资料

在本案例中，根据施工工艺流程，路面面层分部工程施工资料填报顺序见表3.30，填报资料的填写内容及要求可扫描二维码进行阅览。

表3.30　路面面层填报资料

序号	程　序	所用表格
1	透层/封层/黏层	报审/报验申请表(B3-4)
		隐蔽工程检查验收记录(表式C5-9)
		沥青混合料透层/封层/黏层检验批质量检验记录(表式C7-6-1)
2	热拌沥青混合料面层(AC-25C/AC-20C/AC-16C)	报审/报验申请表(B3-5-2)
		隐蔽工程检查验收记录(表式C5-9)
		热拌沥青混合料面层检验批质量检验记录(表式C7-6-2)
		高程测量成果表(表式C5-7)
		沥青混合料到场及摊铺测温记录(表式C5-15-1)
		沥青混合料碾压温度、厚度检测记录(表式C5-15-2)
		见证记录(表式B3-3)
		沥青混合料(沥青用量及矿料级配)试验报告(表式C6-14)
		沥青混合料压实度试验报告(表式C6-8)
		弯沉检测报告(路面顶)(表式C6-31)

续表

序号	程　序	所用表格
2	热拌沥青混合料面层(AC-25C/AC-20C/AC-16C)	路面表面抗滑试验报告(路面顶)(表式 C6-34)
		厚度检测报告(表式 C6-63-3)
		平整度检测报告(路面顶)(表式 C6-29)
		构造深度检测报告(路面顶)　(表式 C6-63-4)

3.5.2　路面面层分部工程资料填写范例

填写内容以 K3+220 ~ K3+320 左幅机动车道面层施工资料为例。

1)透层

透层施工完成后,其报验资料见表 3.31—表 3.33。

表 3.31　透层　报验申请表(表式 B3-4)

<table>
<tr><td>工程名称</td><td>××市××外环快速路</td><td>编　号</td><td></td></tr>
<tr><td colspan="4">致:　××监理公司　(监理公司)

我单位已经完成了　K3+220 ~ K3+320 左幅机动车道透层　工作,现报上该工程报验申请表,请予以审查和验收。

附件:1. 隐蔽工程检查验收记录
2. 沥青混合料透层/封层/黏层检验批质量检验记录

承包单位(章):　××建设集团××市政公司
项目经理:　×××
日　　期:　××××年××月××日</td></tr>
<tr><td colspan="4">审核意见:
经审核,符合要求,同意报验。

项目监理机构(章):　××监理公司××项目监理部
总/专业监理工程师:　×××
日　　期:　××××年××月××日</td></tr>
</table>

表 3.32　隐蔽工程检查验收记录(表式 C5-9)

<table>
<tr><td>工程名称</td><td>××市××外环快速路</td><td>编　号</td><td></td></tr>
<tr><td>施工单位</td><td>××建设集团××市政公司</td><td>时　间</td><td>××××年××月××日</td></tr>
<tr><td>隐检项目</td><td>透层</td><td>隐检范围</td><td>K3+220～K3+320 左幅机动车道</td></tr>
<tr><td>隐检内容及检查情况</td><td colspan="3">质量验收规范规定的检查项目　检查评定记录
主控项目
沥青的品种、标号和封层粒料质量、规格　符合规范要求
一般项目
宽度不应小于设计规定值　符合设计要求
封层油层与粒料洒布应均匀,不应有松散、裂缝、油丁、泛油、波浪、花白、漏洒、堆积、污染其他构筑物等现象　符合要求
检查人:×××　××××年××月××日</td></tr>
<tr><td>验收意见</td><td colspan="3">经检查,符合规范规定和设计要求,同意隐蔽,可进行下一道工序施工。
检查人:×××　××××年××月××日</td></tr>
<tr><td>监理验收意见</td><td colspan="3">经检查符合规范规定和设计要求,同意隐蔽。
检查人:×××　××××年××月××日</td></tr>
<tr><td>监理工程员</td><td>施工项目技术负责人</td><td>质检员</td><td></td></tr>
<tr><td>×××</td><td>×××</td><td>×××</td><td></td></tr>
</table>

表 3.33　沥青混合料透层/封层/粘层检验批质量检验记录(表式 C7-6-1)

工程名称	××市××外环快速路	分部工程名称	面层	分项工程名称	沥青混合料面层
施工单位	××建设集团××市政公司	专业工长	×××	项目经理	×××
验收批名称、部位	透层检验批质量检验记录 K3+220 ~ K3+320 左幅机动车道				
分包单位	—	分包项目经理	—	施工班组长	—

质量验收规范规定的检查项目及验收标准				检查结果—实测点偏差值或实测值												
				1	2	3	4	5	6	7	8	9	应测点数	合格点数	合格率/%	
主控项目	1	沥青的品种、标号和封层粒料质量、规格应符合规范的规定		出厂合格证、出厂检验报告齐全有效和进场复检报告齐全有效,沥青的品种、标号符合规范要求												√
一般项目	1	宽度不应小于	≥13.3 m	13.4	13.8	13.7							3	3	100.00	√
一般项目	2	封层油层与粒料洒布应均匀,不应有松散、裂缝、油丁、泛油、波浪、花白、漏洒、堆积、污染其他构筑物等现象		封层油层与粒料洒布应均匀,无松散、裂缝、油丁、泛油、波浪、花白、漏洒、堆积、污染其他构筑物等												√
平均合格率/%				一般项目平均合格率:100												
施工单位检查评定结果				质检合格												
监理(建设)单位验收结论				验收合格。　监理工程师:×××　×××年××月××日												

2)热拌沥青混合料下面层

热拌沥青混合料下面层施工完成后,其报验资料见表 3.34—表 3.38,其中和封层相同的表格省略。

表 3.34　热拌沥青混合料面层检验批质量检验记录(表式 C7-6-2)

工程名称	××市××外环快速路	分部工程名称	面层	分项工程名称	热拌沥青混合料面层
施工单位	××建设集团××市政公司	专业工长	×××	项目经理	×××
验收批名称、部位	下面层检验批质量检验记录 K3+220 ~ K3+320 左幅机动车道				
分包单位	—	分包项目经理	—	施工班组长	—

质量验收规范规定的检查项目及验收标准				检查结果—实测点偏差值或实测值												
				1	2	3	4	5	6	7	8	9	应测点数	合格点数	合格率/%	
主控项目	1	热拌沥青混合料质量符合规范要求		沥青品种、标号符合国家有关标准和规范规定;混合料所选用的粗集料、细集料、矿粉等质量及规格符合规范规定;热拌沥青混合料拌和温度、出厂温度、施工温度符合规范规定;沥青混合料品质符合马歇尔试验配合比技术要求。试验报告编号:××××												√
主控项目	2	压实度/%	≥96	98.6	98.2	97.8							3	3	100.0	√
主控项目	3	面层厚度	+10 ~ −5 mm	−1	+5	+5							3	3	100.0	√
主控项目	4	弯沉值	≤设计值	—												—
一般项目	1	纵断高程	±15	11	14	10	7	6					5	5	100.0	√
一般项目	2	中线偏位	≤20	18									1	1	100.0	√
一般项目	3	平整度标准差 σ 值	≤1.5	1.3	1.0	1.2							3	3	100.0	√
一般项目	4	宽度	≥ 13.3 m	13.8	13.4	13.6							3	3	100.0	
一般项目	5	横坡	±0.3% 且不反坡	0.11	0.0	0.15	0.1	0.4	0.1	0.1	−0.2	0.24	20	19	95.0	√
				0.1	0.3	0.1	−0.1	0. 1	0.2	0.21	0.22	0.17				
				−0.1	0.19											
一般项目	6	井框与路面高差	≤5													
一般项目	7	抗滑 摩擦系数	符合设计要求													
		抗滑 构造深度	符合设计要求													
一般项目	8	表面应平整、坚实,接缝紧密,无枯焦;不应有明显轮迹、推挤裂缝、脱落、烂边、油斑、掉渣等现象,不得污染其他构筑物。面层与路缘石、平石及其他构筑物应接顺,不得有积水现象		下面层表面平整、坚实,接缝紧密,无枯焦;没有明显轮迹、推挤裂缝、脱落、烂边、油斑、掉渣等现象,不得污染其他构筑物												
平均合格率/%				一般项目平均合格率:99												
施工单位检查评定结果				质检合格。												
监理/(建设)单位验收结论				验收合格。　监理工程师:×××　××××年××月××日												
中面层、底面层仅进行中线偏位、平整度、宽度、横坡的检测																

表3.35　沥青混合料到场及摊铺测温记录(表式C5k-15-1)

工程名称	××市××外环快速路	编　号	
施工单位	××建设集团××市政公司	现场天气状况	晴
摊铺部位	K3+220～K3+320左幅机动车道下面层		

日　期	生产厂家	运料车号	混合料规格	到场温度/℃	摊铺温度/℃	备注
××××年××月××日	××沥青搅拌厂	×××	AC-25	155	149	
××××年××月××日	××沥青搅拌厂	×××	AC-25	158	150	
××××年××月××日	××沥青搅拌厂	×××	AC-25	157	151	
××××年××月××日	××沥青搅拌厂	×××	AC-25	159	154	
时间要在同一天						
施工员	×××	测温人		×××		

表3.36　沥青混合料碾压温度、厚度检测记录(表式C5-15-2)

工程名称	××市××外环快速路	编　号	
施工单位	××建设集团××市政公司	现场天气状况	晴
摊铺部位	K3+220～K3+320左幅机动车道下面层	混合料规格	AC-25C
施工员	×××	测温人	×××

日　期	生产厂家	碾压路段桩号	初压温度/℃	复压温度/℃	终压温度/℃	备注
××××年××月××日	××沥青搅拌厂	K3+220～K3+240	140	127	105	
××××年××月××日		K3+240～K3+260	143	130	118	
××××年××月××日		K3+260～K3+280	141	131	119	
××××年××月××日		K3+300～K3+320	144	134	122	
××××年××月××日		K3+320～K3+340	138	128	116	

结构层次	下面层	保证率/%		90	设计值/mm		70
桩　号	位　置	实测厚度/mm				平均值/mm	与设计厚度之差/mm
K3+223	左幅距中1.7 m	76	73	72	75	74	4
K3+316	左幅距中2.3 m	77	73	75	79	76	6
检验人	×××	审核人	×××		负责人		×××
见证单位及见证人	××监理公司　×××　×协见字　××××						

检测单位:××工程质量检测有限公司

报告日期:××××年××月××日

表 3.37 沥青混合料(沥青用量及矿料级配)试验报告(表式 C6-14)

工程名称	××市××外环快速路	编　号	
委托单位	××建设集团××市政公司	检验日期	××××年××月××日
建设单位	××住建局	报告日期	××××年××月××日
监理单位	××监理公司	试样类型	AC-25C
工程部位	K3+220 ~ K3+320 左幅机动车道		

燃烧次数	试样篮和托盘质量/g	试样、试样篮和托盘质量/g	初始试样总质量/g	燃烧后矿料质量/g	试样损失质量/g	沥青用量 P/%		
						修正系数	测值	测定值
1	3 159.1	4 799.3	1 640.2	1 562.4	77.8	0.140	4.603	4.60
2	3 159.1	5 062.1	1 903.0	1 812.7	90.3		4.605	

孔径/mm		31.5	26.5	19	16	13.2	9.5	4.75	2.36	1.18	0.6	0.3	0.15	0.075
筛余质量/%	1	0	63.5	173.2	193.5	335.4	227.2	133.9	146.5	58.3	88.5	48.3		
	2	0	60.1	216.5	224	414.2	243	156.9	180.5	53.1	100.1	54.2		
	分计筛余 1	0.00	4.06	11.09	12.38	21.47	14.54	8.57	9.38	3.73	5.66	3.09		
	分计筛余 2	0.00	3.32	11.94	12.36	22.85	13.41	8.66	9.96	2.93	5.52	2.99		
分计筛余百分率/%		0.0	3.7	11.5	12.4	22.2	14.0	8.6	9.7	3.3	5.6	3.0		
累计筛余百分率/%		0.0	3.7	15.2	27.6	49.8	63.8	72.4	82.1	85.4	91.0	94.0		
筛分级配修正系数		0	2.6	-1.6	-3.2	-2.7	-0.9	-1.1	-1.2	-1.4	-0.9	-0.2		
通过百分率/%		100	93.7	86.4	75.6	52.9	37.1	28.7	19.1	16.0	9.9	6.2		
规定级配范围/%	上限	100	100	90	83	76	65	52	42	33	24	17	13	7
	下限	100	90	75	65	57	45	24	16	12	8	5	4	3
	中值	100	95	82.5	74	66.5	55	38	29	22.5	16	11	8.5	5

表 3.38 沥青混合料压实度试验报告(表式 C6-8)

工程名称	××市××外环快速路		编 号		
委托单位	××建设集团××市政公司		检验日期	××××年××月××日	
建设单位	××住建局		报告日期	××××年××月××日	
监理单位	××监理公司		试样类型	AC-25C	
工程部位	K3+220 ~ K3+320 左幅机动车道				
试样编号	桩 号	位 置	试样密度/($g\cdot cm^{-3}$)	标准密度/($g\cdot cm^{-3}$)	压实度/%
1	K3+230	左幅距中 1.7 m	2.361	2.395	98.6
2	K3+310	左幅距中 2.3 m	2.342	2.395	97.8
检验依据	《公路路基路面现场测试规程》(JTG 3450—2019)				
结 论	经检测所有试件压实度结果符合 JTG F40—2004 规范技术要求				
检验人	×××	复核人	×××	审核人	×××

任务6 市政道路工程人行道分部工程资料编制

任务目标

通过本任务的学习，学生能够填写人行道分部工程的施工资料，并结合人行道主要施工工序对人行道分部工程所需填报资料进行收集与整理；讨论人行道基础的施工资料中哪些是收集的？小组成员分工填写和整理填写范例中预制混凝土砌块面层(含盲道砖)的施工资料。

3.6.1 人行道分部工程施工资料

在本案例中，根据施工工艺流程，人行道分部工程施工资料填报顺序见表3.39，填报资料的填写内容及要求可扫描二维码进行阅览。

填报资料的填写内容及要求

表 3.39 人行道分部工程填报资料

序号	程 序	所用表格
1	人行道基础	报审/报验申请表(表式 B3-4-2)
		隐蔽工程检查验收记录(表式 C5-9)
		基础、垫层混凝土检验批质量检验记录(表式 C7-37-8)
		高程测量成果表(表式 C5-7)

续表

序号	程　序	所用表格
1	人行道基础	混凝土浇筑申请书(表式 C5-12-1)
		混凝土浇筑记录(表式 C5-12-2)
		见证记录(表式 B3-3)
		混凝土抗压强度报告(参考表式)
		预拌混凝土出厂合格证
		普通混凝土配合比通知单(表式 C6-17)
2	预制混凝土砌块面层(含盲道砖)	报审/报验申请表(表式 B3-4-2)
		混凝土预制砌块铺砌人行道(含盲道)检验批质量检验记录(表式 C7-8-1)

3.6.2　人行道分部工程资料填写范例

填写范例以 K3+220 ~ K3+320 左幅人行道铺砌的资料为例。

1)人行道基础

人行道基础施工完成后,其报验资料见表 3.40—表 3.48。

表 3.40　人行道基础　报验申请表(表式 B3-4-2)

工程名称	××市××外环快速路	编　号	

致:　××监理公司　(监理公司)

我单位已经完成了　K3+220 ~ K3+320 左侧人行道基础混凝土　工作,现报上该工程报验申请表,请予以审查和验收。

附件:1. 隐蔽工程检查验收记录

2. 基础、垫层混凝土检验批质量检验记录

3. 高程测量成果表

4. 混凝土浇灌申请书

5. 混凝土浇筑记录

6. 混凝土抗压强度报告

7. 混凝土技术资料

承包单位(章):　××建设集团××市政公司

项目经理:　×××

日　　期:　××××年××月××日

续表

<table>
<tr><td>审核意见：
经审核，符合要求，同意报验。
项目监理机构(章)：××监理公司××项目监理部
总/专业监理工程师：×××
日　　期：××××年××月××日</td></tr>
</table>

表 3.41　隐蔽工程检查验收记录(表式 C5-9)

<table>
<tr><td>工程名称</td><td colspan="2">××市××外环快速路</td><td>编　号</td><td></td></tr>
<tr><td>施工单位</td><td colspan="2">××建设集团××市政公司</td><td>时　间</td><td>××××年××月××日</td></tr>
<tr><td>隐检项目</td><td colspan="2">人行道基础</td><td>隐检范围</td><td>K3+220 ~ K3+320 左侧人行道</td></tr>
<tr><td>隐检内容及检查情况</td><td colspan="4">质量验收规范规定的检查项目　　检查评定记录
主控项目
混凝土配合比、表面　　符合设计要求
基础混凝土抗压强度　应测 3 点　实测 3 点　　合格率 100%
一般项目
蜂窝面积　　符合设计要求
基础中心线每侧宽度　应测 3 点　实测 3 点　　合格率 100%
基础高程　应测 3 点　实测 3 点　　合格率 100%
检查人：×××　　××××年××月××日</td></tr>
<tr><td>验收意见</td><td colspan="4">经检查，符合规范规定和设计要求，同意隐蔽，可进行下一道工序施工。
检查人：×××　　××××年××月××日</td></tr>
<tr><td>监理验收意见</td><td colspan="4">经检查符合规范规定和设计要求，同意隐蔽。
检查人：×××　　××××年××月××日</td></tr>
<tr><td>监理工程员</td><td colspan="2">施工项目技术负责人</td><td>质检员</td><td></td></tr>
<tr><td>×××</td><td colspan="2">×××</td><td>×××</td><td></td></tr>
</table>

表 3.42　基础、垫层混凝土检验批质量检验记录(表式 C7-37-8)

工程名称		××市××外环快速路			分部工程名称				人行道		分项工程名称			人行道基础			
施工单位		××建设集团××市政公司			专业工长				×××		项目经理			×××			
验收批名称、部位		人行道检验批质量检验记录 K3+220 ~ K3+320 左侧人行道基础															
分包单位		—			分包项目经理				—		施工班组长			—			
质量验收规范规定的检查项目及验收标准					检查结果—实测点偏差值或实测值									应测点数	合格点数	合格率/%	
主控项目	1	混凝土配合比必须符合设计要求			符合要求												√
主控项目	2	混凝土垫层、基础表面平整,不得有石子外露			—												—
主控项目	3	垫层	高程	0,-15												—	—
主控项目	3	基础	混凝土抗压强度	≮15 Mpa	15.2	15.3	15.0							3	3	100	√
一般项目	1	蜂窝面积不小于1%			蜂窝面积符合要求												√
一般项目	2	垫层	中心线每侧宽度	≮设计要求												—	—
一般项目	3	基础	中心线每侧宽度	±10	2	6	4	5						4	4	100	√
一般项目	4	基础	肩高	±10	5	1	6	4						4	4	100	√
平均合格率/%					一般项目平均合格率:100												
施工单位检查评定结果					质检合格。												
监理/(建设)单位验收结论					验收合格。　　监理工程师:×××　　××××年××月××日												

表 3.43　混凝土浇筑申请书(表式 C5-12-1)

<table>
<tr><td>工程名称</td><td colspan="3">××市××外环快速路</td><td>编　号</td><td colspan="2"></td></tr>
<tr><td>取样部位</td><td colspan="3">K3+220 ~ K3+320 左幅人行道基础</td><td>申请方量
/m^3</td><td colspan="2">80</td></tr>
<tr><td>技术要求</td><td>模板已隐检</td><td>强度等级</td><td>C15</td><td>申请浇灌日期</td><td colspan="2">××××年××月××日</td></tr>
<tr><td>搅拌方式
(搅拌站名称)</td><td colspan="3">××预拌商品混凝土有限公司</td><td>申请人</td><td colspan="2">×××</td></tr>
<tr><td colspan="7">依据:施工图纸(施工图纸号 ＿＿道路×××＿＿)

设计变更—洽谈(编号＿＿—＿＿)和有关规范、规程</td></tr>
<tr><td colspan="5">施工准备检查</td><td>专业工长
(质量员)签字</td><td>备　注</td></tr>
<tr><td colspan="5">1. 隐检情况:　☑ 已 □ 未　完成隐检</td><td>×××</td><td></td></tr>
<tr><td colspan="5">2. 模板检验批:　☑ 已 □ 未　完成验收</td><td>×××</td><td></td></tr>
<tr><td colspan="5">3. 水电预埋情况:　□ 已 □ 未　完成并未检查</td><td></td><td></td></tr>
<tr><td colspan="5">4. 施工组织情况:　☑ 已 □ 未　完备</td><td>×××</td><td></td></tr>
<tr><td colspan="5">5. 机械设备准备情况:　□ 已 □ 未　准备</td><td></td><td></td></tr>
<tr><td colspan="5">6. 保温及有关准备:　□ 已 □ 未　完备</td><td></td><td></td></tr>
<tr><td colspan="5"></td><td></td><td></td></tr>
<tr><td>审批意见</td><td colspan="6">原材料、机械设备及施工人员已就位。
施工方案及技术交底工作已落实。
计量设备已经完毕。
各种隐检、水电预埋工作已完成。
具备浇筑条件。</td></tr>
<tr><td>审批结论</td><td colspan="6">☑同意浇筑　　□整改后自行浇筑　　□不同意,整改后重新申请</td></tr>
<tr><td>审批人</td><td colspan="3">审批日期</td><td colspan="3">施工单位名称</td></tr>
<tr><td>×××</td><td colspan="3">××××年××月××日</td><td colspan="3">××建设集团××市政公司</td></tr>
</table>

表 3.44 混凝土浇筑记录(表式 C5-12-2)

<table>
<tr><td colspan="2">工程名称</td><td colspan="4">××市××外环快速路</td><td>编 号</td><td colspan="2"></td></tr>
<tr><td colspan="2">施工单位</td><td colspan="3">××建设集团××市政公司</td><td>浇筑部位</td><td colspan="3">K3+220 ~ K3+320 左幅人行道基础</td></tr>
<tr><td colspan="2">浇筑日期</td><td colspan="2">××××年××月××日</td><td>天气情况</td><td>晴</td><td>室外气温/℃</td><td colspan="2">9</td></tr>
<tr><td colspan="3">设计强度等级/MPa</td><td colspan="2">C15</td><td colspan="2">钢筋模板验收负责人</td><td colspan="2">×××</td></tr>
<tr><td rowspan="4">混凝土拌制方法</td><td colspan="2" rowspan="2">商品混凝土</td><td colspan="2">供料厂名</td><td colspan="4">××预拌商品混凝土有限公司</td></tr>
<tr><td colspan="2">强度等级/MPa</td><td>C15</td><td colspan="2">配合比编号</td><td>×××</td></tr>
<tr><td colspan="2">现场搅拌</td><td colspan="2">强度等级/MPa</td><td>—</td><td colspan="2">配合比编号</td><td>—</td></tr>
<tr><td colspan="2">实测坍落度/cm</td><td>16</td><td>出盘湿度/℃</td><td>10</td><td colspan="2">入模温度/℃</td><td>9</td></tr>
<tr><td colspan="3">混凝土完成数量/m³</td><td colspan="3">80</td><td>完成时间</td><td colspan="2">××××年××月××日</td></tr>
<tr><td colspan="3">试块留置</td><td colspan="2">数量(组)</td><td>1</td><td>编号</td><td colspan="2"></td></tr>
<tr><td colspan="3">标 养</td><td colspan="6">1</td></tr>
<tr><td colspan="3">有见证</td><td colspan="6">—</td></tr>
<tr><td colspan="3">同条件</td><td colspan="6">—</td></tr>
<tr><td colspan="3">混凝土浇筑中出现的问题及处理方法</td><td colspan="6">无</td></tr>
<tr><td>质量员</td><td colspan="2">×××</td><td>记录人</td><td>×××</td><td>填表日期</td><td colspan="3">××××年××月××日</td></tr>
</table>

表 3.45　见证记录(表式 B3-3)

工程名称	××市××外环快速路	编　号	
取样部位	K3+220 ~ K3+320 左侧人行道基础		
样品名称	混凝土试块	取样数量	1
取样地点	现场	取样日期	××××年××月××日
见证记录： K3+220 ~ K3+320 左侧人行道基础　　C15　　标样			
有见证取样和送检印章			
取样人员签字	×××		××××年××月××日
见证人员签字	×××		××××年××月××日

表 3.46　混凝土抗压强度报告(参考表式)

工程名称	××市××外环快速路	编　号	××××
委托单位	××建设集团××市政公司	收样日期	××××年××月××日
建设单位	××住建局	检验日期	××××年××月××日
监理单位	××监理公司	报告日期	××××年××月××日
试验单位	××工程质量检测中心		

<table>
<tr><th rowspan="2">组　号</th><th rowspan="2">设计强度等级</th><th rowspan="2">工程结构部位</th><th rowspan="2">成型日期</th><th rowspan="2">检测日期</th><th rowspan="2">龄期/d</th><th colspan="3">试件尺寸/mm</th><th rowspan="2">受压面积/mm²</th></tr>
<tr><th></th><th></th><th></th></tr>
<tr><td>1#</td><td>C15</td><td>K3+220～K3+320左侧人行道基础</td><td>××××年××月××日</td><td>××××年××月××日</td><td>28</td><td>100</td><td>100</td><td>100</td><td>10 000</td></tr>
<tr><td>2#</td><td></td><td></td><td></td><td></td><td></td><td></td><td></td><td></td><td></td></tr>
<tr><td>3#</td><td></td><td></td><td></td><td></td><td></td><td></td><td></td><td></td><td></td></tr>
</table>

<table>
<tr><th rowspan="2">组　号</th><th rowspan="2">养护条件</th><th rowspan="2">破坏荷载/kN</th><th colspan="2">抗压强度/MPa</th><th rowspan="2">换算系数</th><th rowspan="2">折合标准立方体强度/MPa</th><th rowspan="2">达到设计强度/%</th><th rowspan="2">单项评定</th></tr>
<tr><th>单块</th><th>取值</th></tr>
<tr><td rowspan="3">1#</td><td rowspan="3">标准养护</td><td>158.6</td><td>15.9</td><td rowspan="3">20.0</td><td rowspan="3">0.95</td><td rowspan="3">19.0</td><td rowspan="3">127</td><td rowspan="3">—</td></tr>
<tr><td>210.3</td><td>21.0</td></tr>
<tr><td>200.0</td><td>20.0</td></tr>
<tr><td rowspan="3">2#</td><td rowspan="3"></td><td></td><td></td><td rowspan="3"></td><td rowspan="3"></td><td rowspan="3"></td><td rowspan="3"></td><td rowspan="3"></td></tr>
<tr><td></td><td></td></tr>
<tr><td></td><td></td></tr>
<tr><td rowspan="3">3#</td><td rowspan="3"></td><td></td><td></td><td rowspan="3"></td><td rowspan="3"></td><td rowspan="3"></td><td rowspan="3"></td><td rowspan="3"></td></tr>
<tr><td></td><td></td></tr>
<tr><td></td><td></td></tr>
</table>

样品状态描述	与标准要求无偏离
检测依据	《混凝土物理力学性能试验方法标准》(GB/T 50081—2019)
备　注	

表3.47 预拌混凝土出厂合格证

<table>
<tr><td colspan="3">工程名称</td><td colspan="4">××市××外环快速路</td><td colspan="2">编　号</td><td colspan="5">××××</td></tr>
<tr><td colspan="3">生产厂家</td><td colspan="4">××预拌商品混凝土有限公司</td><td colspan="2">企　业</td><td colspan="5">三级</td></tr>
<tr><td colspan="3">订货单位</td><td colspan="4">××建设集团××市政公司</td><td colspan="2">工程部位</td><td colspan="5">K3+220～K3+320
左侧人行道基础</td></tr>
<tr><td colspan="3">配合比编号</td><td colspan="4">××××</td><td colspan="2">强度(抗渗)等级</td><td colspan="5">C15</td></tr>
<tr><td colspan="3">供应方量/m^3</td><td colspan="4">80</td><td colspan="2">供应日期</td><td colspan="5">××××年××月××日</td></tr>
<tr><td colspan="3"></td><td colspan="4"></td><td colspan="2">订货日期</td><td colspan="5">××××年××月××日</td></tr>
<tr><td rowspan="2">材料名称</td><td colspan="5">胶凝材料</td><td colspan="4">添加剂</td><td rowspan="2">水</td><td colspan="2" rowspan="2">机制砂</td><td rowspan="2">石　子</td></tr>
<tr><td colspan="3">水泥</td><td>矿粉</td><td>粉煤灰</td><td colspan="2">减水剂</td><td colspan="2">膨胀剂</td></tr>
<tr><td>产地及厂家</td><td colspan="3">×××</td><td>×××</td><td>×××</td><td colspan="2">×××</td><td colspan="2">—</td><td>×××</td><td colspan="2">×××</td><td>×××</td></tr>
<tr><td>品种规格</td><td colspan="3">P. O42.5</td><td>S95</td><td>Ⅱ级</td><td colspan="2">KD-MI 型缓凝高效减水剂</td><td colspan="2">—</td><td>饮用水</td><td colspan="2">中砂</td><td>5～25 mm</td></tr>
<tr><td>检验编号</td><td colspan="3">×××</td><td>×××</td><td>×××</td><td colspan="2">×××</td><td colspan="2">—</td><td></td><td colspan="2">×××</td><td>×××</td></tr>
<tr><td></td><td colspan="3"></td><td></td><td></td><td colspan="2"></td><td colspan="2"></td><td></td><td colspan="2"></td><td></td></tr>
<tr><td colspan="2">检验人</td><td colspan="3">×××</td><td colspan="2">复核人</td><td colspan="2">×××</td><td colspan="3">审核人</td><td colspan="2">×××</td></tr>
<tr><td colspan="2">生产厂家</td><td colspan="3">××预拌商品混凝土有限公司</td><td colspan="2">生产日期</td><td colspan="5">××××年××月××日</td></tr>
</table>

表 3.48　普通混凝土配合比通知单(表式 C6-17)

工程名称	××市××外环快速路	编　号	×××						
委托单位	××建设集团××市政公司	建设单位	××住建局						
设计强度等级	C15	搅拌方法	机械搅拌						
施工配制强度	21.6 MPa	振捣方法	机械						
坍落度要求	(160±20)mm	工程部位	K3+220～K3+320 左侧人行道基础						
原材料									
水泥厂家	××水泥 有限责任公司	品种及 强度等级	普通硅酸 盐水泥 42.5	检验编号	SN×××				
砂子产地	××机制砂								
砂子 品种	中砂	细度 模数	2.8	粉体 含量/%	2.6	亚甲蓝试验 (MB 值)	0.8	检验 编号	SC×××
石子产地	寿阳								
石子 品种	碎石	粒径 /mm	5～25	含泥量 /%	0.4	泥块含量 /%	0	检验 编号	SZ×××
掺合料厂家	×××	名　称	矿粉	掺量 /%	18.0	合格 证号	KF×××		
	×××		粉煤灰		10.0		FMH×××		
外加剂厂家	×××	名　称	KD-MI 型缓凝 高效减水剂	掺量 /%	2	合格 证号	WJJ×××		
砂率/%	每立方混凝土材料用量/kg								
46.0%	水泥	水	机制砂	石子	粉煤灰	矿粉	减水剂		
	212	180	867	1 018	30	53	5.90		
水胶比	质量比								
0.610	水泥	水	粗碎屑	细碎屑	石子	粉煤灰	矿粉	减水剂	
	1.000	0.849	4.090	0.000	4.802	0.142	0.250	0.027 8	
说　明	1. 施工中,按级配过秤进料,并保证搅拌时间,严格按照操作规程施工,做好试块。 2. 施工部门根据现场砂、石含水盘,调整施工配合比。 3. 冬季施工时,外加剂应准确计量。								
备　注									
检验人	×××	复核人	×××	审核人	×××				
生产厂家	××预拌商品混凝土有限公司	生产日期	××××年××月××日						

2)人行道面层

人行道面层施工完成后，其报验资料见表3.49，其他和人行道基础相同的表格省略。

表3.49　混凝土预制砌块铺砌人行道(含盲道)检验批质量检验记录(表式C7-8-1)

工程名称	××市××外环快速路	分部工程名称	人行道	分项工程名称	混凝土预制砌块人行道铺砌面层(含盲道砖)
施工单位	××建设集团××市政公司	专业工长	×××	项目经理	×××
验收批名称、部位	人行道面层检验批质量检验记录K3+220～K3+320左侧人行道				
分包单位	—	分包项目经理	—	施工班组长	—

质量验收规范规定的检查项目及验收标准				检查结果—实测点偏差值或实测值												
				1	2	3	4	5	6	7	8	9	应测点数	合格点数	合格率/%	
主控项目	1	路床与基层压实度应大于或等于90%		符合设计要求												√
主控项目	2	混凝土预制砌块(含盲道砌块)强度应符合设计规定		符合设计要求												√
主控项目	3	砂浆平均抗压强度等级应符合设计规定，任一组试件抗压强度最低值不应低于设计强度的85%		符合设计要求												√
主控项目	4	盲道铺砌应正确		符合设计要求												√
主控项目	1	平整度/mm	≤5	1	3	2	0	2					5	5	100	√
主控项目	2	横坡	±0.3%且不反坡	0.1	0.2	0.1	0.2	-0.2					5	5	100	√
主控项目	3	井框与路面高差/mm	≤4													
主控项目	4	相邻块高差/mm	≤3	1	3	2	0	2					5	5	100	√
主控项目	5	纵缝直顺度/mm	≤10	1	6	8							3	3	100	√
主控项目	6	横缝直顺度/mm	≤10	2	6	3	2	0					5	5	100	√
主控项目	7	缝宽/mm	+3，-2	3	2	0	1	-2					5	5	100	√
主控项目	8	铺砌应稳固、无翘动，表面平整、缝线直顺、缝宽均匀、灌缝饱满，无翘边、翘角、反坡、积水现象		符合要求												√
平均合格率/%				一般项目平均合格率：100												
施工单位检查评定结果				质检合格。												
监理/(建设)单位验收结论				验收合格。　监理工程师：×××　××××年××月××日												

任务 7　市政道路工程附属构筑物分部工程资料编制

任务目标

市政道路工程附属构筑物包括路缘石、雨水支管与雨水口、排水沟、隔离墩、护栏等。通过本任务的学习，学生能够填写各个附属构筑物分部工程的施工资料，并结合各个附属构筑物主要施工工序对附属构筑物分部工程所需填报资料进行收集与整理；小组成员分工填写和整理填写范例中路缘石的施工资料，并在实训过程中培养学生在学习过程中养成良好的职业道德和一丝不苟的科学态度。

3.7.1　附属构筑物分部工程施工资料

填报资料的填写内容及要求

在本案例中，根据施工工艺流程，附属构筑物分部工程施工资料填报顺序见表 3.50，其填报资料的填写内容及要求可扫描二维码进行阅览。

表 3.50　附属构筑分部工程填报资料

序号	程　序	所用表格
1	路缘石基础模板	报审/报验申请表（表式 B3-4-2）
		模板分项工程（检验批）质量验收记录表（表式 C7-37-5）
2	路缘石基础混凝土	报验申请表（表式 B3-4-2）
		隐蔽工程检查验收记录（表式 C5-9）
		侧平石基础检验批质量验收记录（表式 C7-13-1）
		混凝土浇灌申请书（表式 C5-12-1）
		混凝土浇筑记录（表式 C5-12-2）
		见证记录（表式 B3-3）
		混凝土抗压强度报告检验报告（表式 C6-18）
		预拌混凝土出厂合格证
		普通混凝土配合比通知单（表式 C6-17）
3	路缘石安装	报验申请表（表式 B3-4-2）
		路缘石安砌检验批质量检验记录（表式 C7-13-2）
		高程测量成果表（表式 C5-7）
		见证记录（表式 B3-3）
		混凝土抗压强度报告检验报告（表式 C6-18）

续表

序号	程　序	所用表格
4	路缘石灰土垫层	报审/报验申请表(表式 B3-4-2)
		隐蔽工程检查验收记录(表式 C5-9)
		垫层工程质量检验批质量验收记录(表式 C7-13-3)
		见证记录(表式 B3-3)
		石灰剂量的测定(EDTA 滴定法)(表式 C6-11)
5	路缘石种植土	报审/报验申请表(表式 B3-4-2)
		种植土工程质量检验批质量检验记录(表式 C7-13-4)
6	雨水支管与雨水口	报审/报验申请表(表式 B3-4-2)
		雨水支管与雨水口质量检验批质量检验记录(表式 C7-13-5)
7	护坡	报审/报验申请表(表式 B3-4-2)
		防冲刷结构验收批质量验收记录表(锥坡、护坡、护岸)
		高程测量成果表(表式 C7-13-6)
8	护栏基础钢筋	报审/报验申请表(表式 B3-4-2)
		隐蔽工程检查验收记录(表式 C5-9)
		钢筋分项工程(检验批)质量验收记录表(表式 C7-37-1)
9	护栏基础模板	报审/报验申请表(表式 B3-4-2)
		模板分项工程(检验批)质量验收记录表(表式 C7-37-5)
10	护栏基础混凝土浇筑	报审/报验申请表(表式 B3-4-2)
		隐蔽工程检查验收记录(表式 C5-9)
		基础、垫层混凝土工程检验批质量检验记录(表式 C7-37-8)
		高程测量成果表(表式 C5-7)
		混凝土浇灌申请书(表式 C5-12-1)
		混凝土浇筑记录(表式 C5-12-2)
		见证记录(表式 B3-3)
		混凝土试块检验报告(表式 C6-18)
		预拌混凝土出厂合格证
		普通混凝土配合比通知单(表式 C6-17)

3.7.2 附属构筑物分部工程资料填写范例

填写范例以 K3+220 ~ K3+320 左幅路缘石的资料为例。

1)路缘石基础

(1)路缘石基础模板

路缘石基础模板施工完成后,其报验资料见表 3.51、表 3.52。

表 3.51 路缘石基础模板报验申请表(表式 B3-4-2)

工程名称	××市××外环快速路	编　号	
致:××监理公司(监理公司) 我单位已经完成了 K3+220 ~ K3+320 左边中央分隔带路缘石基础模板 工作,现报上该工程报验申请表,请予以审查和验收。 附件: 1. 模板分项工程(检验批)质量检验记录 承包单位(章):××建设集团××市政公司 项目经理:××× 日　　期:××××年××月××日			
审核意见: 经审核,符合要求,同意报验。 项目监理机构(章):××监理公司 总/专业监理工程师:××× 日　　期:××××年××月××日			

表 3.52　模板分项工程(验收批)质量验收记录表(表式 C7-37-5)

工程名称	××市××外环快速路	分部工程名称	附属构筑物	分项工程名称	路缘石
施工单位	××建设集团××市政公司	专业工长	×××	项目经理	×××
验收批名称、部位	路缘石检验批质量检验记录 K3+220 ~ K3+320 左侧中央分隔带基础模板				
分包单位	—	分包项目经理	—	施工班组长	—

质量验收规范规定的检查项目及验收标准						施工单位检查评定记录										监理(建设)单位验收记录	
主控项目	1	模板及其支架应满足浇筑混凝土时的承载能力、刚度和稳定性要求,且应安装牢固				符合要求										符合要求	√
主控项目	2	各部位的模板安装位置正确、拼缝紧密不漏浆;对拉螺栓、垫块等安装稳固;模板上的预埋件、预留孔洞不得遗漏,且安装牢固				符合要求										符合要求	√
主控项目	3	模板清洁、脱模剂涂刷均匀,钢筋和混凝土接茬处无污渍				符合要求										符合要求	√
一般项目	1	浇筑混凝土前,模板内的杂物应清理干净;钢模板板面不应有明显锈渍				符合要求										符合要求	√
一般项目	2	对清水混凝土工程及装饰混凝土工程,应使用能达到设计效果的模板				符合要求										符合要求	√
一般项目	3	模板安装允许偏差 mm	相邻板差		2	1	0	2	1	2						100	√
			表面平整度		3	1	3	0	2	1						100	√
			高　程		±5	2	3	0	1	0	3	2	0	1	0	100	√
			垂直度	池壁柱 $H \leq 5$m	5												
				5 m<$H \leq$15m	0.1%H,且≤6												
			平面尺寸	$L \leq$20 m	±10												
				20≤$L \leq$50	±L/2000												
				$L \geq$50	±25												
			截面尺寸	池壁、顶板	±3												
				梁、柱	±3												
				洞净空	±5												
				槽、沟净空	±5												
			轴线位移	底板	10												
				墙	5												
				梁、柱	5												
				预埋件、预埋管	3												
			中心位置	预留洞	5												
			止水带	中心位移	5												
				垂直度	5												
平均合格率/%						一般项目平均合格率:100											
施工单位检查评定结果						质检合格。											
监理/(建设)单位验收结论						验收合格。　监理工程师:×××　××××年××月××日											

(2)路缘石基础混凝土

路缘石基础混凝土施工完成后,其报验资料见表3.53—表3.55,其中关于混凝土浇筑和复检的表格省略。

表3.53 路缘石基础混凝土 报验申请表(表式B3-4-2)

<table>
<tr><td>工程名称</td><td>××市××外环快速路</td><td>编　号</td><td></td></tr>
<tr><td colspan="4">致:××监理公司(监理公司)
我单位已经完成了 K3+220～K3+320 左侧中央分隔带路缘石基础混凝土 工作,现报上该工程报验申请表,请予以审查和验收。
附件:
1. 隐蔽工程检查验收记录
2. 侧平石基础检验批质量验收记录
3. 混凝土浇灌申请书
4. 混凝土浇筑记录
5. 混凝土抗压强度报告
6. 混凝土技术资料

承包单位(章):××建设集团××市政公司
项目经理:×××
日　期:××××年××月××日</td></tr>
<tr><td colspan="4">审核意见:

经审核,符合要求,同意报验。

项目监理机构(章):××监理公司××项目监理部
总/专业监理工程师:×××
日　期:××××年××月××日</td></tr>
</table>

表3.54　隐蔽工程检查验收记录(表式C5-9)

<table>
<tr><td>工程名称</td><td>××市××外环快速路</td><td>编　号</td><td></td></tr>
<tr><td>施工单位</td><td>××建设集团××市政公司</td><td>时　间</td><td>××××年××月××日</td></tr>
<tr><td>隐检项目</td><td>路缘石基础</td><td>隐检范围</td><td>K3+220～K3+320左侧中央分隔带</td></tr>
<tr><td>隐检内容及检查情况</td><td colspan="3">质量验收规范规定的检查项目　　检查评定记录
主控项目
基础混凝土抗压强度　　应测3点　实测3点合格率100%
一般项目
混凝土基础外光内实,无严重缺陷　　符合要求
高程　　应测5点　实测5点合格率100%
厚度　　应测5点　实测5点合格率100%
宽度　　应测5点　实测5点合格率100%
检查人:×××　　××××年××月××日</td></tr>
<tr><td>验收意见</td><td colspan="3">经检查,符合规范规定和设计要求,同意隐蔽,可进行下一道工序施工。
检查人:×××　　××××年××月××日</td></tr>
<tr><td>监理验收意见</td><td colspan="3">经检查符合规范规定和设计要求,同意隐蔽。
检查人:×××　　××××年××月××日</td></tr>
<tr><td>监理工程员</td><td>施工项目技术负责人</td><td>质检员</td><td></td></tr>
<tr><td>×××</td><td>×××</td><td>×××</td><td></td></tr>
</table>

表 3.55　侧平石基础检验批质量验收记录(表式 C7-13-1)

<table>
<tr><td colspan="3">工程名称</td><td colspan="4">××市××外环快速路</td><td colspan="3">分部工程名称</td><td colspan="2">附属工程</td><td colspan="3">分项工程名称</td><td colspan="3">路缘石</td></tr>
<tr><td colspan="3">施工单位</td><td colspan="4">××建设集团××市政公司</td><td colspan="3">专业工长</td><td colspan="2">×××</td><td colspan="3">项目经理</td><td colspan="3">×××</td></tr>
<tr><td colspan="3">验收批
名称、部位</td><td colspan="15">路缘石检验批质量检验记录 K3+220～K3+320 左侧中央分隔带</td></tr>
<tr><td colspan="3">分包单位</td><td colspan="3">—</td><td colspan="3">分包项目经理</td><td colspan="3">—</td><td colspan="3">施工班组长</td><td colspan="3">—</td></tr>
<tr><td colspan="5" rowspan="2">质量验收规范规定的
检查项目及验收标准</td><td colspan="13">检查结果—实测点偏差值或实测值</td></tr>
<tr><td>1</td><td>2</td><td>3</td><td>4</td><td>5</td><td>6</td><td>7</td><td>8</td><td>9</td><td>应测
点数</td><td>合格
点数</td><td colspan="2">合格率
/%</td></tr>
<tr><td>主控项目</td><td>1</td><td colspan="7">混凝土基础强度应符合设计要求</td><td colspan="8">符合设计要求</td><td>√</td></tr>
<tr><td rowspan="4">一般项目</td><td>1</td><td colspan="7">混凝土基础外光内实，无严重缺陷</td><td colspan="8">符合要求</td><td>√</td></tr>
<tr><td rowspan="3">2</td><td rowspan="3">混凝土基础</td><td>高度</td><td>0，−15</td><td>−5</td><td>−7</td><td>−2</td><td>−5</td><td>−5</td><td></td><td></td><td></td><td></td><td>5</td><td>5</td><td>100.00</td><td>√</td></tr>
<tr><td>厚度</td><td>≮设计要求
(0.133)</td><td>0.134</td><td>0.135</td><td>0.136</td><td>0.135</td><td>0.136</td><td></td><td></td><td></td><td></td><td>5</td><td>5</td><td>93.33</td><td>√</td></tr>
<tr><td>宽度</td><td>≮设计要求
(0.4)</td><td>0.41</td><td>0.42</td><td>0.41</td><td>0.43</td><td>0.42</td><td></td><td></td><td></td><td></td><td>5</td><td>5</td><td>100.00</td><td>√</td></tr>
<tr><td colspan="5">平均合格率/%</td><td colspan="13">一般项目平均合格率:100</td></tr>
<tr><td colspan="5">施工单位检查评定结果</td><td colspan="13">质检合格。</td></tr>
<tr><td colspan="5">监理/(建设)单位验收结论</td><td colspan="4">验收合格。</td><td colspan="5">监理工程师:×××</td><td colspan="4">××××年××月××日</td></tr>
</table>

2)路缘石安装

路缘石安装施工完成后，其报验资料见表 3.56，其中与路缘石基础相同的表格省略。

表 3.56　路缘石安砌检验批质量检验记录(表式 C7-13-2)

工程名称	××市××外环快速路	分部工程	附属工程	分项工程名称	路缘石
施工单位	××建设集团××市政公司	专业工长	×××	项目经理	×××
验收批名称、部位	路缘石检验批质量检验记录 K3+220 ~ K3+320 左侧中央分隔带				
分包单位	—	分包项目经理	—	施工班组长	—

质量验收规范规定的检查项目及验收标准				检查结果—实测点偏差值或实测值												
				1	2	3	4	5	6	7	8	9	应测点数	合格点数	合格率/%	
主控项目	1	混凝土路缘石强度应符合设计要求		符合设计要求												√
一般项目	1	路缘石应砌筑稳固、砂浆饱满、勾缝密实，外露面清洁线条顺畅，平缘石不阻水		符合要求												√
一般项目	2 立缘石、平缘石安砌允许偏差	直顺度	≤10	8									1	1	100.00	√
		相邻块高差	≤3	1	2	2	0	2					5	5	93.33	√
		缝宽	±3	2	3	1	0	2					5	5	100.00	√
		顶面高程	±10	2	5	4	3	0					5	5	100.00	√
平均合格率/%				一般项目平均合格率:100												
施工单位检查评定结果				质检合格。												
监理/(建设)单位验收结论				验收合格。　监理工程师:×××　××××年××月××日												

3)路缘石石灰土垫层

路缘石石灰土垫层施工完成后需要填写的资料见表3.57,其中与路缘石基础相同的表格省略。

表3.57　垫层工程质量检验批质量检验记录(表式C7-13-3)

<table>
<tr><td colspan="3">工程名称</td><td colspan="3">××市××
外环快速路道路工程</td><td colspan="3">分项工程名称</td><td colspan="2">路缘石</td><td colspan="2">验收部位</td><td colspan="5">K3+220～K3+320
左侧中央分隔带灰土处理</td></tr>
<tr><td colspan="3">施工单位</td><td colspan="3">××建设集团××市政公司</td><td colspan="3">专业工长</td><td colspan="2">×××</td><td colspan="2">项目经理</td><td colspan="5">×××</td></tr>
<tr><td colspan="3">分包单位</td><td colspan="3">—</td><td colspan="3">分包项目经理</td><td colspan="2">—</td><td colspan="2">施工班组长</td><td colspan="5">—</td></tr>
<tr><td colspan="6">施工执行标准名称及编号</td><td colspan="12">现行标准</td></tr>
<tr><td colspan="6">质量验收规范的规定</td><td colspan="9">施工单位检查评定记录</td><td colspan="3">监理(建设)单位验收记录</td></tr>
<tr><td rowspan="2">主控项目</td><td>1</td><td colspan="4">垫层所用材料质量应符合设计要求</td><td colspan="9">符合设计要求</td><td colspan="2">符合要求</td><td>√</td></tr>
<tr><td>2</td><td colspan="4">垫层的强度和密实度必须符合设计要求</td><td colspan="9">符合要求</td><td colspan="2">符合要求</td><td>√</td></tr>
<tr><td rowspan="6">一般项目</td><td>1</td><td colspan="4">垫层的坡度、厚度、标高应符合设计要求</td><td colspan="9">符合要求</td><td colspan="2">符合要求</td><td>√</td></tr>
<tr><td rowspan="5">2</td><td rowspan="5">垫层平整度</td><td colspan="2">砂、砂石、碎(卵)石、碎砖/mm</td><td>15</td><td></td><td></td><td></td><td></td><td></td><td></td><td></td><td></td><td></td><td></td><td></td><td></td></tr>
<tr><td colspan="2">灰土、三合土、炉渣、水泥、混凝土/mm</td><td>10</td><td>2</td><td>6</td><td></td><td></td><td></td><td></td><td></td><td></td><td></td><td></td><td>100</td><td>√</td></tr>
<tr><td rowspan="2">毛地板/mm</td><td>拼花木板面层</td><td>3</td><td></td><td></td><td></td><td></td><td></td><td></td><td></td><td></td><td></td><td></td><td></td><td></td></tr>
<tr><td>其他种类面层</td><td>5</td><td></td><td></td><td></td><td></td><td></td><td></td><td></td><td></td><td></td><td></td><td></td><td></td></tr>
<tr><td colspan="2">木搁栅/mm</td><td>3</td><td></td><td></td><td></td><td></td><td></td><td></td><td></td><td></td><td></td><td></td><td></td><td></td></tr>
<tr><td colspan="5">施工单位
检查评定记录</td><td colspan="13">主控项目全部合格,一般项目符合规范要求

项目专业质量检查员　×××
项目专业技术负责人　×××　　××××年××月××日</td></tr>
<tr><td colspan="5">监理(建设)
单位验收结论</td><td colspan="13">专业监理工程师　×××
(建设单位项目技术负责人)　　××××年××月××日</td></tr>
</table>

4)路缘石种植土(表3.58)

表3.58 种植土工程质量检验批质量检验记录(表式C7-13-4)

工程名称	××市×× 外环快速路道路工程	分项工程名称	路缘石	验收部位	K3+220～K3+320 左侧中央分隔带灰土处理
施工单位	××建设集团××市政公司	专业工长	×××	项目经理	×××
分包单位	—	分包项目经理	—	施工班组长	—
施工执行标准名称及编号			现行标准		

质量验收规范的规定			施工单位检查评定记录	监理(建设)单位验收记录	
主控项目	1	严禁使用建设垃圾土,建筑废土、盐碱土、重黏土、砂土及含有其他有害成分的土壤	符合要求	符合要求	√
	2	严禁在种植土层下有不透水层	符合要求	符合要求	√
	3	种植土壤的pH值应符合设计要求,如无设计要求时,pH值应控制在6.5～8.0;容重不得高于1.3 g/cm^3;含盐量不得高于0.12%	符合设计要求	符合要求	√
一般项目	1	种植土外观应土壤疏松不板结,土块易捣碎	符合要求	符合要求	√
	2	土地平整度及排水坡度:土地平整,回填的种植土已达到自然沉陷的状态,地形的造型和排水坡度恰当,无明显的低洼和积水处	符合要求	符合要求	√
	3	土壤杂质情况:种植土应整洁。	符合要求	符合要求	√

一般项目														
4	种植土工程的允许偏差	种植土厚度/mm	深根乔木	≥2 000										
			浅根乔木	≥900	902	903	901							√
			大灌木	≥600										
			小灌木	≥450										
			地被植物	≥350										
			草坪、花卉	≥300										
		种植土块块径/mm	草坪、花卉	≤80										
			大、中乔木	≤60	59	58	59						100	√
			小乔木和大、中灌木	≤40										
			小灌木、宿根花卉	≤20										
		石砾、瓦砾等杂物块径/mm	树木	≤30										
			草坪、花卉、地被	≤10										

施工单位检查评定记录	主控项目全部合格,一般项目符合规范要求。 项目专业质量检查员 ××× 项目专业技术负责人 ××× ××××年××月××日
监理(建设)单位验收结论	专业监理工程师 ××× (建设单位项目技术负责人) ××××年××月××日

5）其他分项工程检验批检验记录

其他分项工程检验批，如雨水支管与雨水口和混凝土砌块护坡等，见表3.59、表3.60。

表3.59　雨水支管与雨水口质量检验批质量检验记录(表式C7-13-5)

<table>
<tr><td colspan="4">工程名称</td><td colspan="14">××市××外环快速路</td></tr>
<tr><td colspan="4">施工单位</td><td colspan="14">××建设集团××市政公司</td></tr>
<tr><td colspan="4">单位工程名称</td><td colspan="6">××市××外环快速路道路工程</td><td colspan="3">分部工程名称</td><td colspan="5">人行道</td></tr>
<tr><td colspan="4">分项工程名称</td><td colspan="6">护坡</td><td colspan="3">验收部位</td><td colspan="5">K3+220～K3+320</td></tr>
<tr><td colspan="4">工程数量</td><td>100 m</td><td colspan="2">项目经理</td><td colspan="3">×××</td><td colspan="3">技术负责人</td><td colspan="5">×××</td></tr>
<tr><td colspan="4">制表人</td><td>×××</td><td colspan="2">施工负责人</td><td colspan="3">×××</td><td colspan="3">质量检验员</td><td colspan="5">×××</td></tr>
<tr><td colspan="4">交方班组</td><td>—</td><td colspan="2">接方班组</td><td colspan="3">—</td><td colspan="3">检验日期</td><td colspan="5">××××年××月××日</td></tr>
<tr><td colspan="5" rowspan="2">质量验收规范规定的检查项目及验收标准</td><td colspan="13">检查结果—实测点偏差值或实测值</td></tr>
<tr><td>1</td><td>2</td><td>3</td><td>4</td><td>5</td><td>6</td><td>7</td><td>8</td><td>9</td><td>应测点数</td><td>合格点数</td><td colspan="2">合格率/%</td></tr>
<tr><td rowspan="4">主控项目</td><td>1</td><td colspan="3">管材应符合《混凝土和钢筋混凝土排水管》(GB/T 11836—2009)的有关规定</td><td colspan="11">符合设计要求</td><td colspan="2">√</td></tr>
<tr><td>2</td><td colspan="3">基础混凝土强度应符合设计要求</td><td colspan="11">符合设计要求</td><td colspan="2">√</td></tr>
<tr><td>3</td><td colspan="3">砂浆平均抗压强度等级应符合设计规定，任一组试件抗压强度最低值不应低于设计强度的85%</td><td colspan="11">符合设计要求</td><td colspan="2">√</td></tr>
<tr><td>4</td><td colspan="3">雨水支管与雨水口四周回填应密实，位于路基范围内的，应符合路基压实度要求</td><td colspan="11">符合要求</td><td colspan="2">√</td></tr>
<tr><td rowspan="6">一般项目</td><td>1</td><td colspan="3">雨水口内壁勾缝应直顺、坚实，无漏勾、脱落。井框、井箅应完整、配套，安装平稳、牢固</td><td colspan="11">符合要求</td><td colspan="2">√</td></tr>
<tr><td>2</td><td colspan="3">雨水支管安装应直顺，无错口、反坡、存水，管内清洁接口处内壁无砂浆外露及破损现象。管端面应完整</td><td colspan="11">符合要求</td><td colspan="2">√</td></tr>
<tr><td rowspan="4">3</td><td rowspan="4">雨水支管与雨水口允许偏差</td><td>井框与井壁吻合</td><td>≤10</td><td>6</td><td>7</td><td>5</td><td>4</td><td></td><td></td><td></td><td></td><td></td><td>4</td><td>4</td><td>100</td><td>√</td></tr>
<tr><td>井框与周边路面吻合</td><td>0，-10</td><td>-7</td><td>-9</td><td>-5</td><td>-8</td><td></td><td></td><td></td><td></td><td></td><td>4</td><td>4</td><td>100</td><td>√</td></tr>
<tr><td>雨水口与路边线间距</td><td>≤20</td><td>9</td><td>1</td><td>3</td><td>7</td><td></td><td></td><td></td><td></td><td></td><td>4</td><td>4</td><td>100</td><td>√</td></tr>
<tr><td>内尺寸</td><td>+20，0</td><td>12</td><td>4</td><td>6</td><td>8</td><td></td><td></td><td></td><td></td><td></td><td>4</td><td>4</td><td>100</td><td>√</td></tr>
<tr><td colspan="4">平均合格率/%</td><td colspan="14">一般项目平均合格率：100</td></tr>
<tr><td colspan="4">施工单位检查评定结果</td><td colspan="14">质检合格。</td></tr>
<tr><td colspan="4">监理/(建设)单位验收结论</td><td colspan="14">验收合格。　　监理工程师：×××　　××××年××月××日</td></tr>
</table>

表 3.60　混凝土砌块护坡质量检验批质量检验记录(表式 C7-13-3)

工程名称	××市××外环快速路				
施工单位	××建设集团××市政公司				
单位工程名称	××市××外环快速路道路工程		分部工程名称	人行道	
分项工程名称	护坡		验收部位	K3+220 ~ K3+320	
工程数量	100 m	项目经理	×××	技术负责人	×××
制表人	×××	施工负责人	×××	质量检验员	×××
交方班组	—	接方班组	—	检验日期	××××年××月××日

质量验收规范规定的检查项目及验收标准					1	2	3	4	5	6	7	8	9	应测点数	合格点数	合格率/%	
一般项目	1	砌块强度应符合设计要求			符合要求											√	
一般项目	2	砂浆平均抗压强度等级应符合设计规定,任一组试件抗压强度最低值不应低于设计强度的85%			符合要求											√	
一般项目	3	基础混凝土强度应符合设计要求			—											—	
一般项目	4	砌筑线型顺畅、表面平整、咬砌有序、无翘动。砌缝均匀、勾缝密实。护坡顶与坡面之间缝隙封堵密实			符合要求											√	
一般项目	5	护坡允许偏差表	基底高程 √	±20	2 9	3	6	0	4	6	0	5	8	10	10	100	√
一般项目	5	护坡允许偏差表	基底高程 石方	±100													
一般项目	5	护坡允许偏差表	垫层厚度	±20													
一般项目	5	护坡允许偏差表	砌体厚度	≮设计值(　)													
一般项目	5	护坡允许偏差表	坡度	不陡于设计值1:1.5	1.51	1.52	1.51	1.50	1.52					5	5	100	√
一般项目	5	护坡允许偏差表	平整度	≤10	3									1	1	100	√
一般项目	5	护坡允许偏差表	顶面高程	±30	20	3								2	2	100	√
一般项目	5	护坡允许偏差表	顶边线型	≤10	1									1	1	100	√

平均合格率/%	一般项目平均合格率:100		
施工单位检查评定结果	质检合格。		
监理/(建设)单位验收结论	验收合格。	监理工程师:×××	××××年××月××日

任务8　市政道路工程施工验收资料编制

任务目标

分部工程完成和施工单位自检后，由监理（建设）单位组织施工单位进行工程质量验收。通过本任务的学习，学生能够填写市政道路工程施工验收的资料，并结合各个施工验收的程序对市政道路工程施工验收所需填报资料进行收集与整理；小组成员分工填写和整理路面基层分项工程的质量验收记录；小组成员以分部工程资料为基本组卷单元，对本项目所有的市政道路工程施工资料进行组卷与归档，并在实训过程中培养学生养成爱岗敬业的工匠精神。

3.8.1　施工验收需要填报的资料

填报资料的填写内容及要求

本案例中，在进行施工验收时，需要资料填报顺序见表3.61，其填报资料的填写内容及要求可扫描二维码进行阅览。

表3.61　施工（质量）验收填报资料

序号	程　序	所用表格
1	分部分项工程质量验收记录	检验批、分项、分部质量验收汇总表（参考表式）
		报审/报验申请表（表式 B3-4-3）
		分部（子分部）工程质量验收记录表（表式 C7-1、表式 C7-3、表式 C7-5）
		分项工程质量验收记录表（表式 C7-14）
2	单位（子单位）工程验收记录	单位工程竣工验收报审表（表式 B3-4-2）
		单位（子单位）工程竣工预验收报验表（表式 C8-1）
		单位（子单位）工程质量竣工验收记录表（表式 C8-2）
		单位（子单位）工程质量控制资料核查验收记录表（表式 C8-3）
		单位（子单位）工程安全和功能检验资料核查及主要功能抽查记录（表式 C8-4）
		单位（子单位）工程观感质量检查记录（表式 C8-5）
		单位工程分部工程检验汇总表（表式 C8-7-1）

3.8.2　施工验收资料填写范例

填写范例以 K3+220 ~ K3+320 路段的资料为例。

1）分部分项工程质量验收

分部工程施工完成后，其报验资料见表3.62—表3.65。

表3.62　检验批、分项、分部质量验收汇总表（参考表式）

工程名称	××市××外环快速路 K3+220 ~ K3+320 道路工程				
施工单位	××建设集团××市政公司				
分部名称	分项个数		检验批个数		分布观感检查评价
路基	2		32		好
基层	2		16		好
面层	7		48		好
人行道	1		16		好
城镇道路附属构筑物	4		220		好
分部总数	分项个数		检验批个数		单位工程观感综合评价
5	17		340		好
汇总人	×××	核定人	×××	日　期	××××年××月××日

表 3.63　分部工程报验申请表(表式 B3-4-3)

<table>
<tr><td>工程名称</td><td>××市××外环快速路</td><td>编　号</td><td></td></tr>
<tr><td colspan="4">致:　××监理公司
　　我单位已经完成了　路基　(分部工程),经自检合格,现将有关资料报上,请予以审查和验收。

　　附件:1. 分部工程质量控制资料

施工项目经理部(盖章):　××建设集团××市政公司
××项目部
项目技术负责人(签字):　×××
日　　期:　××××年××月××日</td></tr>
<tr><td colspan="4">检查意见:
　　检查合格。

专业监理工程师(签字):　×××
日　　期:　××××年××月××日</td></tr>
<tr><td colspan="4">验收意见:
　　验收合格。

项目监理机构(盖章):　××监理公司××项目监理部
总监理工程师(签字):　×××
日　　期:　××××年××月××日</td></tr>
</table>

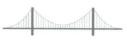

表 3.64　分部(子分部)工程质量验收记录表(表式 C7-1)

工程名称	××市××外环快速路			分部工程名称	路基
施工单位	××建设集团××市政公司	技术部门负责人	×××	质量部门负责人	×××
分包单位	—	分包单位负责人	—	分包技术负责人	—

序　号	分项工程名称	验收批数	施工单位检查评定结果	验收意见
1	路基处理	16	合格	合格
2	土方路基	8	合格	合格
质量控制资料	检查 10 项,符合要求 10 项			
安全和功能检验(检测)报告	检查 3 项,符合要求 3 项			
观感质量验收	检查 6 项,符合要求 6 项			
分部(子分部)工程检验结果	检验合格	平均合格率/%	98.32	

验收单位	施工单位	项目经理 ×××	××××年××月××日
	设计单位	项目负责人×××	××××年××月××日
	监理单位	总监理工程师 ×××	××××年××月××日
	建设单位	项目负责人(专业技术负责人)×××	××××年××月××日

表 3.65　分项工程质量验收记录表(表式 C7-14)

工程名称	××市××外环快速路	分项工程名称	路基处理	验收批数	16
施工单位	××建设集团××市政公司	项目经理	×××	项目技术负责人	×××
分包单位	—	分包单位负责人	—	施工班组长	×××

序　号	验收批名称、部位	施工单位检查评定结果	监理(建设)单位验收结论
1	K3+220～K3+320 左幅机动车道灰土处理第一层	合格	合格
2	K3+220～K3+320 左幅机动车道灰土处理第二层	合格	合格
3	K3+320～K3+420 左幅机动车道灰土处理第一层	合格	合格
4	K3+320～K3+420 左幅机动车道灰土处理第二层	合格	合格
5	K3+420～K3+520 左幅机动车道灰土处理第一层	合格	合格
6	K3+420～K3+520 左幅机动车道灰土处理第二层	合格	合格
7	K3+520～K3+570 左幅机动车道灰土处理第一层	合格	合格
8	K3+520～K3+570 左幅机动车道灰土处理第二层	合格	合格
9	K3+220～K3+320 右幅机动车道灰土处理第一层	合格	合格
10	K3+220～K3+320 右幅机动车道灰土处理第二层	合格	合格
11	K3+320～K3+420 右幅机动车道灰土处理第一层	合格	合格
12	K3+320～K3+420 右幅机动车道灰土处理第二层	合格	合格
13			
14	注意:本表只是示例没有全部填完		

检查结论	符合要求。 施工项目技术负责人:××× ××××年××月××日	验收结论	验收合格。 监理工程师　××× (建设项目专业技术负责人) ××××年××月××日

2)单位(子单位)工程施工验收

单位(子单位)工程施工完成后,其报验资料见表3.66—表3.72。

表3.66　单位工程竣工验收报审表(表式B3-4-4)

工程名称	××市××外环快速路	编　号	
致:　××监理公司　(监理单位) 　　我单位已经完成了　××市××外环快速路道路　工程,经自检合格,现将有关资料报上,请予以预验收。 　　附件:1.工程质量验收报告 　　　　　2.工程功能检验资料 施工单位(章):　××建设集团××市政公司 项目经理:　××× 日　　期:　××××年××月××日			
审核意见: 　　经审核,符合要求,同意报验。 项目监理机构(章):　××监理公司××项目监理部 总/专业监理工程师:　××× 日　　期:　××××年××月××日			

表 3.67　单位工程竣工预验收报验表(表式 C8-1)

工程名称	××市××外环快速路	编　号	

致：　××监理公司　(监理单位)

我单位已按合同要求完成了　××市××外环快速路道路　工程，经自检合格，现将有关资料报上，请予以预验收。

附件：1. 单位(子单位)工程质量竣工验收记录表

2. 单位(子单位)工程质量控制资料核查记录表

3. 单位(子单位)工程安全和功能检验资料核查及主要功能抽查记录表

4. 单位(子单位)工程观感质量资料核查记录表

承包单位(章)：　××建设集团××市政公司

项目经理(签字)：　×××

日　　期：　××××年××月××日

审查意见：

经初步验收，该工程

1. 符合/~~不符合~~我国规定现行法律、法规要求；

2. 符合/~~不符合~~我国现行工程建设标准；

3. 符合/~~不符合~~设计文件要求；

4. 符合/~~不符合~~施工合同要求。

综上所述，该工程初步验收合格/~~不合格~~，可以/~~不可以~~组织正式验收。

项目监理机构(盖章)：　××监理公司××项目监理部

总监理工程师(签，加盖执业印章字)：　×××

日　　期：　××××年××月××日

表3.68 单位(子单位)工程质量竣工验收记录表(表式C8-2)

<table>
<tr><td>工程名称</td><td colspan="3">××市××外环快速路道路工程</td><td>工程规模</td><td>××××万元</td></tr>
<tr><td>施工单位</td><td>××建设集团××市政公司</td><td>技术负责人</td><td>×××</td><td>开工日期</td><td>××××年××月××日</td></tr>
<tr><td>项目经理</td><td>×××</td><td>项目技术负责人</td><td>×××</td><td>竣工日期</td><td></td></tr>
<tr><td>序号</td><td>项 目</td><td colspan="2">验收记录</td><td colspan="2">验收结论</td></tr>
<tr><td>1</td><td>分部工程</td><td colspan="2">共 4 分部,经查 4 分部
符合标准及设计要求 4 分部</td><td colspan="2">验收合格</td></tr>
<tr><td>2</td><td>质量控制
资料核查</td><td colspan="2">共 11 项,经审查符合要求 11 项,
经核定符合规定 11 项</td><td colspan="2">资料齐全</td></tr>
<tr><td>3</td><td>安全和主
要使用功
能核查及
抽查结果</td><td colspan="2">共核查 3 项,符合要求 3 项
共抽查 3 项,符合要求 3 项
经返工处理符合要求 0 项</td><td colspan="2">报告齐全,验收合格</td></tr>
<tr><td>4</td><td>观感
质量检验</td><td colspan="2">共核查 3 项,符合要求 3 项
不符合要求 0 项</td><td colspan="2">验收合格</td></tr>
<tr><td>5</td><td>综合
验收结论</td><td colspan="2">经验收该工程施工质量、竣工文件符合
设计和规范要求,质量合格,同意验收</td><td colspan="2">通过验收</td></tr>
<tr><td rowspan="2">参加验收单位</td><td>建设单位</td><td colspan="2">监理单位</td><td>设计单位</td><td>施工单位</td></tr>
<tr><td>(公章)

项目负责人:×××
××××年××月××日</td><td colspan="2">(公章)

总监理工程师:×××
××××年××月××日</td><td>(公章)

项目负责人:×××
××××年××月××日</td><td>(公章)

项目经理:×××
××××年××月××日</td></tr>
</table>

表 3.69　单位(子单位)工程质量控制资料核查记录表(表式 C8-3)

<table>
<tr><td>工程名称</td><td colspan="4">××市××外环快速路道路工程</td></tr>
<tr><td>施工单位</td><td colspan="4">××建设集团××市政公司</td></tr>
<tr><td>序　号</td><td>资料名称</td><td>份　数</td><td>核查意见</td><td>核查人</td></tr>
<tr><td>1</td><td>图纸会审、设计变更、洽商记录</td><td>8</td><td>齐全有效</td><td>×××</td></tr>
<tr><td>2</td><td>工程定位测量、交桩、放线、复核记录</td><td>1</td><td>齐全有效</td><td>×××</td></tr>
<tr><td>3</td><td>施工组织设计、施工方案及审批记录</td><td>1</td><td>齐全有效</td><td>×××</td></tr>
<tr><td>4</td><td>原材料出厂合格证书及进场检(试)验报告</td><td>35</td><td>齐全有效</td><td>×××</td></tr>
<tr><td>5</td><td>成品、半成品出厂合格证及实验报告</td><td>20</td><td>齐全有效</td><td>×××</td></tr>
<tr><td>6</td><td>见证检测报告</td><td>214</td><td>齐全有效</td><td>×××</td></tr>
<tr><td>7</td><td>检验批、分项、分部、单位工程质量检验记录</td><td>298</td><td>齐全有效</td><td>×××</td></tr>
<tr><td>8</td><td>隐蔽工程验收记录</td><td>236</td><td>齐全有效</td><td>×××</td></tr>
<tr><td>9</td><td>路床、面层弯沉值检测报告</td><td>4</td><td>齐全有效</td><td>×××</td></tr>
<tr><td>10</td><td>各结构层压实度试验记录</td><td>186</td><td>齐全有效</td><td>×××</td></tr>
<tr><td>11</td><td>各结构层强度试验记录</td><td>2</td><td>齐全有效</td><td>×××</td></tr>
<tr><td>12</td><td>面层厚度检测(竣工后)</td><td>2</td><td>齐全有效</td><td>×××</td></tr>
<tr><td>13</td><td>新材料、新工艺施工记录</td><td></td><td></td><td></td></tr>
<tr><td>14</td><td>工程质量事故及事故调查处理资料</td><td></td><td></td><td></td></tr>
<tr><td></td><td></td><td></td><td></td><td></td></tr>
<tr><td></td><td></td><td></td><td></td><td></td></tr>
<tr><td></td><td></td><td></td><td></td><td></td></tr>
<tr><td></td><td></td><td></td><td></td><td></td></tr>
<tr><td colspan="2">检查结论：检查合格。

施工单位项目经理：×××

××××年××月××日</td><td colspan="3">验收结论：验收合格。

总监理工程师：×××
（建设单位项目负责人）

××××年××月××日</td></tr>
</table>

表3.70 单位(子单位)工程安全和功能检验资料核查及主要功能抽查记录(表式C8-4)

<table>
<tr><td>工程名称</td><td colspan="5">××市××外环快速路道路</td></tr>
<tr><td>施工单位</td><td colspan="5">××建设集团××市政公司</td></tr>
<tr><td>序 号</td><td>安全和功能检查项目</td><td>份 数</td><td>核查意见</td><td>抽查意见</td><td>核查抽查人</td></tr>
<tr><td>1</td><td>路床、面层弯沉值检验</td><td>4</td><td>齐全有效</td><td>合格</td><td>×××</td></tr>
<tr><td>2</td><td>各结构层压实度试验</td><td>186</td><td>齐全有效</td><td>合格</td><td>×××</td></tr>
<tr><td>3</td><td>各结构层强度试验</td><td>2</td><td>齐全有效</td><td>合格</td><td>×××</td></tr>
<tr><td>4</td><td>面层厚度检测</td><td>2</td><td>齐全有效</td><td>合格</td><td>×××</td></tr>
<tr><td>5</td><td>面层平整度检测</td><td>2</td><td>齐全有效</td><td>合格</td><td>×××</td></tr>
<tr><td>6</td><td>面层抗滑性能检测</td><td>1</td><td>齐全有效</td><td>合格</td><td>×××</td></tr>
<tr><td>7</td><td>井框与路面高差检测</td><td>2</td><td>齐全有效</td><td>合格</td><td>×××</td></tr>
<tr><td>8</td><td>盲道、坡道</td><td>8</td><td>齐全有效</td><td>合格</td><td>×××</td></tr>
<tr><td>9</td><td></td><td></td><td></td><td></td><td></td></tr>
<tr><td>10</td><td></td><td></td><td></td><td></td><td></td></tr>
<tr><td colspan="3">检查结论:
检查合格。

施工单位项目经理:×××

××××年××月××日</td><td colspan="3">验收结论:
验收合格。

总监理工程师:×××
(建设单位项目负责人)
××××年××月××日</td></tr>
</table>

表 3.71 单位(子单位)工程观感质量检查记录(表式 C8-5)

工程名称	××市××外环快速路道路工程				
施工单位	××建设集团××市政公司				
序号	检查项目	抽查质量情况	好	中	差
1	路床碾压成型后有无轮迹、弹簧、起皮、波浪	无轮迹、弹簧、起皮、波浪	√		
2	各结构混合料拌和均匀、含块多少等	混合料拌和均匀、含水量适宜	√		
3	各结构层碾压成型后是否密实,有无夹层、起皮等	结构层密实无夹层、起皮	√		
4	沥青混合料摊铺时,沥青混合料拌和均匀及有无粗细料分离和结块等	拌和均匀,无粗细料分离和结块	√		
5	沥青混凝土碾压成型后,碾压是否密实、色泽均匀、接茬平顺、碾压到边、检查井与路面接顺等	碾压密实、色泽均匀、接茬平顺、碾压到边、检查井与路面接顺	√		
6	水泥混凝土(钢筋水泥混凝土)板边角应整齐,无裂缝,并不得有石子外露和浮浆、脱皮、印痕、积水等现象;混凝土表面拉毛应均匀,深度一致	—			
7	水泥混凝土表面线格应整齐、清晰;缩缝应及时切割;切缝直线段应直顺,曲线段圆顺,不得有瞎缝、跑锯	—			
8	涨缩缝填缝料材质应符合设计要求,嵌缝料灌缝应饱满、密实、缝面整齐,不得漏灌,不得污染面层	—			
9	路缘石安装应稳固、勾缝严密,无缺边角等	安砌稳固、勾缝严密,无缺边掉角	√		
10	花砖铺砌稳固、纵横缝的贯通、灌缝饱满及与其他构筑物的接顺等	花砖纵横缝贯通、灌缝饱满与其他构筑物接顺	√		
11	人行道盲道砖安装是否满足使用功能	盲道砖安装满足使用功能	√		
外观质量综合评价	好				

检查结论:检查合格。 施工单位项目经理:××× ××××年××月××日	验收结论:验收合格。 总监理工程师:××× (建设单位项目负责人) ××××年××月××日

表3.72　单位工程分部工程检验汇总表(表式C8-7-1)

<table>
<tr><td colspan="2">工程名称</td><td colspan="4">××市××外环快速路</td></tr>
<tr><td colspan="2">施工单位</td><td colspan="4">××建设集团××市政公司</td></tr>
<tr><td colspan="2">单位工程名称</td><td colspan="4">××市××外环快速路道路工程</td></tr>
<tr><td colspan="2">项目经理</td><td>×××</td><td>项目技术负责人</td><td>×××</td><td>制表人 ×××</td></tr>
<tr><td>序号</td><td colspan="3">外观检查</td><td colspan="2">质量情况</td></tr>
<tr><td>1</td><td colspan="3">路床碾压成型后有无轮迹、弹簧、起皮、波浪</td><td colspan="2">符合规范要求,好</td></tr>
<tr><td>2</td><td colspan="3">各结构混合料拌和均匀、含块多少等</td><td colspan="2">符合规范要求,好</td></tr>
<tr><td>3</td><td colspan="3">各结构层碾压成型后是否密实,有无夹层、起皮等</td><td colspan="2">符合规范要求,好</td></tr>
<tr><td>4</td><td colspan="3">沥青混合料摊铺时,沥青混合料拌和均匀及有无粗细料分离和结块等</td><td colspan="2">符合规范要求,好</td></tr>
<tr><td>5</td><td colspan="3">沥青混凝土碾压成型后,碾压是否密实、色泽均匀、接茬平顺、碾压到边、检查井与路面接顺等</td><td colspan="2">符合规范要求,好</td></tr>
<tr><td>6</td><td colspan="3">路缘石安装应稳固、勾缝严密,无缺边角等</td><td colspan="2">符合规范要求,好</td></tr>
<tr><td>7</td><td colspan="3">花砖铺砌稳固、纵横缝的贯通、灌缝饱满及与其他构筑物的接顺等</td><td colspan="2">符合规范要求,好</td></tr>
<tr><td>8</td><td colspan="3">人行道盲道砖安装是否满足使用功能</td><td colspan="2">符合规范要求,好</td></tr>
<tr><td>序号</td><td colspan="3">分部(子分部)工程名称</td><td>合格率/%</td><td>质量情况</td></tr>
<tr><td>1</td><td colspan="3">路基</td><td>98.3</td><td>合格</td></tr>
<tr><td>2</td><td colspan="3">基层</td><td>94.3</td><td>合格</td></tr>
<tr><td>3</td><td colspan="3">面层</td><td>95.2</td><td>合格</td></tr>
<tr><td>4</td><td colspan="3">人行道</td><td>95.0</td><td>合格</td></tr>
<tr><td>5</td><td colspan="3">挡土墙</td><td>96.0</td><td>合格</td></tr>
<tr><td>6</td><td colspan="3">附属构造物</td><td>95.4</td><td>合格</td></tr>
<tr><td></td><td colspan="3"></td><td></td><td></td></tr>
<tr><td colspan="2">检验结果</td><td colspan="4">经检查,符合规范要求,检查合格。</td></tr>
<tr><td colspan="2">施工负责人</td><td colspan="2">质量检查员</td><td colspan="2">日期</td></tr>
<tr><td colspan="2">×××</td><td colspan="2">×××</td><td colspan="2">××××年××月××日</td></tr>
</table>

名人名言

“一个人的作用，对于革命事业来说，就如一架机器上的一颗螺丝钉。机器由于有许许多多螺丝钉的连结和固定，才成了一个坚实的整体，才能运转自如，发挥它巨大的工作能力，螺丝钉虽小，其作用是不可估量的。我愿永远做一个螺丝钉。”

——雷锋

项目小结

通过本项目的学习，使学生熟悉市政道路施工资料的组成，包括物资资料、各分部分项资料、施工验收资料；使学生熟悉市政道路工程施工过程资料的内容和归档要求；能熟练填写市政道路工程施工过程中形成的资料，如施工物资进场报验资料、各个分部工程报验资料及施工验收资料；能对市政道路工程施工过程资料进行分类和整理。

项目4　市政桥梁工程施工资料编制

工程概况

本工程为某城区外环快速路改造工程，地貌单元属黄土台地。本工程中桥梁为××桥，采用桩基础，桩基为钻孔灌注桩，桥墩柱下布设5～6根直径1.5 m的桩基，桥台采用轻型桥台，下设5根直径1.5 m桩基，部分桩基工程深度达到70 m，桥墩墩柱采用直柱墩，抗震设防烈度：8度。桥台编号A0、A9，中间桥墩编号P1—P8，上部结构由U01、U02、U03联预应力连续箱梁组成。

任务1　桥梁工程施工物资资料编制

任务目标

通过本任务的学习，学生能够熟练填写市政桥梁工程施工物资资料的各种表格，能对市政桥梁工程施工物资资料进行整理和归档，并在实训过程中培养学生严格遵守规范、条例及规章制度的工作精神，培养其团队协作、诚实守信、爱岗敬业的职业道德。

4.1.1　桥梁工程物资进场填报资料

施工物资资料是反映施工所用物资质量是否满足设计和规范要求的各种质量证明和相关配套文件的总称。工程物资进场需工程物资供应单位提交出厂证明文件及检测报告，施工单位收集保存。

本案例中，根据材料及设备送检流程和物资进场报验资料管理流程，桥梁工程施工物资进场需要填报的资料见表4.1，填报资料的填写内容及要求可扫描二维码进行阅览。

填报资料的填写内容及要求

表4.1　物资进场填报资料

序号	程　序	所用表格
1	见证取样成果汇总表	有见证试验送检及检验成果汇总表（表式C1-5）
		主要材料及构配件出厂证明及复试报告汇总表（表式C4-3-1）

续表

序号	程　序	所用表格
2	施工物资进场	工程材料/构配件/设备报验申请表（表式 B3-4-1）
		材料构配件检查记录表（表式 C4-2-1）
		质量证明文件（厂家提供）
		见证记录（表式 B3-3）
		复试报告（参考表式）
3	钢筋焊接报告	见证记录（表式 B3-3）
		钢筋焊接接头力学性能检验报告（参考表式）
		焊工上岗证（复印件加盖原件存放处公章）
		焊剂合格证（复印件加盖原件存放处公章）
4	钢筋机械连接报告	见证记录（表式 B3-3）
		钢筋机械连接检验报告（参考表式）
5	混凝土配合比验证报告	见证记录（表式 B3-3）
		水泥混凝土配合比验证检测报告（参考表式）
6	砂浆配合比验证报告	见证记录（表式 B3-3）
		砂浆配合比验证检测报告
7	混凝土强度统计评定记录	混凝土强度统计评定记录（表式 C6-16）
8	混凝土强度（性能）试验汇总表	混凝土强度（性能）试验汇总表（表式 C6-4）
9	砂浆试块强度试验汇总表	砂浆试块强度试验汇总表（表式 C6-8）

4.1.2　桥梁工程施工物资资料填写范例

以桥梁工程为例，桥梁工程物资资料表格范例见表 4.2—表 4.7。

1）见证取样汇总表

表 4.2　有见证试验送检及检验成果汇总表（表式 C1-5）

工程名称	××市××外环快速路		编　号	
建设单位	××市住建局		检测单位	××工程质量检测公司
监理单位	××监理公司		见证人员	
施工单位	××建设集团××市政公司		取样人员	
试验项目	应送试件总组数	有见证试件总组数	不合格组数	
混凝土试块	430	430	0	

续表

试验项目	应送试件总组数	有见证试件总组数	不合格组数	
钢筋原材	73	73	0	
直螺纹套筒连接	6	6	0	
双面搭焊接	73	73	0	
预应力塑料波纹管	6	6	0	
锚具	5	5	0	
支座	1	1	0	
UHF 管道压浆料	1	1	0	
CGM 型高强无收缩灌浆料	9	9	0	
钢绞线	4	4	0	
钢筋焊接网	2	2	0	
制表人签字	×××	签字日期	××××年××月××日	

表4.3　主要材料及构配件出厂证明及复试报告汇总表(表式C4-3-1)

工程名称	××市××外环快速路					编　号			
施工单位	××建设集团××市政公司								
名　称	品　种	型　号	代表数量	单位	使用部位	出厂证明或试验单编号	进场复试报告编号	见证记录编号	备注
钢筋	热轧光圆	ϕ10	10	t	灌注桩				
钢筋	热轧光圆	ϕ20	8	t	灌注桩				
钢筋	热轧带肋	Φ28	25	t	灌注桩				
钢筋	热轧带肋	Φ32	38	t	灌注桩				
钢筋	热轧光圆	ϕ8	36.6	t	承台				
钢筋	热轧带肋	Φ12	10	t	承台				
钢筋	热轧带肋	Φ16	49	t	承台				
钢筋	热轧带肋	Φ20	44	t	承台				
钢筋	热轧带肋	Φ25	27.86	t	承台				
钢筋	热轧带肋	Φ28	4.21	t	承台				

续表

名　称	品　种	型　号	代表数量	单位	使用部位	出厂证明或试验单编号	进场复试报告编号	见证记录编号	备注
钢筋	热轧带肋	Φ 32	2.98	t	承台				
钢筋	热轧带肋	Φ 16	8.53	t	桥墩桥台				
钢筋	热轧带肋	Φ 20	20.75	t	桥墩桥台				
钢筋	热轧带肋	Φ 25	15.02	t	桥墩桥台				
钢筋	热轧带肋	Φ 28	36.51	t	桥墩桥台				
钢筋	热轧带肋	Φ 12	23.85	t	箱梁				
钢筋	热轧带肋	Φ 16	15.02	t	箱梁				
钢筋	热轧带肋	Φ 20	36.17	t	箱梁				
钢筋	热轧带肋	Φ 28	6.01	t	箱梁				
钢筋	热轧带肋	Φ 32	41.44	t	箱梁				
锚具		YM15-17	248	套	箱梁				
夹片			880	片	箱梁				
声测管		D51×1.5	18.6	t	灌注桩				
防水涂料		PBII 型	6 628	m^2	桥面防水层				
摩擦摆减隔振球形钢支座			24	台	支座				
PVC-U 排水管		ϕ160	280.0	m	桥面排水				
钢筋焊接网		CRB550	86.4	t	桥面铺装				
管道压浆料		UHF 型	72	t	箱梁				
钢绞线		Φ^{S}15	186.2	t	承台				
灌浆料		CGM 高强无收缩灌浆料	10	t	箱梁				
预应力塑料波纹管		ϕ32	3 112.9	m	箱梁				
伸缩装置		120 型	23.81	m	伸缩缝				
伸缩装置		80 型	23.79	m	伸缩缝				
技术负责人	×××	填表人	×××	填表日期	××××年××月××日				

2）施工物资进场

在工程物资进场之前须履行工程物资报审手续。设备、原材料、半成品和成品的供货单位应按产品的相关技术标准、检验要求提供出厂质量合格证明或试验单。

以钢筋进场为例，其物资进场报验资料见表4.4—表4.7。

表4.4　工程材料/构配件/设备报验申请表（表式B3-4-1）

工程名称	××市××快速路	编　号	

致：××监理公司（监理单位）

我方于××××年××月××日进场的工程 材料/~~构配件~~/~~设备~~ 数量如下（见附件），现将质量证明文件及自检结果报上，拟用于下述部位。××桥灌注桩 请予以审核。

附件：1. 材料、构配件检查记

2. 产品质量证明书

3. 复试报告

序号	规格	牌号	代表数量	生产厂家	批号	使用部位
1	Φ10	HPB300	10 t	××钢铁有限公司	灌注桩	
2	Φ20	HPB300	8 t	××钢铁有限公司	灌注桩	
3	Φ28	HRB400E	25 t	××钢铁有限公司	灌注桩	
4	Φ32	HRB400E	38 t	××钢铁有限公司	灌注桩	

承包单位（章）：××建设集团××市政公司

项目经理：×××

日　　期：××××年××月××日

审核意见：

经检查，上述工程 材料/~~构配件~~/~~设备~~ 符合设计文件规范要求，准许/~~不准许~~ 进场，同意/~~不同意~~ 使用于拟定部位。

项目监理机构（章）：××监理公司××项目监理部

总/专业监理工程师：×××

日　　期：××××年××月××日

表 4.5　材料构配件检查记录表(表式 C4-2-1)

工程名称	××市××外环快速路			编　号		
施工单位	××建设集团××市政公司			时　间	××××年××月××日	
序　号	名　称	规格型号	数　量	合格证号	检查记录	
					检查量	检测手段
1	钢筋 HPB300	Φ10	10 t		1 组	送检
2	钢筋 HPB300	Φ20	8 t		1 组	送
3	钢筋 HRB400E	Φ28	25 t		1 组	送检
4	钢筋 HRB400E	Φ30	38 t		1 组	送检
检查结论： ☑合格 ☐不合格						
质量员	×××		材料员	×××		

表 4.6　见证记录(表式 B3-3)

工程名称	××市××外环快速路	编　号	
取样部位	××桥灌注桩		
样品名称	HPB300,HRB400E	取样数量	4 组
取样地点	施工现场	取样日期	××××年××月××日

见证记录：

序号	规格	牌号	代表数量	生产厂家	批号	使用部位
1	Φ10	HPB300	10 t	××钢铁有限公司	灌注桩	
2	Φ20	HPB300	8 t	××钢铁有限公司	灌注桩	
3	Φ28	HRB400E	25 t	××钢铁有限公司	灌注桩	
4	Φ32	HRB400E	38 t	××钢铁有限公司	灌注桩	

有见证取样和送检印章	
取样人员签字	××× 日期：××××年××月××日
见证人员签字	××× 日期：××××年××月××日

表 4.7　钢筋力学和工艺性能检验报告(参考表式)

委托单位:××建设集团××市政公司　　　　　　报告编号:××××
建设单位:××住建局　　　　　　　　　　　　收样日期:×××× 年××月××日
监理单位:××监理公司　　　　　　　　　　　检验日期:××××年××月××日

<table>
<tr><td colspan="2">工程名称</td><td colspan="12">××市××外环快速路</td><td colspan="4">施工单位</td><td colspan="7">××建设集团××市政公司</td></tr>
<tr><td colspan="2">生产厂家</td><td colspan="8">××钢铁公司</td><td colspan="2">牌号</td><td colspan="2">HPB300</td><td colspan="4">生产批号</td><td colspan="7">××××</td></tr>
<tr><td rowspan="4">组号</td><td rowspan="4">拉伸试件编号</td><td rowspan="4">工程部位</td><td rowspan="4">公称直径 a /mm</td><td rowspan="4">代表数量 /t</td><td colspan="2">质量偏差</td><td colspan="11">检伸试验</td><td rowspan="4">抗拉强度实测值和屈服强度实测值比 ≥1.25</td><td rowspan="4">屈服实测值和强度标准值比 ≤1.3</td><td rowspan="4">弯曲试件编号</td><td colspan="3">弯曲试验</td><td rowspan="4">单组判定</td></tr>
<tr><td rowspan="3">允许偏差 /%</td><td rowspan="3">实测偏差 /%</td><td colspan="3">屈服点 R_m/MPa</td><td colspan="3">抗拉强度 R_m/MPa</td><td colspan="2">断后伸长率</td><td colspan="2">最大力总伸长率 Agt. %</td><td rowspan="3">拉伸试验判定</td><td colspan="2">弯曲性能</td><td rowspan="3">弯曲试验判定</td></tr>
<tr><td rowspan="2">标准要求 ≥</td><td colspan="2">实测结果</td><td rowspan="2">标准要求 ≥</td><td colspan="2">实测结果</td><td rowspan="2">标准要求 ≥</td><td rowspan="2">实测结果</td><td rowspan="2">标准要求 ≥</td><td rowspan="2">实测结果</td><td rowspan="2">标准要求</td><td rowspan="2">实测结果</td></tr>
<tr><td>拉力 /kN</td><td>强度 /MPa</td><td>拉力 /kN</td><td>强度 /MPa</td></tr>
<tr><td rowspan="2">1#</td><td>1</td><td rowspan="2">××桥灌注桩</td><td rowspan="2">10</td><td rowspan="2">10</td><td rowspan="2">±7</td><td rowspan="2">-1.3</td><td rowspan="2">300</td><td>25.8</td><td>330</td><td rowspan="2">420</td><td>41.9</td><td>535</td><td rowspan="2">25</td><td>32.0</td><td rowspan="2">10</td><td>14.5</td><td rowspan="2">符合</td><td>—</td><td>—</td><td>1</td><td rowspan="6">弯心直径 $d=1a$,弯曲180°,受弯曲部位表面无裂纹</td><td>无裂纹</td><td rowspan="2">符合</td><td rowspan="2">合格</td></tr>
<tr><td>2</td><td>26.2</td><td>335</td><td>41.2</td><td>525</td><td>30.0</td><td>13.5</td><td>—</td><td>—</td><td>2</td><td>无裂纹</td></tr>
<tr><td></td><td></td><td></td><td></td><td></td><td></td><td></td><td></td><td></td><td></td><td></td><td></td><td></td><td></td><td></td><td></td><td></td><td></td><td></td><td></td><td></td><td></td><td></td><td></td></tr>
<tr><td></td><td></td><td></td><td></td><td></td><td></td><td></td><td></td><td></td><td></td><td></td><td></td><td></td><td></td><td></td><td></td><td></td><td></td><td></td><td></td><td></td><td></td><td></td><td></td></tr>
<tr><td></td><td></td><td></td><td></td><td></td><td></td><td></td><td></td><td></td><td></td><td></td><td></td><td></td><td></td><td></td><td></td><td></td><td></td><td></td><td></td><td></td><td></td><td></td><td></td></tr>
<tr><td></td><td></td><td></td><td></td><td></td><td></td><td></td><td></td><td></td><td></td><td></td><td></td><td></td><td></td><td></td><td></td><td></td><td></td><td></td><td></td><td></td><td></td><td></td><td></td></tr>
<tr><td colspan="3">样品状态描述</td><td colspan="22">与标准要求状态无偏离</td></tr>
<tr><td colspan="3">检验依据</td><td colspan="22">《钢筋混凝土用钢 第 1 部分:热轧光圆钢筋》(GB/T 1499.1—2017)</td></tr>
<tr><td colspan="3">结　论</td><td colspan="22">以上所检样品 1#合格</td></tr>
<tr><td colspan="3">备　注</td><td colspan="22"></td></tr>
</table>

检验人: ×××　　　　　　　　　　　审核人: ×××　　　　　　　　　　　负责人:×××
见证单位及见证员:　××××公司　×××　×协见字××××　　　　××××公司(章)
报告日期: ××××年　××月　××日

3)钢筋焊接报告

(1)见证记录(表4.8)

表4.8　见证记录(表式B3-3)

工程名称	××市××外环快速路	编　号	
取样部位	××桥灌注桩		
样品名称	双面搭接焊	取样数量	2组
取样地点	施工现场	取样日期	××××年××月××日

见证记录：

序号	规格	牌号	取样数量	代表数量	使用部位
1	Φ 28	HRB400E	1组	300个	灌注桩
2	Φ 32	HRB400E	1组	300个	灌注桩

有见证取样和送检印章	
取样人员签字	××× 日期:××××年××月××日
见证人员签字	××× 日期:××××年××月××日

(2)钢筋焊接接头力学性能检验报告(参考表式)(表4.9)

表4.9 钢筋焊接接头力学性能检验报告(参考表式)

委托单位:××建设集团××市政公司　　　　报告编号:××××××

建设单位:××住建局　　　　收样日期:××××年××月××日

监理单位:××监理公司　　　　检验日期:××××年××月××日

工程名称	××市××外环快速路				施工单位				××建设集团××市政公司			
焊工姓名 上岗证号					焊条型号							
					焊接方式				双面搭接焊			
组号	钢筋牌号、种类及规格	工程部位	接头数量/个	拉伸试验						弯曲试验		判定
				接头试件编号	抗拉强度			断裂位置及特征		弯曲性能		
					标准要求/MPa	实测结果 拉力/kN	实测结果 强度/MPa	标准要求	实测结果	标准要求	实测结果	
1#	HRB400E ⊈ 28	跨线桥灌注桩	300	1	≥540	385.3	625	至少两个试件断于焊缝外并呈延性断裂	延性断裂			合格
				2		381.7	620		延性断裂			
				3		379.4	615		延性断裂			
2#	HRB400E ⊈ 32	跨线桥灌注桩	300	1	≥540	495.3	615	至少两个试件断于焊缝外并呈延性断裂	延性断裂			合格
				2		497.2	620		延性断裂			
				3		500.5	620		延性断裂			
检验依据	《钢筋焊接及验收规程》(JGJ 18—2012)											
样品状态描述	与标准要求状态无偏离											
结　论	以上所检样品:1#合格,2#合格											
备　注												
检验人	×××	审核人	×××	负责人	×××							
×××质量检测公司(章)												
见证单位及见证员	×××公司 ×××											
报告日期:××××年××月××日												

任务 2　市政桥梁工程分部、分项、检验批划分

任务目标

通过本任务的学习，学生能够掌握桥梁工程分部分项检验批的划分原则与方式，对桥梁工程的施工流程有一定的了解。在实训过程中培养学生严格遵守规范、条例及规章制度的工作精神，培养其团队协作、诚实守信、爱岗敬业的职业道德。

本案例中桥梁工程分部(子分部)、分项、检验批共划分为 6 个分部工程，32 个分项工程，413 个检验批，其具体见表 4.10。

表 4.10　桥梁工程分部分项检验批划分表

<table>
<tr><th colspan="4">单位工程</th></tr>
<tr><th>分部工程</th><th>子分部工程</th><th>分项工程</th><th>检验批</th></tr>
<tr><td rowspan="9">地基与基础</td><td rowspan="3">灌注桩</td><td>灌注桩机械成孔</td><td rowspan="3">每根桩</td></tr>
<tr><td>灌注桩钢筋制作与安装</td></tr>
<tr><td>灌注桩混凝土灌注</td></tr>
<tr><td rowspan="6">承台</td><td>承台基坑开挖</td><td rowspan="6">每个承台</td></tr>
<tr><td>承台垫层混凝土</td></tr>
<tr><td>承台模板与支架</td></tr>
<tr><td>承台钢筋制作与安装</td></tr>
<tr><td>承台混凝土</td></tr>
<tr><td>承台基坑回填</td></tr>
<tr><td rowspan="5">墩台</td><td rowspan="4">现浇混凝土墩(台)</td><td>现浇混凝土墩(桥)台垫层混凝土</td><td rowspan="5">每个墩台</td></tr>
<tr><td>现浇混凝土墩(桥)台钢筋制作与安装</td></tr>
<tr><td>现浇混凝土墩(桥)台模板制作与安装</td></tr>
<tr><td>现浇混凝土墩(桥)台混凝土</td></tr>
<tr><td>台背填土</td><td>台背回填</td></tr>
<tr><td colspan="2" rowspan="4">支座</td><td>垫石钢筋制作与安装</td><td rowspan="4">每个支座</td></tr>
<tr><td>垫石模板制作与安装</td></tr>
<tr><td>垫石混凝土</td></tr>
<tr><td>支座安装</td></tr>
<tr><td rowspan="4">桥跨承重结构</td><td rowspan="4">现浇钢筋混凝土梁(板)</td><td>模板制作与安装</td><td rowspan="4">每孔、联、施工段</td></tr>
<tr><td>钢筋制作与安装</td></tr>
<tr><td>混凝土</td></tr>
<tr><td>预应力</td></tr>
</table>

续表

单位工程			
分部工程	子分部工程	分项工程	检验批
桥面系		排水设施	每个施工段、每孔
		防水层	
		桥面铺装模板	
		桥面铺装钢筋	
		桥面铺装混凝土	
		伸缩缝	
		防护设施	
附属结构		桥台搭板模板	每浇筑段
		桥台搭板钢筋	
		桥台搭板混凝土	

任务3　地基与基础分部工程资料编制

任务目标

通过本任务的学习，学生能够熟练填写市政桥梁工程地基与基础分部工程施工资料的各种表格，能对市政桥梁工程地基与基础施工资料进行整理和归档，并在实训过程中培养学生严格遵守规范，条例及规章制度的工作精神，培养其团队协作、诚实守信、爱岗敬业的职业道德。

4.3.1　地基与基础分部工程需填报资料

动画：钻孔灌注桩

本案例中，地基与基础分部工程根据施工工艺流程，其施工资料填报顺序见表4.11。

表4.11　地基与基础分部工程施工资料

序号	程　序		所用表格
1	桩基础	钢筋笼制作与安装	报审/报验表（表式B3-4-2）
			隐蔽工程检查验收记录（表式C5-9）
			混凝土灌注桩钢筋笼验收批质量验收记录表（表式C7-37-3）
			钢筋安装验收批质量验收记录（表式C7-37-2）

续表

序号	程序		所用表格
1	桩基础	机械成孔	报验申请表(表式 B3-4-2)
			隐蔽工程检查验收记录(表式 C5-9)
			钻孔桩成孔质量检查记录(表式 C5-19-1)
			钻孔桩钻进记录(旋挖钻)(表式 C5-19-2)
			高程测量成果表(表式 C5-8)
		混凝土浇筑	报验申请表(表式 B3-4-2)
			隐蔽工程检查验收记录(表式 C5-9)
			混凝土灌注桩验收批质量验收记录表(表式 C5-19-4)
			钻孔桩水下混凝土灌注记录(表式 C5-17)
			高程测量成果表(表式 C5-8)
			混凝土浇灌申请书(表式 C5-12-1)
			混凝土浇筑记录(表式 C5-12-2)
			见证记录(表式 B3-3)
			混凝土试块抗压强度检验报告(表式 C6-18)
			商品混凝土合格证、配合比
			桩身完整性检测报告
2	承台	基坑开挖	报验申请表(表式 B3-4-2)
			隐蔽工程检查验收记录(表式 C5-9)
			基坑开挖验收批质量验收记录表(表式 C7-16-1)
			高程测量成果表(表式 C5-8)
			见证记录(表式 B3-3)
			地基承载力报告(参考表式)
			土壤压实度(灌砂法)检验报告(表式 C6-6)
		钢筋制作与安装	报审/报验表(表式 B3-4-2)
			隐蔽工程检查验收记录(表式 C5-9)
			钢筋加工验收批质量验收记录(表式 C7-37-1)
			钢筋安装(墩台、基础)验收批质量验收记录(表式 C7-37-2)

续表

<table>
<tr><th>序号</th><th colspan="2">程　序</th><th>所用表格</th></tr>
<tr><td rowspan="13">2</td><td rowspan="13">承台</td><td rowspan="3">模板制作与安装</td><td>报审/报验表(表式 B3-4-2)</td></tr>
<tr><td>模板、支架和拱架(木模板)制作验收批质量验收记录(表式 C7-37-5)</td></tr>
<tr><td>基础模板、支架和拱架安装验收批质量验收记录(清水模板)(表式 C7-37-6)</td></tr>
<tr><td rowspan="10">混凝土浇筑</td><td>报审/报验表(表式 B3-4-2)</td></tr>
<tr><td>隐蔽工程检查验收记录(外露不附)(表式 C5-9)</td></tr>
<tr><td>现浇混凝土承台(系梁)验收批质量验收记录表(表式 C7-16-2)</td></tr>
<tr><td>高程测量成果表(表式 C5-8)</td></tr>
<tr><td>混凝土浇灌申请书(表式 C5-12-1)</td></tr>
<tr><td>混凝土浇筑记录(表式 C5-12-2)</td></tr>
<tr><td>见证记录(表式 B3-3)</td></tr>
<tr><td>混凝土试块强度检验报告(标养、同条件)(表式 C6-18)</td></tr>
<tr><td>商品混凝土合格证、配合比</td></tr>
<tr><td>报审/报验表(表式 B3-4-2)</td></tr>
<tr><td rowspan="5">3</td><td rowspan="5"></td><td rowspan="5">基坑回填</td><td>报审/报验表(表式 B3-4-2)</td></tr>
<tr><td>隐蔽工程检查验收记录(表式 C5-9)</td></tr>
<tr><td>基坑回填分项工程(检验批)质量验收记录表(表式 C7-16-3)</td></tr>
<tr><td>见证记录(表式 B3-3)</td></tr>
<tr><td>土壤压实度(灌砂法)检验报告(表式 C6-6)</td></tr>
</table>

4.3.2　地基与基础分部工程资料填写范例

以地基与基础分部工程中的水下灌注桩和承台施工为例，部分特色表格填写范例见表4.12—表4.23。

1)水下灌注桩施工资料填写范例(表4.12)

表4.12 水下灌注桩机械成孔报验申请表(表式B3-4-2)

<table>
<tr><td>工程名称</td><td>××市××外环快速路</td><td>编　号</td><td></td></tr>
<tr><td colspan="4">致：　××监理公司　(监理单位)
　　我单位已经完成了××桥 A0-1 桩基机械成孔工作,现报上该工程报验申请表,请予以审查和验收。
附件:1. 隐蔽工程检查验收记录表
　　2. 钻孔桩成孔质量检查记录
　　3. 钻孔桩钻进记录
　　4. 高程测量成果表

承包单位(章):××建设集团××市政公司
项目经理:　×××
日　　期:××××年××月××日</td></tr>
<tr><td colspan="4">审核意见:

　　经审核,符合要求,同意报验。

项目监理机构(章):××监理公司××项目监理部
总/专业监理工程师 :　×××
日　　期:××××年××月××日</td></tr>
</table>

表4.13　隐蔽工程检查验收记录(表式C5-9)

<table>
<tr><td>工程名称</td><td>××市××外环快速路</td><td>编　号</td><td></td></tr>
<tr><td>施工单位</td><td>××建设集团××市政公司</td><td>时　间</td><td></td></tr>
<tr><td>隐检项目</td><td>水下混凝土灌注桩机械成孔</td><td>隐检范围</td><td>××桥 A0-1 桩基成孔</td></tr>
<tr><td>隐检内容及检查情况</td><td colspan="3">隐检内容:
1. 成孔达到设计深度后的地质情况
2. 孔径、孔深及设计要求
3. 桩位偏差情况
检查情况:
1. 成孔达到设计深度后地质情况较好
2. 孔径>1.5 m,孔深 60.573 m
3. 桩位偏差后+3 mm,右+2 mm
检查人:×××
××××年××月××日</td></tr>
<tr><td>验收意见</td><td colspan="3">经检查,符合规范规定和设计要求,同意隐蔽,可进行下一道工序。
验收人:×××
××××年××月××日</td></tr>
<tr><td>监理验收意见</td><td colspan="3">经检查,符合规范规定和设计要求,同意隐蔽。
验收人:×××
××××年××月××日</td></tr>
<tr><td>监理工程师</td><td>施工项目技术负责人</td><td>质检员</td><td></td></tr>
<tr><td>×××</td><td>×××</td><td>×××</td><td></td></tr>
</table>

表 4.14 钻孔桩成孔质量检查记录(表式 C5-19-1)

<table>
<tr><td>工程名称</td><td colspan="3">××市××外环快速路</td><td>编 号</td><td colspan="4"></td></tr>
<tr><td>施工单位</td><td colspan="3">××建设集团××市政公司</td><td>日 期</td><td colspan="4">××××年××月××日</td></tr>
<tr><td>墩台号</td><td colspan="3">××桥 A0</td><td>桩编号</td><td colspan="4">A0-1</td></tr>
<tr><td>护筒顶标高/m</td><td>881.935</td><td colspan="2">设计孔底标高/m</td><td>821.362</td><td colspan="4">孔位偏差/mm</td></tr>
<tr><td>设计直径/m</td><td>1.5</td><td colspan="2">成孔底标高/m</td><td>821.262</td><td>前</td><td>后</td><td>左</td><td>右</td></tr>
<tr><td>成孔直径/m</td><td>>1.5</td><td colspan="2">灌注前孔底标高/m</td><td>821.355</td><td></td><td>38</td><td></td><td>29</td></tr>
<tr><td>孔垂直度/%</td><td colspan="2">0.440</td><td colspan="2">沉淀厚度/mm</td><td colspan="4">93</td></tr>
<tr><td>钻孔中出现的问题及处理方法</td><td colspan="8">施工正常</td></tr>
<tr><td rowspan="2">钢筋骨架</td><td>骨架总长/m</td><td colspan="2">61.5</td><td>骨架底面标高/m</td><td colspan="4">821.437</td></tr>
<tr><td>骨架每节长/m</td><td colspan="2">10.9×5+8</td><td>连接方法</td><td colspan="4">双面焊接</td></tr>
<tr><td>检查意见</td><td colspan="8">合格</td></tr>
<tr><td>监理工程师</td><td>×××</td><td colspan="2">施工项目技术负责人</td><td>×××</td><td colspan="2">质检员</td><td colspan="2">×××</td></tr>
</table>

表 4.15　钻孔桩钻进记录(表式 C5-19-2)

<table>
<tr><td>施工单位</td><td colspan="8">××建设集团××市政公司</td><td colspan="3">时　间</td><td colspan="6">××××年××月××日</td><td colspan="2">编　号</td><td colspan="4">A0-1</td></tr>
<tr><td>工程名称</td><td colspan="8">××市××外环快速路</td><td colspan="3">墩台号</td><td colspan="6">××桥 A0</td><td colspan="2">桩位编号</td><td colspan="4"></td></tr>
<tr><td>地面标高/m</td><td colspan="4">881.635</td><td colspan="2">孔外水位标高/m</td><td colspan="2"></td><td colspan="3">护筒顶标高/m</td><td colspan="2">881.935</td><td colspan="3">护筒底标高/m</td><td colspan="2">878.935</td><td colspan="2">护筒埋深/m</td><td colspan="3">2.7</td></tr>
<tr><td colspan="3">钻机类型及编号</td><td colspan="4">旋挖钻</td><td colspan="2">钻类头型及编号</td><td colspan="2"></td><td colspan="3">桩径/m</td><td colspan="4">1.5</td><td colspan="3">桩尖设计标高/m</td><td colspan="3">821.362</td></tr>
<tr><td colspan="6">时间</td><td></td><td colspan="5">钻进深度(8)</td><td rowspan="3">孔底标高/m</td><td rowspan="3">孔斜度</td><td colspan="4">孔位偏差/mm</td><td rowspan="3">地质情况</td><td colspan="4">泥浆</td><td rowspan="3">其他</td></tr>
<tr><td rowspan="2">年月日</td><td colspan="2">起</td><td colspan="2">止</td><td rowspan="2">共计/h</td><td rowspan="2">工作内容</td><td rowspan="2">钻杆长度</td><td rowspan="2">起钻读数</td><td rowspan="2">停钻读数</td><td rowspan="2">本次进尺</td><td rowspan="2">累计进尺</td><td rowspan="2">前</td><td rowspan="2">后</td><td rowspan="2">左</td><td rowspan="2">右</td><td colspan="2">比重</td><td colspan="2">黏度</td></tr>
<tr><td>时</td><td>分</td><td>时</td><td>分</td><td>进</td><td>出</td><td>进</td><td>出</td></tr>
<tr><td>××××年××月××日</td><td>8</td><td>00</td><td>8</td><td>30</td><td>0:30</td><td>钻进</td><td></td><td>0</td><td>8.7</td><td>8.7</td><td>8.7</td><td></td><td></td><td></td><td></td><td></td><td></td><td></td><td></td><td></td><td></td><td></td><td></td></tr>
<tr><td></td><td>8</td><td>30</td><td>9</td><td>30</td><td>1:00</td><td>钻进</td><td></td><td>8.7</td><td>16.5</td><td>7.8</td><td>16.5</td><td></td><td></td><td></td><td></td><td></td><td></td><td></td><td></td><td></td><td></td><td></td><td></td></tr>
<tr><td></td><td>9</td><td>30</td><td>10</td><td>30</td><td>1:00</td><td>钻进</td><td></td><td>16.5</td><td>25.1</td><td>8.6</td><td>25.1</td><td></td><td></td><td></td><td></td><td></td><td></td><td></td><td></td><td></td><td></td><td></td><td></td></tr>
<tr><td></td><td>10</td><td>30</td><td>11</td><td>30</td><td>1:00</td><td>钻进</td><td></td><td>25.1</td><td>33.3</td><td>8.2</td><td>33.3</td><td></td><td></td><td></td><td></td><td></td><td></td><td></td><td></td><td></td><td></td><td></td><td></td></tr>
<tr><td></td><td>11</td><td>30</td><td>12</td><td>25</td><td>0:55</td><td>钻进</td><td></td><td>33.3</td><td>42.2</td><td>8.9</td><td>42.2</td><td></td><td></td><td></td><td></td><td></td><td></td><td></td><td></td><td></td><td></td><td></td><td></td></tr>
<tr><td></td><td>12</td><td>25</td><td>13</td><td>25</td><td>1:00</td><td>钻进</td><td></td><td>42.2</td><td>51.0</td><td>8.8</td><td>51.0</td><td></td><td></td><td></td><td></td><td></td><td></td><td></td><td></td><td></td><td></td><td></td><td></td></tr>
<tr><td></td><td>13</td><td>25</td><td>14</td><td>25</td><td>1:00</td><td>钻进</td><td></td><td>51.0</td><td>59.8</td><td>8.5</td><td>59.8</td><td></td><td></td><td></td><td></td><td></td><td></td><td></td><td></td><td></td><td></td><td></td><td></td></tr>
<tr><td></td><td>14</td><td>25</td><td>14</td><td>40</td><td>0:15</td><td>钻进</td><td></td><td>59.8</td><td>60.7</td><td>0.9</td><td>60.7</td><td>821.262</td><td>0.44</td><td></td><td>38</td><td></td><td>29</td><td>较好</td><td>1.08</td><td></td><td>19.6</td><td></td><td></td></tr>
<tr><td colspan="3">钻孔中出现的问题及处理方法</td><td colspan="21">钻进正常</td></tr>
<tr><td colspan="3">施工项目技术负责人</td><td colspan="5">×××</td><td colspan="4">施工员</td><td colspan="5">×××</td><td colspan="2">质量员</td><td colspan="5">×××</td></tr>
</table>

表 4.16 高程测量成果表(表式 C5-8)

工程名称	××市××外环快速路				编 号		
施工单位	××建设集团××市政公司				时 间	××××年××月××日	
桩 号	后 视	仪 高	中 视	前 视	实测高	设计高	比 差
BM6	3.794	882.780				878.986	
A0-1 桩基护筒顶高程			0.845		881.395		
BM6				3.790	878.990	878.986	0.004
测量人		×××		复核人		×××	

表 4.17　混凝土灌注桩验收批质量验收记录表（表式 C5-19-4）

<table>
<tr><td colspan="3">工程名称</td><td colspan="4">××市××外环快速路</td><td colspan="2">验收部位</td><td colspan="4">××桥 A0-1</td></tr>
<tr><td colspan="3">分项工程名称</td><td colspan="4">混凝土灌注</td><td colspan="2">施工班组长</td><td colspan="4">×××</td></tr>
<tr><td colspan="3">施工单位</td><td colspan="4">××建设集团××市政公司</td><td colspan="2">专业工长</td><td colspan="4">×××</td></tr>
<tr><td colspan="5">施工执行标准名称及编号</td><td colspan="2">现行标准</td><td colspan="4">项目经理</td><td colspan="2">×××</td></tr>
<tr><td colspan="6">质量验收规范规定的检查项目及验收标准</td><td colspan="6">施工单位检查评定记录</td><td>监理（建设）单位验收记录</td></tr>
<tr><td rowspan="4">主控项目</td><td>1</td><td colspan="4">成孔达到设计高度后，必须核实地质情况，确认符合设计要求</td><td colspan="6">成孔达到设计深度后的地质情况符合设计要求</td><td>合格</td></tr>
<tr><td>2</td><td colspan="4">孔径、孔深应达到设计要求</td><td colspan="6">孔径、孔深应达到要求</td><td>符合要求</td></tr>
<tr><td>3</td><td colspan="4">混凝土抗压强度应符合设计要求</td><td colspan="6">混凝土抗压强度符合设计要求</td><td>符合要求</td></tr>
<tr><td>4</td><td colspan="4">桩身不得出现断柱、缩径</td><td colspan="6">桩身没有出现断柱、缩径</td><td>符合要求</td></tr>
<tr><td rowspan="7">一般项目</td><td>1</td><td colspan="3">钢筋笼底端高程偏差</td><td>±50</td><td>+38</td><td></td><td></td><td></td><td></td><td></td><td>100%</td></tr>
<tr><td rowspan="6">2</td><td rowspan="6">混凝土灌注桩允许偏差值/mm</td><td rowspan="2">桩位</td><td>群桩</td><td>100</td><td></td><td></td><td></td><td></td><td></td><td></td><td></td></tr>
<tr><td>排架桩</td><td>50</td><td>38</td><td>29</td><td></td><td></td><td></td><td></td><td>100%</td></tr>
<tr><td rowspan="2">成渣厚度</td><td>摩擦桩</td><td>≤设计要求（100）</td><td>93</td><td></td><td></td><td></td><td></td><td></td><td>100%</td></tr>
<tr><td>支撑桩</td><td>≤设计要求</td><td></td><td></td><td></td><td></td><td></td><td></td><td></td></tr>
<tr><td rowspan="2">垂直度</td><td>钻孔桩</td><td>≤1% 桩长且≤（500）</td><td>440</td><td></td><td></td><td></td><td></td><td></td><td>100%</td></tr>
<tr><td>挖空桩</td><td>≤0.5% 桩长且≤（200）</td><td></td><td></td><td></td><td></td><td></td><td></td><td></td></tr>
<tr><td colspan="5">平均合格率/%</td><td colspan="8">一般项目平均合格率:100</td></tr>
<tr><td colspan="5">施工单位检查评论</td><td colspan="8">质检合格
项目专业质检员：　×××
××××年××月××日</td></tr>
<tr><td colspan="5">监理（建设）单位验收记录</td><td colspan="8">验收合格
监理工程师：　×××
（建设单位项目专业技术负责人）
××××年××月××日</td></tr>
</table>

表 4.18　钻孔桩水下混凝土灌注记录(表式 C5-17)

工程名称	××市××外环快速路		施工单位	××建设集团××市政公司		日　期	××××年××月××日	编　号
墩台编号	××桥 A0		桩编号	A0-1	桩设计直径/m	1.5	设计桩底标高/m	821.362
灌注前孔底标高/m	821.365		护筒顶标高	881.935	钢筋骨架底标高/m		821.437	
计算混凝土量/m^3	107.7		混凝土强度等级/MPa	C30 水下	水泥品种等级		P.O 42.5	坍落度/cm：19
时　间	护筒顶至混凝土面深度/m	护筒顶至管下口深度/m	导管拆除数量：节数	导管拆除数量：长度/m	实灌混凝土数量：本次数量/m^3	实灌混凝土数量：累计数量/m^3	钢筋位置情况、孔内情况、停滞原因、停滞时间、事故原理和处理情况等重要记事	
17:30—17:40	58.1	60.4	0	0	2.0	2.0		
17:40—17:55	52.5	57.4	1	3	12.6	14.6		
17:55—18:05	48.2	51.4	2	6	12.1	26.7		
18:05—18:20	40.5	45.4	2	6	12.4	39.1		
18:20—18:30	34.6	39.4	2	6	11.6	50.7		
18:30—18:45	28.1	33.4	2	6	12.6	63.3		
18:45—19:00	23.1	27.4	2	6	12.5	75.8		
19:00—19:15	16.9	21.4	2	6	12.0	87.8		
19:15—19:30	10.8	15.4	2	6	12.5	100.3		
监理工程师	×××	施工项目技术负责人		×××	质量员	×××	记录员	×××

2）承台施工资料填写范例

表4.19　承台基坑开挖报验申请表（表式B3-4-2）

工程名称	××市××外环快速路	编　号	
致：××监理公司（监理单位） 我单位已经完成了××桥P1承台基坑开挖工作，现报上该工程报验申请表，请予以审查和验收。 附件：1. 隐蔽工程检查验收记录表 2. 基坑开挖验收批质量验收记录表 3. 高程测量成果表 承包单位（章）：××建设集团××市政公司 项目经理：××× 日　期：××××年××月××日			
审核意见： 经审核，符合要求，同意报验。 项目监理机构（章）：××监理公司××项目监理部 总/专业监理工程师：××× 日　期：××××年××月××日			

表 4.20　隐蔽工程检查验收记录(表式 C5-9)

<table>
<tr><td>工程名称</td><td>××市××外环快速路</td><td>编　号</td><td></td></tr>
<tr><td>施工单位</td><td>××建设集团××市政公司</td><td>时　间</td><td></td></tr>
<tr><td>隐检项目</td><td>承台基坑开挖</td><td>隐检范围</td><td>××桥 P1 承台</td></tr>
<tr><td>隐检内容及检查情况</td><td colspan="3">隐检内容：
1. 基底状态
2. 边坡坡度及定位控制桩和水准控制点是否保护
3. 基坑开挖的尺寸
4. 基底高程
5. 基底轴线偏位
6. 基底表面平整度
检查情况：
1. 基底未受浸泡,天然地基未扰动
2. 边坡坡度满足设计要求,定位控制桩和水准控制点已采取可靠保护措施
3. 基坑开挖尺寸实测为×××(测量 4 次)
4. 基底高程实测为×××(测量 4 次)
5. 基底轴线偏位实测值×××(测量 4 次)
6. 基底表面平整度实测值×××(测量 4 次)
检查人:×××
××××年××月××日</td></tr>
<tr><td>验收意见</td><td colspan="3">经检查,符合规范规定和设计要求,同意隐蔽,可进行下一道工序。
验收人:×××
××××年××月××日</td></tr>
<tr><td>监理验收意见</td><td colspan="3">经检查,符合规范规定和设计要求,同意隐蔽。
验收人:×××
××××年××月××日</td></tr>
<tr><td>监理工程师</td><td>施工项目技术负责人</td><td>质检员</td><td></td></tr>
<tr><td>×××</td><td>×××</td><td>×××</td><td></td></tr>
</table>

表4.21 基坑开挖验收批质量验收记录(表式 C7-16-1)

<table>
<tr><td colspan="2">工程名称</td><td>××市××外环快速路</td><td colspan="5">验收部位</td><td>××桥 P1 承台</td></tr>
<tr><td colspan="2">分项工程名称</td><td>基坑开挖</td><td colspan="5">施工班组长</td><td>×××</td></tr>
<tr><td colspan="2">施工单位</td><td>××建设集团××市政公司</td><td colspan="5">专业工长</td><td>×××</td></tr>
<tr><td colspan="2">施工执行标准名称及编号</td><td>现行标准</td><td colspan="5">项目经理</td><td>×××</td></tr>
<tr><td colspan="3">质量验收规范规定的检查项目及验收标准</td><td colspan="5">施工单位检查评定记录</td><td>监理(建设)单位验收记录</td></tr>
<tr><td rowspan="4">主控项目</td><td>1</td><td>基底不应受浸泡或受冻,天然地基不得扰动和超挖</td><td colspan="5">符合要求</td><td>合格</td></tr>
<tr><td>2</td><td>挖方边坡坡度满足设计要求,定位控制桩和水准控制点应采取可靠保护措施</td><td colspan="5">符合要求</td><td>合格</td></tr>
<tr><td>3</td><td>长度允许偏差(mm)0,+200</td><td>20</td><td>12</td><td>11</td><td>14</td><td>—</td><td>合格</td></tr>
<tr><td>4</td><td>宽度允许偏差(mm)0,+200</td><td>13</td><td>16</td><td>10</td><td>12</td><td>—</td><td>合格</td></tr>
<tr><td rowspan="4">一般项目</td><td>1</td><td>基底高程 0,-20</td><td>—</td><td>—</td><td>—</td><td>—</td><td></td><td>合格</td></tr>
<tr><td>2</td><td>轴线偏位 50</td><td>30</td><td>10</td><td>16</td><td>26</td><td></td><td>合格</td></tr>
<tr><td>3</td><td>放坡开挖的边坡坡度 1:0.75</td><td>0.75</td><td>0.76</td><td>0.77</td><td>0.76</td><td></td><td>合格</td></tr>
<tr><td>4</td><td>基底表面平整度 20</td><td>16</td><td>17</td><td>20</td><td>12</td><td></td><td>合格</td></tr>
<tr><td colspan="3">施工单位检查评定</td><td colspan="6">质检合格
项目专业质量检查员: ×××
××××年××月××日</td></tr>
<tr><td colspan="3">监理(建设)单位意见</td><td colspan="6">检查合格
监理工程师: ×××
(建设单位项目专业技术负责人)
××××年××月××日</td></tr>
</table>

表 4.22　高程测量成果表(表式 C5-8)

工程名称	××市××外环快速路				编　号		
施工单位	××建设集团××市政公司				时　间	××××年××月××日	
桩　号	后　视	仪　高	中　视	前　视	实测高	设计高	比　差
BM6	0.793	879.779				878.986	
P1 承台基坑底高程 1			1.268		878.511	878.524	-0.013
P1 承台基坑底高程 2			1.273		878.506	878.524	-0.018
P1 承台基坑底高程 3			1.255		878.524	878.524	0
P1 承台基坑底高程 4			1.274		878.505	878.524	-0.019
P1 承台基坑底高程 5			1.263		878.516	878.986	-0.008
BM6				0.791	878.988		0.002
测量人	×××			复核人	×××		

表4.23 见证记录(表式B3-3)

工程名称	××市××外环快速路	编号	
取样部位	××桥P1承台		
样品名称	28 d混凝土试块	取样数量	1组
取样地点	施工现场	取样日期	××××年××月××日

见证记录:

1. 混凝土设计强度等级:C20
2. 混凝土试块规格:100 mm×100 mm×100 mm
3. 共计浇筑:8.08 m^3
4. 取样数量:1组
5. 养护条件:标准养护
6. 使用部位:××桥P1承台垫层
7. 生产厂家:×××混凝土有限公司

有见证取样和送检印章	
取样人员签字	××× 日期:××××年××月××日
见证人员签字	××× 日期:××××年××月××日

任务4　墩台分部工程资料编制

任务目标

通过本任务的学习，学生能够熟练填写市政桥梁工程墩台分部工程施工资料的各种表格，能对市政桥梁工程墩台施工资料进行整理和归档，并在实训过程中培养学生严格遵守规范、条例及规章制度的工作精神，培养其团队协作、诚实守信、爱岗敬业的职业道德。

4.4.1　墩台分部工程需填报资料

在本案例中，根据施工工艺流程，墩台分部工程施工资料填报顺序见表4.24。

表4.24　墩台分部工程施工资料

序　号	程　序	所用表格
1	墩台 混凝土浇筑	报验申请表(表式 B3-4-2)
		现浇混凝土墩台验收批质量验收记录表(表式 C7-18-1)
		混凝土浇灌申请书(表式 C5-12-1)
		混凝土浇筑记录(表式 C5-12-2)
		高程测量成果表(表式 C5-8)
		见证记录(表式 B3-3)
		混凝土试块强度检验报告(标养、同条件)(表式 C6-18)
		商品混凝土合格证、配合比
2	台背回填	报审/报验表(表式 B3-4-2)
		隐蔽工程检查验收记录(表式 C5-9)
		台背填土工程检验批质量验收记录表(表式 C7-18-2)
		见证记录(表式 B3-3)
		土壤压实度(灌砂法)检验报告(表式 C6-6)

4.4.2　墩台分部工程资料填写范例

以墩台分部工程中的台背回填施工为例，部分特色表格填写范例见表4.25—表4.29。

表4.25　台背填土级配碎石垫层报验申请表(表式B3-4-2)

工程名称	××市××外环快速路	编　号	
致：××监理公司（监理单位） 我单位已经完成了K2+770～K2+798台背填土级配碎石垫层工作，现报上该工程报验申请表，请予以审查和验收。 附件：1.隐蔽工程检查验收记录表 2.垫层工程检验批质量验收记录 承包单位(章)：××建设集团××市政公司 项目经理：××× 日　期：××××年××月××日			
审核意见： 经审核，符合要求，同意报验。 项目监理机构(章)：××监理公司××项目监理部 总/专业监理工程师：××× 日　期：××××年××月××日			

表 4.26　隐蔽工程检查验收记录(表式 C5-9)

<table>
<tr><td>工程名称</td><td>××市××外环快速路</td><td>编　号</td><td></td></tr>
<tr><td>施工单位</td><td>××建设集团××市政公司</td><td>时　间</td><td>××××年××月××日</td></tr>
<tr><td>隐检项目</td><td>台背回填级配碎石垫层</td><td>隐检范围</td><td>K2+770 ~ K2+798</td></tr>
<tr><td>隐检内容及检查情况</td><td colspan="3">质量验收规范规定的检查项目　检查评定记录
主控项目
垫层所用材料　符合设计要求
垫层的强度和密实度　符合设计要求
一般项目
垫层的坡度、厚度、标高　符合设计要求
垫层的平整度　应测两点　实测两点　合格率 100%
检查人:×××
××××年××月××日</td></tr>
<tr><td>验收意见</td><td colspan="3">经检查,符合规范规定和设计要求,同意隐蔽,可进行下一道工序。
检查人:×××
××××年××月××日</td></tr>
<tr><td>监理验收意见</td><td colspan="3">经检查,符合规范规定和设计要求,同意隐蔽。
检查人:×××
××××年××月××日</td></tr>
<tr><td>监理工程师</td><td>施工项目技术负责人</td><td>质检员</td><td></td></tr>
<tr><td>×××</td><td>×××</td><td>×××</td><td></td></tr>
</table>

表 4.27　台背填土工程检验批质量验收记录表(表式 C7-18-2)

<table>
<tr><td colspan="3">工作名称</td><td colspan="3">××市××外环道路快速路</td><td colspan="2">验收部位</td><td colspan="4">K2+770～K2+798 台背填土碎石垫层</td></tr>
<tr><td colspan="3">分项工程名称</td><td colspan="3">填土</td><td colspan="5">施工班组长</td><td>×××</td></tr>
<tr><td colspan="3">施工单位</td><td colspan="3">××建设集团××市政公司</td><td colspan="5">专业工长</td><td>×××</td></tr>
<tr><td colspan="3">施工执行标准名称及编号</td><td colspan="3">现行标准</td><td colspan="5">项目经理</td><td>×××</td></tr>
<tr><td colspan="6">质量验收规范规定的检查项目及验收标准</td><td colspan="5">施工单位检查评定记录</td><td>监理(建设)单位验收记录</td></tr>
<tr><td rowspan="2">主控项目</td><td>1</td><td colspan="4">垫层所用材料质量应符合设计要求</td><td colspan="5">符合设计要求</td><td>合格</td></tr>
<tr><td>2</td><td colspan="4">垫层的强度和密实度必须符合设计要求</td><td colspan="5">符合设计要求</td><td>合格</td></tr>
<tr><td rowspan="6">一般项目</td><td>1</td><td colspan="4">垫层的坡度、厚度、标高应符合设计要求</td><td colspan="5">符合设计要求</td><td>合格</td></tr>
<tr><td rowspan="5">2</td><td rowspan="5">垫层平整度</td><td colspan="2">砂、砂石、碎(卵)石、碎砖/mm</td><td>15</td><td>10</td><td>13</td><td></td><td></td><td></td><td>合格</td></tr>
<tr><td colspan="2">灰土、三合土、炉渣、水泥、混凝土/mm</td><td>10</td><td></td><td></td><td></td><td></td><td></td><td></td></tr>
<tr><td rowspan="2">毛地板/mm</td><td>拼花木板面层</td><td>3</td><td></td><td></td><td></td><td></td><td></td><td></td></tr>
<tr><td>其他种类面层</td><td>5</td><td></td><td></td><td></td><td></td><td></td><td></td></tr>
<tr><td colspan="2">木格栅/mm</td><td>3</td><td></td><td></td><td></td><td></td><td></td><td></td></tr>
<tr><td colspan="3">施工单位检验评定结果</td><td colspan="9">质检合格。
项目专业质量检查员：　×××
××××年××月××日</td></tr>
<tr><td colspan="3">监理(建设)单位验收结论</td><td colspan="9">验收合格。
专业监理工程师：
(建设单位项目技术负责人)　×××
××××年××月××日</td></tr>
</table>

表 4.28　见证记录(表式 B3-3)

<table>
<tr><td>工程名称</td><td>××市××外环快速路</td><td>编　号</td><td></td></tr>
<tr><td>取样部位</td><td colspan="3">K2+770 ~ K2+798 桥头路基处理</td></tr>
<tr><td>样品名称</td><td>碎石</td><td>取样数量</td><td>3 组</td></tr>
<tr><td>取样地点</td><td>施工现场</td><td>取样日期</td><td>××××年××月××日</td></tr>
<tr><td colspan="4">见证记录:
K2+770 ~ K2+798 桥头路基处理　一层　压实系数≥0.90</td></tr>
<tr><td>有见证取样和送检印章</td><td colspan="3"></td></tr>
<tr><td>取样人员签字</td><td colspan="3">×××
日期:××××年××月××日</td></tr>
<tr><td>见证人员签字</td><td colspan="3">×××
日期:××××年××月××日</td></tr>
</table>

表 4.29　土壤压实度(灌砂法)检验报告(表式 C6-6)

<table>
<tr><td colspan="2">委托单位</td><td colspan="4">××建设集团××市政公司</td><td>报告编号</td><td colspan="2"></td></tr>
<tr><td colspan="2">建设单位</td><td colspan="4">××住建局</td><td>收样日期</td><td colspan="2">××××年××月××日</td></tr>
<tr><td colspan="2">工程名称</td><td colspan="4">××市××外环快速路</td><td>检验日期</td><td colspan="2">××××年××月××日</td></tr>
<tr><td colspan="2">监理单位</td><td colspan="4">××监理公司</td><td>最大干密度/(g·m^{-3})</td><td colspan="2">2.01</td></tr>
<tr><td colspan="2">试样名称</td><td colspan="4">碎石</td><td>最佳含水率/%</td><td colspan="2">5.4</td></tr>
<tr><td colspan="2">要求压实系数</td><td colspan="4">≥0.9</td><td>控制干密度/(g·m^{-3})</td><td colspan="2">1.81</td></tr>
<tr><td colspan="2">工程部位</td><td colspan="7">K2+770 ~ K2+798 桥头路基处理</td></tr>
<tr><td rowspan="2">步　数</td><td rowspan="2">点号</td><td>湿密度/(g·m^{-3})</td><td colspan="3">含水率/%</td><td>干密度/(g·m^{-3})</td><td rowspan="2">压实系数</td><td rowspan="2">桩　号</td></tr>
<tr><td>单值</td><td>次数</td><td>单值</td><td>平均值</td><td>单值</td></tr>
<tr><td rowspan="2">第一步</td><td rowspan="2">1</td><td rowspan="2">1.93</td><td>第一次</td><td>5.9</td><td rowspan="2">5.7</td><td rowspan="2">1.83</td><td rowspan="2">0.91</td><td rowspan="2">K2+790</td></tr>
<tr><td>第二次</td><td>5.4</td></tr>
<tr><td rowspan="2">第一步</td><td rowspan="2">2</td><td rowspan="2">1.97</td><td>第一次</td><td>6.9</td><td rowspan="2">6.8</td><td rowspan="2">1.84</td><td rowspan="2">0.92</td><td rowspan="2">K2+780</td></tr>
<tr><td>第二次</td><td>6.6</td></tr>
<tr><td rowspan="2">第一步</td><td rowspan="2">3</td><td rowspan="2">1.95</td><td>第一次</td><td>6.3</td><td rowspan="2">6.2</td><td rowspan="2">1.84</td><td rowspan="2">0.92</td><td rowspan="2">K2+770</td></tr>
<tr><td>第二次</td><td>6.0</td></tr>
<tr><td colspan="2">检验依据</td><td colspan="7">《土工试验方法标准》(GB/T 50123—2019)</td></tr>
<tr><td colspan="2">结　论</td><td colspan="7">经检测所有监测点都符合设计要求</td></tr>
<tr><td colspan="2">检验人</td><td colspan="2">×××</td><td>审核人</td><td>×××</td><td>负责人</td><td colspan="2">×××</td></tr>
<tr><td colspan="4">见证单位见证人及编号</td><td colspan="5"></td></tr>
<tr><td colspan="9">××检测有限公司
报告日期:××××年××月××日</td></tr>
</table>

任务5　支座分部工程资料编制

任务目标

通过本任务的学习，学生能够熟练填写市政桥梁工程支座分部工程施工资料的各种表格，能对市政桥梁工程支座施工资料进行整理和归档，并在实训过程中培养学生严格遵守规范、条例及规章制度的工作精神，培养其团队协作、诚实守信、爱岗敬业的职业道德。

4.5.1　支座分部工程需填报资料

在本案例中，根据施工工艺流程，支座分部工程施工资料填报顺序见表4.30。

表4.30　支座分部工程施工资料

序　号	程　序	所用表格
1	支座安装	报审/报验表(表式 B3-4-2)
		支座安装施工记录(表式 C5-28)
		支座安装验收批质量验收记录(表式 C7-22-1)
		高程测量成果表(表式 C5-8)
2	支座垫石 (混凝土浇筑)	报审/报验表(表式 B3-4-2)
		混凝土浇灌申请书(表式 C5-12-1)
		隐蔽工程检查验收记录(表式 C5-9)
		支座垫石检验批质量检验记录(表式 C7-22-2)
		高程测量成果表(表式 C5-8)
		混凝土浇灌申请书(表式 C5-12-1)
		混凝土浇筑记录(表式 C5-12-2)
		见证记录(表式 B3-3)
		混凝土试块抗压强度检验报告(表式 C6-18)
		商品混凝土合格证、配合比
3	挡块 (混凝土浇筑)	报审/报验表(表式 B3-4-2)
		挡块检验批质量检验记录(表式 C7-22-3)
		高程测量成果表(表式 C5-8)
		混凝土浇灌申请书(表式 C5-12-1)
		混凝土浇筑记录(表式 C5-12-2)
		见证记录(表式 B3-3)
		混凝土试块抗压强度检验报告(表式 C6-18)
		商品混凝土合格证、配合比

4.5.2 支座分部工程资料填写范例

以支座分部工程中支座安装为例，部分表格填写范例见表4.31—表4.34。

表4.31 支座安装报验申请表(表式B3-4-2)

<table>
<tr><td>工程名称</td><td>××市××外环快速路</td><td>编　号</td><td></td></tr>
<tr><td colspan="4">致:××监理公司(监理单位)
我单位已经完成了××桥U01联支座安装工作,现报上该工程报验申请表,请予以审查和验收。
附件:1. 支座安装施工记录
2. 支座安装验收批质量验收记录表
3. 高程测量成果表

承包单位(章):××建设集团××市政公司
项目经理:×××
日　期:××××年××月××日</td></tr>
<tr><td colspan="4">审核意见:
经审核,符合要求,同意报验。

项目监理机构(章):××监理公司××项目监理部
总/专业监理工程师:×××
日　期:××××年××月××日</td></tr>
</table>

表 4.32　支座安装施工记录(表式 C5-28)

<table>
<tr><td colspan="2">工程名称</td><td colspan="2">××市××外环快速路</td><td>编　号</td><td colspan="3"></td></tr>
<tr><td colspan="2">施工单位</td><td colspan="2">××建设集团××市政公司</td><td>时　间</td><td colspan="3">××××年××月××日</td></tr>
<tr><td colspan="2">质量证明号</td><td colspan="2"></td><td>生产厂家</td><td colspan="3"></td></tr>
<tr><td>序号</td><td>安装位置</td><td>支座类型</td><td>规　格</td><td>设计标高</td><td>实际标高</td><td>安装情况</td><td>备注</td></tr>
<tr><td>1</td><td>××桥 A0-1</td><td>摩擦摆减隔振球形支座</td><td></td><td>884.112</td><td>884.112</td><td>合格</td><td></td></tr>
<tr><td>2</td><td>××桥 A0-1</td><td>摩擦摆减隔振球形支座</td><td></td><td>884.112</td><td>884.112</td><td>合格</td><td></td></tr>
<tr><td>3</td><td>××桥墩 P1-1</td><td>摩擦摆减隔振球形支座</td><td></td><td>885.004</td><td>885.004</td><td>合格</td><td></td></tr>
<tr><td>4</td><td>××桥墩 P1-2</td><td>摩擦摆减隔振球形支座</td><td></td><td>885.004</td><td>885.004</td><td>合格</td><td></td></tr>
<tr><td>5</td><td>××桥墩 P2-1</td><td>摩擦摆减隔振球形支座</td><td></td><td>885.665</td><td>885.665</td><td>合格</td><td></td></tr>
<tr><td>6</td><td>××桥墩 P2-2</td><td>摩擦摆减隔振球形支座</td><td></td><td>885.665</td><td>885.665</td><td>合格</td><td></td></tr>
<tr><td>7</td><td>××桥墩 P3-1-1</td><td>摩擦摆减隔振球形支座</td><td></td><td>886.064</td><td>886.064</td><td>合格</td><td></td></tr>
<tr><td>8</td><td>××桥墩 P3-1-2</td><td>摩擦摆减隔振球形支座</td><td></td><td>886.064</td><td>886.064</td><td>合格</td><td></td></tr>
<tr><td></td><td></td><td></td><td></td><td></td><td></td><td></td><td></td></tr>
<tr><td></td><td></td><td></td><td></td><td></td><td></td><td></td><td></td></tr>
<tr><td></td><td></td><td></td><td></td><td></td><td></td><td></td><td></td></tr>
<tr><td></td><td></td><td></td><td></td><td></td><td></td><td></td><td></td></tr>
<tr><td colspan="2">施工项目技术负责人</td><td>×××</td><td>质量员</td><td>×××</td><td>记录人</td><td colspan="2">×××</td></tr>
</table>

表 4.33　支座安装验收批质量验收记录(表式 C7-22-1)

<table>
<tr><td colspan="3">工程名称</td><td colspan="4">××市××外环快速路</td><td colspan="2">验收部位</td><td colspan="4">××桥 U01 联</td></tr>
<tr><td colspan="3">分项工程名称</td><td colspan="4">支座安装</td><td colspan="2">施工班组长</td><td colspan="4">×××</td></tr>
<tr><td colspan="3">施工单位</td><td colspan="4">××建设集团××市政公司</td><td colspan="2">专业工长</td><td colspan="4">×××</td></tr>
<tr><td colspan="3">施工执行标准名称及编号</td><td colspan="4"></td><td colspan="2">项目经理</td><td colspan="4">×××</td></tr>
<tr><td colspan="6">质量验收规范规定的检查项目及验收标准</td><td colspan="5">施工单位检查评定记录</td><td colspan="2">监理(建设)单位验收记录</td></tr>
<tr><td rowspan="5">主控项目</td><td>1</td><td colspan="4">支座应进行进场检验</td><td colspan="5">支座已进场检验</td><td>合格</td><td></td></tr>
<tr><td>2</td><td colspan="4">支座安装前,应检查跨距、支座检孔位置和支座垫石顶面高程、平整度、坡度、坡向,确认符合设计要求</td><td colspan="5">支座安装前,已检查跨距、支座检孔位置和支座垫石顶面高程、平整度、坡度、坡向,确认符合设计要求</td><td>合格</td><td></td></tr>
<tr><td>3</td><td colspan="4">支座与梁底及垫石之间必须密贴,间隙不得大于0.3 mm。垫层材料和强度应符合设计要求</td><td colspan="5">支座与梁底及垫石之间密贴,间隙不大于0.3 mm。垫层材料和强度应符合设计要求</td><td>合格</td><td></td></tr>
<tr><td>4</td><td colspan="4">支座锚栓的埋置深度和外露长度应符合设计要求。支座锚栓应在其位置调整准确后固结,锚栓与孔之间隙必须填捣密实</td><td colspan="5">支座锚栓的埋置深度和外露长度符合设计要求。支座锚栓在其位置调整准确后固结,锚栓与孔之间隙填捣密实</td><td>合格</td><td></td></tr>
<tr><td>5</td><td colspan="4">支座的黏结灌浆和润滑材料应符合设计要求</td><td colspan="5">支座的黏结灌浆和润滑材料符合设计要求</td><td>合格</td><td></td></tr>
<tr><td rowspan="2">一般项目</td><td rowspan="2">1</td><td rowspan="2">支座安装允许偏差/mm</td><td>支座高程</td><td>±5</td><td>0</td><td>+1</td><td>0</td><td>+2</td><td>−1</td><td>0</td><td>合格</td><td></td></tr>
<tr><td>支座偏位</td><td>3</td><td>1</td><td>0</td><td>2</td><td>0</td><td>1</td><td>0</td><td>合格</td><td></td></tr>
<tr><td colspan="4">施工单位检查评定结论</td><td colspan="9">质检合格。
项目专业质量检查员：　×××
××××年××月××日</td></tr>
<tr><td colspan="4">监理(建设)单位验收结论</td><td colspan="9">验收合格。
专业监理工程师：　×××
(建设单位项目技术负责人)　××××年××月××日</td></tr>
</table>

表 4.34 高程测量成果表(表式 C5-8)

工程名称	××市××外环快速路				编　号		
施工单位	××建设集团××市政公司				时　间	××××年××月××日	
桩　号	后　视	仪　高	中　视	前　视	实测高	设计高	比　差
BM7	1.825	885.590				883.765	
××桥墩 P1-1 支座顶高程			0.586		885.004	885.004	0
BM7				1.826	883.764	883.765	-0.002
测量人	×××			复核人	×××		

任务6　桥跨承重结构分部工程资料编制

任务目标

通过本任务的学习,学生能够熟练填写市政桥梁工程桥跨承重结构分部工程施工资料的各种表格,能对市政桥梁工程桥跨承重结构施工资料进行整理和归档,并在实训过程中培养学生严格遵守规范、条例及规章制度的工作精神,培养其团队协作、诚实守信、爱岗敬业的职业道德。

4.6.1　桥跨承重结构分部工程需填报资料

悬臂法施工

在本案例中,根据施工工艺流程,桥跨承重结构分部工程施工资料填报顺序见表4.35。

表4.35　桥跨承重结构分部工程施工资料

序　号	程　序	所用表格
1	梁模板制作与安装	报审/报验表(表式B3-4-2)
		模板和拱架制作验收批质量验收记录(表式C7-37-5)
		模板和拱架安装验收批质量验收记录(表式C7-37-6)
	梁钢筋制作与安装	报审/报验表(表式B3-4-2)
		隐蔽工程检查验收记录(C5-9)
		钢筋制作验收批质量验收记录(表式C7-37-1)
		钢筋安装验收批质量验收记录表(表式C7-37-2)
	梁混凝土浇筑	报审/报验表(表式B3-4-2)
		支架上浇筑梁(板)验收批质量验收记录表(表式C7-24-1)
		高程测量成果表(表式C5-8)
		混凝土浇筑申请书(表式C5-12-1)
		混凝土浇筑记录(表式C5-12-2)
		见证记录(表式B3-3)
		混凝土试块强度检验报告(标养、同条件)(表式C6-18)
		商品混凝土合格证、配合比
2	预应力混凝土	报审/报验表(表式B3-4-2)
		隐蔽工程检查验收记录(表式C5-9)
		预应力验收批质量验收记录(钢筋后张法)(表式C7-24-2)
		后张法预应力张拉记录(表式C5-23)
		预应力孔道压浆验收批质量验收记录表(表式C7-24-3)

续表

序　号	程　序	所用表格
2	预应力混凝土	预应力张拉孔道压浆记录(表式 C5-24)
		预应力封锚验收批质量验收记录(表式 C7-24-4)
		见证记录(表式 B3-3)
		水泥净浆试块强度检测报告(表式 C6-63-2)
		混凝土浇筑申请书(表式 C5-12-1)
		混凝土浇筑记录(表式 C5-12-2)
		见证记录(表式 B3-3)
		混凝土试块强度检验报告(表式 C6-18)
		商品混凝土合格证、配合比

4.6.2　桥跨结构分部工程资料填写范例

以桥跨结构分部工程中的支架上浇筑混凝土梁、预应力混凝土的施工为例,部分特色表格填写范例见表 4.36—表 4.51。

1) 支架上浇筑混凝土资料填写范例

表 4.36　箱梁底板模板制作与安装报验申请表(表式 B3-4-2)

<table>
<tr><td>工程名称</td><td>××市××外环快速路</td><td>编　号</td><td></td></tr>
<tr><td colspan="4">致: ××监理公司 (监理单位)
我单位已经完成了××桥 U01 联箱梁底板模板制作与安装工作,现报上该工程报验申请表,请予以审查和验收。
附件:1. 模板支架和拱架制作验收批质量验收记录表
2. 模板支架和拱架安装验收批质量验收记录表
承包单位(章):××建设集团××市政公司
项目经理: ×××
日　期:××××年××月××日</td></tr>
<tr><td colspan="4">审核意见:
经审核,符合要求,同意报验。
项目监理机构(章):××监理公司××项目监理部
总/专业监理工程师 : ×××
日　期:××××年××月××日</td></tr>
</table>

表4.37　模板和拱架制作验收批质量验收记录(表式C7-35-5)

工程名称		××市××外环快速路				验收部位			××桥U01联箱梁底板							
分项工程名称		模板制作				施工班组长			×××							
施工单位		××建设集团××市政公司				专业工长			×××							
施工执行标准名称及编号			现行标准			项目经理			×××							
质量验收规范规定的检查项目及验收标准						施工单位检查评定记录									监理(建设)单位验收记录	
主控项目	1	模板、支架和拱架制作及安装应符合施工设计图(施工方案)的规定,且稳固牢靠,接缝严密,立柱基础有足够的支撑面和排水、防冻融措施				模板制作及安装符合施工设计图,且稳固牢靠,接缝严密									符合要求	
一般项目	1	模板制作允许偏差/mm	模板的长度和宽度		±5	−3	+5	−4	−3	+2					合格	
			不刨光模板相邻两板表面高低差		3	1	2	2	2	1					合格	
			刨光模板和相邻两板表面高低差		1										合格	
			平板模板表面最大的局部不平	刨光模板	3										合格	
				不刨光模板	5	2	3	2	5	3	2				合格	
			榫槽嵌接紧密度		2	2	1	1	1	2					合格	
施工单位检查评定结论			项目专业质量检查员:　质检合格。 ××× ××××年××月××日													
监理(建设)单位验收结论			专业监理工程师:　验收合格。 ×××(建设单位项目技术负责人) ×××× 年××月 ××日													

表 4.38　模板和拱架安装验收批质量验收记录(表式 C7-37-6)

工程名称	××市××外环快速路	验收部位	××桥 U01 联箱梁底板
分项工程名称	模板安装	施工班组长	×××
施工单位	××建设集团××市政公司	专业工长	×××
施工执行标准名称及编号	现行标准	项目经理	×××

质量验收规范规定的检查项目及验收标准						施工单位检查评定记录										监理(建设)单位验收记录	
主控项目	1	模板、支架和拱架制作及安装应符合施工设计图(施工方案)的规定,且稳固牢靠,接缝严密,立柱基础有足够的支撑面和排水、防冻融措施				模板、制作及安装符合施工设计图(施工方案)的规定,且稳固牢靠,接缝严密										合格	
一般项目	1	固定在模板上的预埋件、预留孔内模不得遗漏,且应安装牢固				模板上的预埋件、预留孔内模无遗漏,且应安装牢固										合格	
一般项目	2	模板、支架和拱架安装允许偏差/mm	相邻两板表面高低差		2	2	1	1	1	2	2	2				合格	
			表面平整度		3	2	1	1	2	2	1	1				合格	
			垂直度	墙柱	$H/1\ 000$,且≯6 ( )											合格	
				墩台	$H/500$,且≯20 ( )											合格	
				塔柱	$H/3\ 000$,且≯30 ( )											合格	
			模内尺寸	基础	±10											合格	
				墩、台	+5,-8											合格	
				梁、板、墙、柱、桩、拱	+3,-6	+1	+2	+1	-1	-3	-4	-2				合格	
			轴线偏位	基础	15											合格	
				墩、台、墙	10											合格	
				梁、柱、拱、塔柱	8	2	5	7	4	1	3	8				合格	
				悬浇各梁段	8											合格	
				横隔梁	5											合格	

续表

质量验收规范规定的检查项目及验收标准						施工单位检查评定记录										监理（建设）单位验收记录
一般项目	2	模板支架和拱架安装允许偏差/mm	轴线偏位	基础												合格
				墩、台、墙												合格
				梁、柱、拱、塔柱		2	5	7	4	1	2	5				合格
				悬浇各梁段												合格
				横隔梁												合格
			支撑面高程													合格
			悬浇各梁段底面高程													合格
			预埋件	支座板、锚垫板、连接板等	位置											
					平面高差											
				螺栓锚筋等	位置											
					外露长度											
			预留孔洞	预应力钢筋孔道位置（两端）												
				其他　位置	8	2	4	2	1	5	6	2				合格
				其他　孔径	+10,0	2	4	8	2	1	8	9				合格
			梁底模拱度		+5,-2	2	3	1								合格
			对角线差	板	7	2	5	6								合格
				墙板	5											
				桩	3											
			侧向弯曲	板、拱肋、桁架												
				柱、桩	L/1 000 且≯(10)											
				梁	L/2 000 且≯(10)											
			支架拱架	纵轴线的平面偏位	L/2 000 且≯(30)											
			拱架高程		+20,-10											
平均合格率/%						一般项目平均合格率:100										
施工单位检查评定结论						质检合格。 项目专业质量检查员：　×××　××××年××月××日										
监理（建设）单位验收结论						验收合格。 专业监理工程师：（建设单位项目技术负责人）　××× ××××年××月 ××日										

注：1. H 为构筑物高度（mm），L 为计算长度（mm）；

2. 支撑面高程是指模板底模上表面支撑混凝土面的高程。

表 4.39 梁底板钢筋制作与安装报验申请表(表式 C3-5-2)

<table>
<tr><td>工程名称</td><td>××市××外环快速路</td><td>编　号</td><td></td></tr>
<tr><td colspan="4">致:××监理公司(监理单位)
我单位已经完成了××桥 U01 联箱梁底板钢筋制作与安装工作,现报上该工程报验申请表,请予以审查和验收。
附件:1. 隐蔽工程检查验收与记录
2. 钢筋制作(钢筋网)验收批质量验收记录表
3. 钢筋制作(钢筋加工)验收批质量验收记录表
4. 钢筋安装验收批质量验收记录

承包单位(章):××建设集团××市政公司
项目经理:×××
日　　期:××××年××月××日</td></tr>
<tr><td colspan="4">审核意见:
经审核,符合要求,同意报验。

项目监理机构(章):××监理公司××项目监理部
总/专业监理工程师:×××
日　　期:××××年××月××日</td></tr>
</table>

表4.40　隐蔽工程检查验收记录(表式C5-9)

<table>
<tr><td>工程名称</td><td>××市××外环快速路</td><td>编　号</td><td></td></tr>
<tr><td>施工单位</td><td>××建设集团××市政公司</td><td>时　间</td><td>××××年××月××日</td></tr>
<tr><td>隐检项目</td><td>底板钢筋制作与安装</td><td>隐检范围</td><td>××桥U01联箱梁底板</td></tr>
<tr><td>隐检内容及检查情况</td><td colspan="3">隐检内容：
1. 受力钢筋的品种、规格、数量、位置
2. 钢筋的连接形式、接头位置、接头数量、接头百分率
3. 钢筋表面不得有裂纹、结疤、折叠、锈蚀和油污
检查情况：
1. 底板主筋采用Φ20
2. 钢筋的连接方式为机械连接，同一断面钢筋接头不超过该断面通过钢筋总面积的50%
3. 钢筋表面不得有裂纹、结疤、折叠、锈蚀和油污
检查人：×××
××××年××月××日</td></tr>
<tr><td>验收意见</td><td colspan="3">经检查，符合规范规定和设计要求，同意隐蔽，可进行下一道工序。
检查人：×××
××××年××月××日</td></tr>
<tr><td>监理验收意见</td><td colspan="3">经检查，符合规范规定和设计要求，同意隐蔽。
检查人：×××
××××年××月××日</td></tr>
<tr><td>监理工程师</td><td>施工项目技术负责人</td><td>质检员</td><td></td></tr>
<tr><td>×××</td><td>×××</td><td>×××</td><td></td></tr>
</table>

表 4.41 钢筋制作验收批质量验收记录表(表式 C7-37-1)

<table>
<tr><td colspan="3">工程名称</td><td colspan="4">××市××外环快速路</td><td colspan="4">验收部位</td><td colspan="6">××桥 U01 联箱梁底板</td></tr>
<tr><td colspan="3">分项工程名称</td><td colspan="4">钢筋制作</td><td colspan="4">施工班组长</td><td colspan="6">×××</td></tr>
<tr><td colspan="3">施工单位</td><td colspan="4">××集团××市政公司</td><td colspan="4">专业工长</td><td colspan="6">×××</td></tr>
<tr><td colspan="5">施工执行标准名称及编号</td><td colspan="2">现行标准</td><td colspan="4">项目经理</td><td colspan="6">×××</td></tr>
<tr><td colspan="5">质量验收规范规定的检查项目及验收标准</td><td colspan="10">施工单位检查评定记录</td><td colspan="2">监理(建设)单位验收记录</td></tr>
<tr><td rowspan="8">主控项目</td><td>1</td><td colspan="3">钢筋、焊条的品种、牌号、规格和技术性能必须符合国家现行标准规定和设计要求</td><td colspan="10">钢筋的品种、牌号、规格和技术要求符合设计要求</td><td>合格</td><td></td></tr>
<tr><td>2</td><td colspan="3">钢筋进场时,必须按批抽取试件做力学性能和工艺性能试验,其质量必须符合国家现行标准的规定</td><td colspan="10">符合设计要求</td><td>合格</td><td></td></tr>
<tr><td>3</td><td colspan="3">当钢筋出现脆断、焊接性能不良或力学性能显著不正常等现象时,应对该批钢筋进行化学成分检验或其他专项检验</td><td colspan="10">—</td><td>合格</td><td></td></tr>
<tr><td>4</td><td colspan="3">钢筋弯制和末端弯钩均应符合设计要求和本规范第 6.2.3 和第 6.2.4 条的规定</td><td colspan="10">钢筋弯制末端弯钩均符合设计要求</td><td>合格</td><td></td></tr>
<tr><td>5</td><td colspan="3">钢筋的连接形式必须符合设计要求</td><td colspan="10">钢筋的连接形式符合设计要求</td><td>合格</td><td></td></tr>
<tr><td>6</td><td colspan="3">钢筋接头位置、同一截面的接头数量、搭接长度应符合设计要求和本规范第 6.3.2 条和第 6.3.5 条的规定</td><td colspan="10">钢筋的接头位置、同一截面的接头数量、搭接长度符合设计规定</td><td>合格</td><td></td></tr>
<tr><td>7</td><td colspan="3">钢筋焊接接头质量应符合《钢筋焊接及验收规程》(JGJ 18—2012)的规定和设计要求</td><td colspan="10">—</td><td>合格</td><td></td></tr>
<tr><td>8</td><td colspan="3">HRB400 和 HRB500 带肋钢筋机械连接接头质量应符合《钢筋机械连接技术规程》(JGJ 107—2016)的规定和设计要求</td><td colspan="10">符合设计要求</td><td>合格</td><td></td></tr>
<tr><td rowspan="5">一般项目</td><td>1</td><td colspan="3">预埋件的规格、数量、位置等必须符合设计要求</td><td colspan="10">符合设计要求</td><td>合格</td><td></td></tr>
<tr><td>2</td><td colspan="3">钢筋表面不得有裂纹、结疤、折叠、锈蚀和油污,钢筋焊接接头表面不得有夹渣、焊瘤</td><td colspan="10">符合设计要求</td><td>合格</td><td></td></tr>
<tr><td rowspan="3">3</td><td rowspan="3">钢筋加工允许偏差/mm</td><td>受力钢筋顺长度方向全长的净尺寸</td><td>±10</td><td>+2</td><td>+4</td><td>−5</td><td>+8</td><td>−1</td><td>−4</td><td>−8</td><td>−6</td><td>−3</td><td></td><td>合格</td><td></td></tr>
<tr><td>弯起钢筋的弯折</td><td>±20</td><td></td><td></td><td></td><td></td><td></td><td></td><td></td><td></td><td></td><td></td><td>合格</td><td></td></tr>
<tr><td>箍筋内径尺寸</td><td>±5</td><td></td><td></td><td></td><td></td><td></td><td></td><td></td><td></td><td></td><td></td><td>合格</td><td></td></tr>
</table>

续表

质量验收规范规定的检查项目及验收标准					施工单位检查评定记录										监理(建设)单位验收记录	
一般项目	4	钢筋网允许偏差/mm	网的长、宽	±10	+3	+5	+8	+7	-4	-5	-2	-3	+6		合格	
			网眼尺寸	±10	+5	+4	-2	+3	-4	-6	+5	+7	-8		合格	
			网眼对角线差	15	5	8	9	4	3	5	9	6	7		合格	
平均合格率					一般项目平均合格率:100											
施工单位检查评定结论					质检合格。 项目专业质量检查员:　　××× ××××年××月××日											
监理(建设)单位验收结论					验收合格。 专业监理工程师: (建设单位项目技术负责人)　　××× ××××年××月××日											

表4.42　钢筋安装验收批质量验收记录表(表式C7-37-2)

工程名称	××市××外环快速路		验收部位	××桥U01联箱梁底板
分项工程名称	钢筋安装		施工班组长	×××
施工单位	××集团××市政公司		专业工长	×××
施工执行标准名称及编号		现行标准	项目经理	×××

质量验收规范规定的检查项目及验收标准			施工单位检查评定记录	监理(建设)单位验收记录	
主控项目	1	钢筋的连接形式必须符合设计要求	符合设计要求	合格	
	2	钢筋接头位置、同一截面的接头数量、搭接长度应符合设计要求和本规范第6.3.2条和第6.3.5条的规定	钢筋接头位置、数量搭接长度符合要求	合格	
	3	钢筋焊接接头质量应符合《钢筋焊接及验收规程》(JGJ 18—2012)的规定和设计要求	—	合格	
	4	HRB400和HRB500带肋钢筋机械连接接头质量应符合《钢筋机械连接技术规程》(JGJ 107—2016)的规定和设计要求	符合设计要求	合格	
	5	钢筋安装时,其品种、规格、数量、形状,必须符合设计要求	符合设计要求	合格	

续表

质量验收规范规定的检查项目及验收标准							施工单位检查评定记录									监理(建设)单位验收记录	
一般项目	1	预埋件的规格、数量、位置等必须符合设计要求					符合设计要求									合格	
	2	钢筋表面不得有裂纹、结疤、折叠、锈蚀和油污，钢筋焊接接头表面不得有夹渣、焊瘤					钢筋表面无裂纹、结疤、折叠、锈蚀和油污									合格	
	3	钢筋成型和安装允许偏差/mm	受力钢筋间距	两排以上排距		±5										合格	
				同排	梁板、拱肋	±10	+6	−7	−9	+2	+9	+4	+3	+8	−4	合格	
					基础、墩台柱	±20										合格	
				灌注桩		±20										合格	
			箍筋、横向水平筋、螺旋筋间距			±10	+2	+5	+9	+5	+6	+8	+2	+6	−1	合格	
			钢筋骨架尺寸	长		±10	+6	−1	−4	−8	−6					合格	
				宽、高或直径		±5	+6	+9	−8	+3	+5	+8	+9	+4	+8	合格	
			弯起钢筋位置			±20	+4	−2	−1	−3	−4	+2	+1	−2	−4	合格	
			钢筋保护层厚度	墩台、基础		±10										合格	
				梁、柱、桩		±5										合格	
				板、墙		±3	+3	+1	+2	−1	−3	+2	+2	+1	+1	合格	
平均合格率/%							一般项目平均合格率：100										
施工单位检查评定结论							质检合格。 项目专业质量检查员：　××× ××××年××月××日										
监理(建设)单位验收结论							验收合格。 专业监理工程师：　××× (建设单位项目技术负责人) ××××年××月××日										

2）预应力混凝土资料填写范例

表4.43　预应力混凝土报验申请表（表式B3-4-2）

<table>
<tr><td>工程名称</td><td>××市××外环快速路</td><td>编　号</td><td></td></tr>
<tr><td colspan="4">致：××监理公司（监理单位）
我单位已经完成了××桥U01联预应力混凝土工作，现报上该工程报验申请表，请予以审查和验收。
附件：1. 隐蔽工程检查记录
2. 预应力验收批质量验收记录表
3. 后张法预应力张拉记录表
4. 预应力孔道压浆验收批质量验收记录表
5. 预应力张拉孔道压浆记录表
6. 预应力封锚验收批质量验收记录表
7. 水泥净浆试块强度检验报告

承包单位（章）：××建设集团××市政公司
项目经理：×××
日　　期：××××年××月××日</td></tr>
<tr><td colspan="4">审核意见：

经审核，符合要求，同意报验。

项目监理机构（章）：××监理公司××项目监理部
总/专业监理工程师：×××
日　　期：××××年××月××日</td></tr>
</table>

动画：后张法预应力

表 4.44　隐蔽工程检查验收记录(表式 C5-9)

<table>
<tr><td>工程名称</td><td>××市××外环快速路</td><td>编　号</td><td></td></tr>
<tr><td>施工单位</td><td>××建设集团××市政公司</td><td>时　间</td><td>××××年××月××日</td></tr>
<tr><td>隐检项目</td><td>预应力</td><td>隐检范围</td><td>××桥 U01 联</td></tr>
<tr><td>隐检内容及检查情况</td><td colspan="3">隐检内容:
1. 混凝土质量检查应符合有关规定
2. 预应力筋、锚具、夹具进场时,应对其质量证明文件、包装、标志和规格进行检验
3. 预应力钢筋的品种、数量、规格必须符合设计要求
4. 预应力筋张拉和放张时,混凝土强度必须符合设计规定
5. 孔道压浆的水泥浆强度必须符合设计规定,压浆时排气孔、排水孔应有水泥浆溢出,埋设在结构内的锚具,压浆后及时浇筑封锚混凝土。封锚混凝土的强度必须符合设计规定
检查情况:
1. 混凝土质量检查符合有关规定
2. 预应力筋、锚具、夹具进场时,已对其质量证明文件、包装、标志和规格进行检验
3. 预应力筋的品种、数量、规格符合设计要求
4. 预应力筋张拉和放张时,混凝土强度符合设计规定
5. 孔道压浆的水泥浆强度符合设计规定,压浆时排气孔、排水孔有水泥浆溢出。埋设在结构内的锚具,压浆后及时浇筑封锚混凝土。封锚混凝土的强度符合设计规定
检查人:×××
××××年××月××日</td></tr>
<tr><td>验收意见</td><td colspan="3">经检查,符合规范规定和设计要求,同意隐蔽,可进行下一道工序。
检查人:×××
××××年××月××日</td></tr>
<tr><td>监理验收意见</td><td colspan="3">经检查,符合规范规定和设计要求,同意隐蔽。
检查人:×××
××××年××月××日</td></tr>
<tr><td>监理工程师</td><td>施工项目技术负责人</td><td>质检员</td><td></td></tr>
<tr><td>×××</td><td>×××</td><td>×××</td><td></td></tr>
</table>

表4.45　预应力验收批质量验收记录(表式C7-24-2)

<table>
<tr><td colspan="3">工程名称</td><td colspan="7">××市××外环快速路</td><td colspan="3">验收部位</td><td colspan="5">××桥U01联</td></tr>
<tr><td colspan="3">分项工程名称</td><td colspan="7">预应力</td><td colspan="3">施工班组长</td><td colspan="5">×××</td></tr>
<tr><td colspan="3">施工单位</td><td colspan="7">××建设集团××市政公司</td><td colspan="3">专业工长</td><td colspan="5">×××</td></tr>
<tr><td colspan="5">施工执行标准名称及编号</td><td colspan="5">现行标准</td><td colspan="3">项目经理</td><td colspan="5">×××</td></tr>
<tr><td colspan="10">质量验收规范规定的检查项目及验收标准</td><td colspan="6">施工单位检查评定记录</td><td colspan="2">监理(建设)
单位验收记录</td></tr>
<tr><td rowspan="20">主控项目</td><td>1</td><td colspan="8">混凝土质量检验应符合有关规定</td><td colspan="6">混凝土质量检验符合要求</td><td>合格</td><td></td></tr>
<tr><td>2</td><td colspan="8">预应力筋进场时,应对其质量证明文件、包装、标志和规格进行检验</td><td colspan="6">预应力筋进场时,已对其质量证明文件、包装、标志和规格进行检验</td><td>合格</td><td></td></tr>
<tr><td>3</td><td colspan="8">预应力筋锚具、夹具和连接器应符合《预应力筋用锚具、夹具和连接器》(GB/T 14370—2015)和《预应力筋用锚具、夹具和连接器应用技术规程》(JGJ 85—2010)的规定。进场时,应对其质量证明文件、型号、规格等进行检验</td><td colspan="6">预应力筋锚具、夹具符合国家现行标准的规定。进场时,已对其质量证明文件、型号、规格等进行检验</td><td>合格</td><td></td></tr>
<tr><td>4</td><td colspan="8">预应力筋的品种、规格、数量必须符合设计要求</td><td colspan="6">预应力筋的品种、规格、数量符合设计要求</td><td>合格</td><td></td></tr>
<tr><td>5</td><td colspan="8">预应力筋张拉和放张时,混凝土强度必须符合设计规定;设计无规定时,不得低于设计强度的75%</td><td colspan="6">预应力筋张拉和放张时,混凝土强度符合设计规定</td><td>合格</td><td></td></tr>
<tr><td rowspan="15">6</td><td rowspan="15">预应力筋张拉允许偏差/mm</td><td rowspan="10">管道坐标</td><td rowspan="5">梁长方向</td><td rowspan="5">30</td><td>20</td><td>22</td><td>26</td><td>14</td><td>13</td><td>18</td><td>15</td><td>22</td><td>24</td><td>29</td><td rowspan="5">合格</td><td rowspan="5"></td></tr>
<tr><td>14</td><td>18</td><td>22</td><td>24</td><td>29</td><td>18</td><td>17</td><td>15</td><td>13</td><td>25</td></tr>
<tr><td>15</td><td>23</td><td>11</td><td>18</td><td>15</td><td>22</td><td>24</td><td>11</td><td>18</td><td>15</td></tr>
<tr><td>28</td><td>16</td><td>29</td><td>18</td><td>17</td><td>15</td><td>13</td><td>19</td><td>13</td><td>27</td></tr>
<tr><td>27</td><td>11</td><td>18</td><td>15</td><td>22</td><td>24</td><td>29</td><td>10</td><td>14</td><td>22</td></tr>
<tr><td rowspan="5">梁高方向</td><td rowspan="5">10</td><td>9</td><td>7</td><td>5</td><td>3</td><td>4</td><td>5</td><td>4</td><td>6</td><td>13</td><td>1</td><td rowspan="5">合格</td><td rowspan="5"></td></tr>
<tr><td>5</td><td>6</td><td>6</td><td>2</td><td>5</td><td>8</td><td>3</td><td>1</td><td>5</td><td>2</td></tr>
<tr><td>10</td><td>3</td><td>4</td><td>1</td><td>5</td><td>10</td><td>3</td><td>2</td><td>7</td><td>3</td></tr>
<tr><td>5</td><td>3</td><td>4</td><td>5</td><td>2</td><td>4</td><td>5</td><td>4</td><td>1</td><td>5</td></tr>
<tr><td>6</td><td>2</td><td>5</td><td>8</td><td>2</td><td>3</td><td>7</td><td>10</td><td>7</td><td>2</td></tr>
<tr><td rowspan="5">管道间距</td><td rowspan="5">同排</td><td rowspan="5">10</td><td>8</td><td>3</td><td>1</td><td>5</td><td>2</td><td>2</td><td>9</td><td>3</td><td>4</td><td>3</td><td rowspan="5">合格</td><td rowspan="5"></td></tr>
<tr><td>6</td><td>8</td><td>10</td><td>3</td><td>4</td><td>1</td><td>5</td><td>10</td><td>3</td><td>2</td></tr>
<tr><td>4</td><td>1</td><td>5</td><td>10</td><td>3</td><td>2</td><td>7</td><td>2</td><td>3</td><td>1</td></tr>
<tr><td>5</td><td>4</td><td>6</td><td>3</td><td>1</td><td>8</td><td>3</td><td>5</td><td>5</td><td>5</td></tr>
<tr><td>6</td><td>1</td><td>5</td><td>10</td><td>3</td><td>7</td><td>5</td><td>2</td><td>7</td><td>8</td></tr>
</table>

续表

质量验收规范规定的检查项目及验收标准						施工单位检查评定记录										监理(建设)单位验收记录	
主控项目	6	预应力筋张拉允许偏差/mm	管道间距	上下排	10	5	3	4	5	2	4	5	4	1	5	合格	
						6	2	5	8	2	3	7	10	7	2		
						8	3	1	5	2	2	9	3	4	3		
						6	8	10	3	4	1	5	10	3	2		
						4	1	5	10	3	2	7	2	3	1		
			张拉应力值		符合设计要求	符合设计要求										合格	
			张拉伸长力		±6%	符合设计要求										合格	
			断丝滑丝数	钢束	每束一丝，且每断面不超过钢丝总数的1%	符合设计要求										合格	
				钢筋	不允许											合格	
一般项目	1	预应力筋使用前应进行外观质量检查，不得有弯折、表面不得有裂纹、毛刺、机械损伤、氧化铁锈、油污等				预应力筋使用前进行了外观质量检查，无有弯折、表面不得有裂纹、毛刺、机械损伤、氧化铁锈、油污等										合格	
	2	预应力筋锚具、夹具和连接器使用前应进行外观质量检查，表面不得有裂纹、机械损伤、锈蚀、油污等				预应力筋锚具、夹具和连接器使用前进行了外观质量检查，表面无有裂纹、机械损伤、锈蚀、油污等										合格	
	3	预应力混凝土用金属螺旋管使用前应按《预应力混凝土用金属波纹管》(JG/T 225—2020)的规定进行检验														合格	
平均合格率/%						平均合格率100%											
施工单位检查评定结果						质检合格。 项目专业质量检查员：××× ××××年××月××日											
监理(建设)单位验收结论						验收合格。 专业监理工程师： (建设单位项目技术负责人)××× ××××年××月××日											

表4.46　后张法预应力张拉记录(表式C5-23)

工程名称	××市××外环快速路			编　号			
				时　间	××××年××月××日		
施工单位	××建设集团××市政公司			结构单位	××市政工程设计院		
构件编号	腹板	钢束种类	钢绞线	钢束规格	$\Phi^{S}15.2\text{-}19$	钢筋弹模/MPa	1.95×10^{5}
千斤顶编号	5	油压表编号	2478	锚具名称	YM15-19	限位块槽深/mm	7
设计控制压力/MPa	1 860	(放张)张拉时强度/(MPa·龄期$^{-1}$)			61.3 MPa/10 d	张拉日期	

序号	记录数据项目												
	钢束编号												
	钢束力度												
	设计张拉力/MPa												
	张拉端	W1-1(北)		W1-1(南)		W1-2(北)		W1-2(南)		W1-3(北)		W1-3(南)	
1	初应力时读数(油表读数/尺读)/(MPa·mm^{-1})	4.07	77	4.07	74	4.07	81	4.07	40	4.07	46	4.07	60
2	两倍初应力时读数(同上)/(MPa·m^{-1})	8.37	120	8.37	115	8.37	120	8.37	58	8.37	63	8.37	70
3	50%(前)/(MPa·mm^{-1})	21.29	148	21.29	145	21.29	165	21.29	151	21.29	146	21.29	147
4	50%(后)/(MPa·mm^{-1})	21.29	15	21.29	16	21.29	16	21.29	12	21.29	13	21.29	15
5	终应力时读数(油表读数/尺读)/(MPa·mm^{-1})	42.81	173	42.81	179	42.81	175	42.81	167	42.81	152	42.81	170
6	工具夹片位移量/mm：初应力时夹片外露量	4		4		3		3		4		4	
7	工具夹片位移量/mm：终应力时夹片外露量	1		1		0		0		1		1	
8	工具夹片位移量/mm：位移量(序7-8)	3		3		3		3		3		3	
9	回油(安装)前油表读数												
10	安装时应力偏差[序号10—序号5/序号5]/%												
11	钢束理论延伸量/ma	270		270		270		270		270		270	
12	千斤顶段钢束理论延伸量/mn	2.3		2.3		2.3		2.3		2.3		2.3	
13	张拉束实际延伸量/m	266.7		269.7		276.7		278.7		250.7		246.7	

续表

序号	记录数据项目							
		钢束编号						
		钢束力度						
		设计张拉力/MPa						
		张拉端	W1-1(北)	W1-1(南)	W1-2(北)	W1-2(南)	W1-3(北)	W1-3(南)
14	安装时延长量[序号14—序号12/序号12]/%							
15	油压表回“0”时尺读数/mm							
16	回缩量(序号5—序号16—序号13)/mm							
17	工作夹片外露量/mm		2	3	2	2	3	2

表4.47　预应力孔道压浆验收批质量验收记录表(表式C7-24-3)

工程名称		××市××外环快速路		验收部位	××桥 U01 联预应力孔道压浆	
分项工程名称		预应力孔道压浆		施工班组长	×××	
施工单位		××建设集团××市政公司		专业工长	×××	
施工执行标准名称及编号			现行标准	项目经理	×××	
质量验收规范规定的检查项目及验收标准			施工单位检查评定记录		监理(建设)单位验收记录	
主控项目	1	孔道压浆的水泥浆强度必须符合设计规定，压浆时排气孔、排水孔应有水泥浆溢出	孔道压浆的水泥浆强度符合设计规定，压浆时排气孔排水孔有水泥浆溢出		合格	
平均合格率/%			平均合格率：100%			
施工单位检查评定结论			质检合格。 项目专业质量检查员：　××× ××××年××月××日			
监理(建设)单位验收结论			验收合格。 专业监理工程师：　××× (建设单位项目技术负责人) ××××年××月××日			

表4.48　预应力张拉孔道压浆记录(表式C5-24)

<table>
<tr><td colspan="2">工程名称</td><td colspan="4">××市××外环快速路</td><td>编　号</td><td colspan="3"></td></tr>
<tr><td colspan="2">施工单位</td><td colspan="4">××建设集团××市政公司</td><td>日　期</td><td colspan="3">××××年××月××日</td></tr>
<tr><td>孔道编号</td><td>起止时间</td><td>压强/MPa</td><td>水泥品种及等级</td><td>水灰比</td><td>冒浆情况</td><td>水泥浆用量/kg</td><td>气温/℃</td><td>净浆温/℃</td><td>28 d水泥浆试件强度</td></tr>
<tr><td>T2-5</td><td>19:25—19:30</td><td>0.65</td><td>P.O 42.5</td><td>0.26</td><td>正常</td><td>165.6</td><td>17</td><td>19</td><td>56.3 MPa</td></tr>
<tr><td>T2-6</td><td>19:30—19:35</td><td>0.64</td><td>P.O 42.5</td><td>0.26</td><td>正常</td><td>119.6</td><td>17</td><td>19</td><td>56.3 MPa</td></tr>
<tr><td>T1-6</td><td>19:35—19:40</td><td>0.63</td><td>P.O 42.5</td><td>0.26</td><td>正常</td><td>19.6</td><td>17</td><td>19</td><td>56.3 MPa</td></tr>
<tr><td>B2-5</td><td>19:40—19:45</td><td>0.65</td><td>P.O 42.5</td><td>0.26</td><td>正常</td><td>250.7</td><td>17</td><td>19</td><td>56.3 MPa</td></tr>
<tr><td>B2-6</td><td>19:45—19:50</td><td>0.64</td><td>P.O 42.5</td><td>0.26</td><td>正常</td><td>250.7</td><td>17</td><td>19</td><td>56.3 MPa</td></tr>
<tr><td>T3-6</td><td>19:50—19:55</td><td>0.62</td><td>P.O 42.5</td><td>0.26</td><td>正常</td><td>250.7</td><td>17</td><td>19</td><td>56.3 MPa</td></tr>
<tr><td>T3-7</td><td>19:55—20:00</td><td>0.68</td><td>P.O 42.5</td><td>0.26</td><td>正常</td><td>250.7</td><td>17</td><td>19</td><td>56.3 MPa</td></tr>
<tr><td>T3-8</td><td>20:00—20:05</td><td>0.63</td><td>P.O 42.5</td><td>0.26</td><td>正常</td><td>250.7</td><td>17</td><td>19</td><td>56.3 MPa</td></tr>
<tr><td>B2-7</td><td>20:05—20:10</td><td>0.65</td><td>P.O 42.5</td><td>0.26</td><td>正常</td><td>250.7</td><td>17</td><td>19</td><td>56.3 MPa</td></tr>
<tr><td>B2-8</td><td>20:10—20:15</td><td>0.66</td><td>P.O 42.5</td><td>0.26</td><td>正常</td><td>250.7</td><td>17</td><td>19</td><td>56.3 MPa</td></tr>
<tr><td></td><td></td><td></td><td></td><td></td><td></td><td></td><td></td><td></td><td></td></tr>
<tr><td></td><td></td><td></td><td></td><td></td><td></td><td></td><td></td><td></td><td></td></tr>
<tr><td></td><td></td><td></td><td></td><td></td><td></td><td></td><td></td><td></td><td></td></tr>
<tr><td></td><td></td><td></td><td></td><td></td><td></td><td></td><td></td><td></td><td></td></tr>
<tr><td></td><td></td><td></td><td></td><td></td><td></td><td></td><td></td><td></td><td></td></tr>
<tr><td></td><td></td><td></td><td></td><td></td><td></td><td></td><td></td><td></td><td></td></tr>
<tr><td colspan="2">监理工程师</td><td>×××</td><td colspan="2">施工项目技术负责</td><td>×××</td><td>质量员</td><td>×××</td><td>记录人</td><td>×××</td></tr>
</table>

表 4.49　预应力封锚验收批质量验收记录(表式 C7-24-4)

工程名称	××市××外环快速路	验收部位	××桥 U01 联预应力封锚
分项工程名称	预应力封锚	施工班组长	×××
施工单位	××建设集团××市政公司	专业工长	×××
施工执行标准名称及编号	现行标准	项目经理	×××

质量验收规范规定的检查项目及验收标准				施工单位检查评定记录	监理(建设)单位验收记录
主控项目	1	埋设在结构内的锚具,压浆后应及时浇筑封锚混凝土。封锚混凝土的强度等级应符合设计要求。不宜低于结构混凝土强度等级的 80%,且不得低于 30 MPa		埋设在结构内的锚具,压浆后及时浇筑封锚混凝土。封锚混凝土的强度等级符合设计要求	合格

一般项目	2	锚固阶段张拉端预应力筋的内缩量允许值/mm	支承式锚具(墩头锚、带有螺丝端杆的锚具等)	1											
			锥塞式锚具	5											
			夹片式锚具	5	2	3	1	1	2	2	1	4	4	5	合格
					3	1	2	1	1	2	3	2	3	2	
					4	5	4	2	1	3	2	1	2	4	
					2	1	1	3	2	3	3	3	1	2	
			每块后加的锚具垫板	1	0	0	0	1	1	0	1	0	0	1	合格
					1	1	0	1	0	0	1	0	1	1	
					0	0	1	1	0	1	0	0	1	0	
					1	1	0	1	0	1	0	0	1	1	
平均合格率/%					一般项目平均合格率:100%										
施工单位检查评定结论					质检合格。 项目专业质量检查员:　××× ××××年××月××日										
监理(建设)单位验收结论					验收合格。 专业监理工程师:　××× (建设单位项目技术负责人) ××××年××月××日										

表 4.50　见证记录(表式 B3-3)

<table>
<tr><td>工程名称</td><td colspan="3">××市××外环快速路</td><td>编　号</td><td></td></tr>
<tr><td>取样部位</td><td colspan="5">××桥 U01 联预应力管道压浆</td></tr>
<tr><td>样品名称</td><td colspan="3">管道压浆料</td><td>取样数量</td><td>3 组</td></tr>
<tr><td>取样地点</td><td colspan="3">施工现场</td><td>取样日期</td><td>××××年××月××日</td></tr>
<tr><td colspan="6">见证记录:
序号　名称　试件尺寸　养护条件　取样数量　使用部位
1　管道压浆料　40 mm×20 mm×160 mm　标准养护　3 组　U01 联</td></tr>
<tr><td colspan="2">有见证取样和送检印章</td><td colspan="4"></td></tr>
<tr><td colspan="2">取样人员签字</td><td colspan="4">×××
日期:××××年××月××日</td></tr>
<tr><td colspan="2">见证人员签字</td><td colspan="4">×××
日期:××××年××月××日</td></tr>
</table>

表 4.51　水泥净浆试块强度检测报告(表式 C6-63-2)

<table>
<tr><td>委托单位</td><td colspan="5">××建设集团××市政公司</td><td colspan="2">收样日期</td><td colspan="2">××××年××月××日</td></tr>
<tr><td>建设单位</td><td colspan="5">××住建局</td><td colspan="2">监理单位</td><td colspan="2">××监理公司</td></tr>
<tr><td>工程名称</td><td colspan="5">××市××外环快速路</td><td colspan="2">报告编号</td><td colspan="2">××××××</td></tr>
<tr><td>工程部位</td><td colspan="9">××桥 U01 联(A0-P3) 预应力管道压浆</td></tr>
<tr><td>制作日期</td><td colspan="4">××××年××月××日</td><td colspan="2">样品状态</td><td colspan="3">与标准要求状态无偏离</td></tr>
<tr><td>龄　期</td><td colspan="4">28 d</td><td colspan="2">养护条件</td><td colspan="3">标准养护</td></tr>
<tr><td>试件尺寸/mm</td><td colspan="4">40×40×160</td><td colspan="2">受压面积/mm^2</td><td colspan="3">1 600</td></tr>
<tr><td rowspan="12">强度/MPa</td><td rowspan="2">3 d 抗折</td><td rowspan="2">≥5</td><td colspan="2"></td><td colspan="2"></td><td colspan="2"></td><td rowspan="2"></td></tr>
<tr><td colspan="6"></td></tr>
<tr><td rowspan="2">7 d 抗折</td><td rowspan="2">≥26</td><td colspan="2"></td><td colspan="2"></td><td colspan="2"></td><td rowspan="2"></td></tr>
<tr><td colspan="6"></td></tr>
<tr><td rowspan="2">28 d 抗折</td><td rowspan="2">≥10</td><td colspan="2">11.1</td><td colspan="2">11.2</td><td colspan="2">10.7</td><td rowspan="2">合格</td></tr>
<tr><td colspan="6">11.0</td></tr>
<tr><td rowspan="2">3 d 抗压</td><td rowspan="2">≥20</td><td></td><td></td><td></td><td></td><td></td><td></td><td rowspan="2"></td></tr>
<tr><td colspan="6"></td></tr>
<tr><td rowspan="2">7 d 抗压</td><td rowspan="2">≥40</td><td></td><td></td><td></td><td></td><td></td><td></td><td rowspan="2"></td></tr>
<tr><td colspan="6"></td></tr>
<tr><td rowspan="2">28 d 抗压</td><td rowspan="2">≥50</td><td>55.8</td><td>57.2</td><td>56.4</td><td>55.9</td><td>57.4</td><td>54.6</td><td rowspan="2">合格</td></tr>
<tr><td colspan="6">56.2</td></tr>
<tr><td colspan="2">检验依据</td><td colspan="8">《公路桥涵施工技术规范》(JTG/T 3650—2020)</td></tr>
<tr><td colspan="2">备　注</td><td colspan="8"></td></tr>
<tr><td colspan="2">检验人</td><td colspan="4">×××</td><td colspan="2">审核人</td><td colspan="2">×××</td></tr>
<tr><td colspan="2">×××</td><td colspan="8">××检测公司(章)　　　　×××</td></tr>
<tr><td colspan="2">见证单位及见证员</td><td colspan="8">××××公司　　　　×××</td></tr>
<tr><td colspan="10">报告日期：××××年××月××日</td></tr>
</table>

3)混凝土浇筑申请书

混凝土浇筑申请书见表 4.52。

表 4.52　混凝土浇筑申请书

<table>
<tr><td rowspan="2">工程名称</td><td rowspan="2">××市××外环快速路</td><td>编　号</td><td></td></tr>
<tr><td>申请浇灌日期</td><td>××××年××月××日</td></tr>
<tr><td>申请浇筑部位</td><td>××桥 U01 联箱梁顶板</td><td>申请土方/m^3</td><td>930.3</td></tr>
<tr><td>技术要求/mm</td><td>180±20</td><td>强度等级</td><td>C55</td></tr>
<tr><td>技术要求(搅拌站名称)</td><td>商品混凝土</td><td>申请人</td><td>×××</td></tr>
<tr><td colspan="4">依据:施工图纸(施工图纸号<u>　桥梁 12-001</u>)
设计变更/洽谈(编号____________________)和有关规范,规程。</td></tr>
<tr><td colspan="2">施工准备检查</td><td>专业工长(质量员)签字</td><td>备　注</td></tr>
<tr><td colspan="2" rowspan="6">1. 隐检情况:　☑已　□未　完成隐检
2. 模板检验批:　☑已　□未　完成验收
3. 水电预埋情况:　☑已　□未　完成检验
4. 施工组织情况:　☑已　□未　准备
5. 机械设备准备情况:　☑已　□未　准备
6. 保温及有关准备:　☑已　□未　准备</td><td>×××</td><td></td></tr>
<tr><td>×××</td><td></td></tr>
<tr><td>×××</td><td></td></tr>
<tr><td>×××</td><td></td></tr>
<tr><td>×××</td><td></td></tr>
<tr><td>×××</td><td></td></tr>
<tr><td colspan="2"></td><td></td><td></td></tr>
<tr><td colspan="4">审批意见:原材料、机械设备及施工人员已就位
施工方案及技术交底已落实
计量设备已准备完毕
各种隐检、水电预埋工作已完成
具备浇筑条件
审批结论:　(☑同意浇筑　□整改后自行浇筑　□不同意,整改后重新申请)
审批人:×××　审批日期:××××年××月××日
施工单位名称:×××建设集团市政公司</td></tr>
</table>

4)混凝土浇筑记录

混凝土浇筑记录见表4.53。

表4.53　混凝土浇筑记录

<table>
<tr><td colspan="2">工作名称</td><td colspan="6">×××市××外环快速路</td><td colspan="2">编　号</td><td colspan="2"></td></tr>
<tr><td colspan="2">施工单位</td><td colspan="4">××建设集团市政公司</td><td colspan="2">浇筑部位</td><td colspan="4">××桥 U01 联箱梁顶板</td></tr>
<tr><td colspan="2">浇筑日期</td><td colspan="2">××××年××月××日</td><td colspan="2">天气情况</td><td colspan="3">晴</td><td>室外气温/℃</td><td colspan="2">30</td></tr>
<tr><td colspan="2">设计强度等级/MP</td><td colspan="4">C55</td><td colspan="4">钢筋模板验收负责人</td><td colspan="2">×××</td></tr>
<tr><td rowspan="4">混凝土拌制方法</td><td colspan="2" rowspan="2">商品混凝土</td><td colspan="2">供料厂名</td><td colspan="5">×××混凝土有限公司</td><td colspan="2"></td></tr>
<tr><td colspan="2">强度等级/MPa</td><td colspan="2">C40</td><td colspan="3">配合比编号</td><td colspan="2"></td></tr>
<tr><td colspan="2">现场拌和</td><td colspan="2">强度等级/MPa</td><td colspan="2">—</td><td colspan="3">配合比编号</td><td colspan="2">—</td></tr>
<tr><td colspan="2">实测坍落度/cm</td><td colspan="2">17.3</td><td colspan="2">出盘温度/℃</td><td colspan="3">21</td><td>入模温度/℃</td><td>23</td></tr>
<tr><td colspan="3">混凝土完成数量/m³</td><td colspan="4">931</td><td colspan="3">完成时间</td><td colspan="2"></td></tr>
<tr><td colspan="3">试块留置</td><td colspan="2">数量/组</td><td colspan="2">4</td><td colspan="3">编　号</td><td colspan="2"></td></tr>
<tr><td colspan="3">标　养</td><td colspan="9">10</td></tr>
<tr><td colspan="3">有见证</td><td colspan="9">19</td></tr>
<tr><td colspan="3">同条件</td><td colspan="9">9</td></tr>
<tr><td colspan="3">混凝土浇筑中出现的问题及方法</td><td colspan="9">无</td></tr>
<tr><td colspan="2">质量员</td><td colspan="2">×××</td><td colspan="2">记录员</td><td colspan="2">×××</td><td colspan="2">填表日期</td><td colspan="2">××××年××月××日</td></tr>
</table>

5）见证记录

见证记录见表4.54。

表4.54　见证记录（表式 B3-3）

<table>
<tr><td>工程名称</td><td>××市城××外环快速路</td><td>编　号</td><td></td></tr>
<tr><td>取样部位</td><td colspan="3">××桥 U01 联箱梁顶板</td></tr>
<tr><td>样品名称</td><td>28 d 混凝土试块</td><td>取样数量</td><td>10 组</td></tr>
<tr><td>取样地点</td><td>施工现场</td><td>取样日期</td><td>××××年××月××日</td></tr>
<tr><td colspan="4">见证记录：1. 混凝土设计强度等级：C40
2. 混凝土试块规格：150 mm×150 mm×150 mm
3. 共计浇筑：931 m³
4. 取样数量：10 组
5. 养护条件；标准养护
6. 使用部位：××桥 U01 联箱梁顶板
7. 生产厂家：×××混凝土有限公司</td></tr>
<tr><td colspan="2">有见证取样和送检印章</td><td colspan="2"></td></tr>
<tr><td colspan="2">取样人员签字</td><td colspan="2">×××
日期：××××年××月××日</td></tr>
<tr><td colspan="2">见证人员签字</td><td colspan="2">×××
日期：××××年××月××日</td></tr>
</table>

6）混凝土试块抗压强度检测报告（表 4.55）

表 4.55　混凝土试块抗压强度检测报告

<table>
<tr><td colspan="2">委托单位</td><td colspan="3">××建设集团××市政公司</td><td>报告编号</td><td colspan="4"></td></tr>
<tr><td colspan="2">建设单位</td><td colspan="3">××住建局</td><td>收样日期</td><td colspan="4">××××年××月××日</td></tr>
<tr><td colspan="2">监理单位</td><td colspan="3">××监理公司</td><td>检测日期</td><td colspan="4">××××年××月××日</td></tr>
<tr><td colspan="2">工程名称</td><td colspan="3">××市××外环快速化路</td><td>施工单位</td><td colspan="4">××建设集团××市政公司</td></tr>
<tr><td rowspan="2">组号</td><td rowspan="2">设计强度等级</td><td rowspan="2">工程结构部位</td><td rowspan="2">成型日期</td><td rowspan="2">检测日期</td><td rowspan="2">龄期/d</td><td colspan="3">试件尺寸/mm</td><td rowspan="2">受压面积/mm^2</td></tr>
<tr><td>长</td><td>宽</td><td>高</td></tr>
<tr><td>1#</td><td>C40</td><td>××桥 U01 联箱梁顶板</td><td>××××年××月××日</td><td>××××年××月××日</td><td>28</td><td>150</td><td>150</td><td>150</td><td>22 500</td></tr>
<tr><td>2#</td><td>C40</td><td>××桥 U01 联箱梁顶板</td><td>××××年××月××日</td><td>××××年××月××日</td><td>28</td><td>150</td><td>150</td><td>150</td><td>22 500</td></tr>
<tr><td>3#</td><td>C40</td><td>××桥 U01 联箱梁顶板</td><td>××××年××月××日</td><td>××××年××月××日</td><td>28</td><td>150</td><td>150</td><td>150</td><td>22 500</td></tr>
<tr><td rowspan="2">组号</td><td rowspan="2">养护条件</td><td rowspan="2">破坏荷载/kN</td><td colspan="2">抗压强度/MPa</td><td rowspan="2">算系数</td><td colspan="2" rowspan="2">折合标准立方体强度/MPa</td><td rowspan="2">达到设计强度/%</td><td rowspan="2">单项评定</td></tr>
<tr><td>单块</td><td>取值</td></tr>
<tr><td rowspan="3">1#</td><td rowspan="3">标准养护</td><td>1 033.6</td><td>45.9</td><td rowspan="3">44.3</td><td rowspan="3">1.00</td><td colspan="2" rowspan="3">44.3</td><td rowspan="3">111</td><td rowspan="3">—</td></tr>
<tr><td>994.6</td><td>44.2</td></tr>
<tr><td>964.2</td><td>42.9</td></tr>
<tr><td rowspan="3">2#</td><td rowspan="3">标准养护</td><td>986.3</td><td>43.8</td><td rowspan="3">45.2</td><td rowspan="3">1.00</td><td colspan="2" rowspan="3">45.1</td><td rowspan="3">113</td><td rowspan="3">—</td></tr>
<tr><td>956.3</td><td>42.5</td></tr>
<tr><td>1 103.1</td><td>49.0</td></tr>
<tr><td rowspan="3">3#</td><td rowspan="3">标准养护</td><td>1 066.3</td><td>47.4</td><td rowspan="3">42.7</td><td rowspan="3">1.00</td><td colspan="2" rowspan="3">47.5</td><td rowspan="3">119</td><td rowspan="3">—</td></tr>
<tr><td>1 132.4</td><td>50.3</td></tr>
<tr><td>1 011.0</td><td>44.9</td></tr>
<tr><td colspan="2">样品状态描述</td><td colspan="8">与标准要求状态无偏离</td></tr>
<tr><td colspan="2">检测依据</td><td colspan="8">《混凝土物理力学性能试验方法标准》（GB/T 50081—2019）</td></tr>
<tr><td colspan="2">备　注</td><td colspan="8"></td></tr>
<tr><td colspan="2">检测人</td><td>×××</td><td>审核人</td><td>×××</td><td colspan="2">负责人</td><td colspan="3">×××</td></tr>
<tr><td colspan="3">见证单位及见证人</td><td colspan="7">××监理公司　　×××</td></tr>
<tr><td colspan="3">报告日期</td><td colspan="7">××××年××月××日</td></tr>
</table>

任务7　桥面系分部工程资料编制

任务目标

通过本任务的学习，学生能够熟练填写市政桥梁工程桥面系分部工程施工资料的各种表格，能对市政桥梁工程桥面系施工资料进行整理和归档，并在实训过程中培养学生严格遵守规范、条例及规章制度的工作精神，培养其团队协作、诚实守信、爱岗敬业的职业道德。

4.7.1　桥面系分部工程需填报资料

在本案例中，根据施工工艺流程，桥面系分部工程施工资料填报顺序见表4.56。

表4.56　桥面系分部工程施工资料

序　号	程　序	所用表格
1	排水设施	报验申请表(表式B3-4-2)
		隐蔽工程检查验收记录(表式C5-9)
		排水设施验收批质量验收记录表(表式C7-26-1)
		高程测量成果表(表式B7-26-1)
2	防水层	报审/报验表(表式B3-4-2)
		隐蔽工程检查验收记录(表式C5-9)
		桥面防水层验收批质量验收记录表(表式C7-26-2)
		防水检测报告(和防水层原材料整理在一起)
3	伸缩缝安装	报审/报验表(表式B3-4-2)
		伸缩装置质量验收批质量验收记录表(表式C7-26-3)
4	桥面铺装 (混凝土浇筑)	报审/报验表(表式B3-4-2)
		隐蔽工程检查验收记录(表式C5-9)
		桥面铺装层验收批质量验收记录表(水泥混凝土桥面)(表式C7-26-4)
		高程测量成果表(表式C5-8)
		混凝土浇灌申请书(表式C5-12-1)
		混凝土浇筑记录(表式C5-12-1)
		见证记录(表式B3-3)
		混凝土试块强度检验报告(抗压、抗渗)(表式C6-18)
		商品混凝土合格证、配合比
5	桥梁人行道 铺装/桥下铺装	报审/报验表(表式B3-4-2)
		人行道验收批质量验收记录表(表式C7-26-5)
		高程测量成果表(表式C5-8)
		面砖检测报告(放材料卷)(参考表式)
6	防护设施	报审/报验表(表式B3-4-2)
		防护设施验收批质量验收记录表(表式C7-26-6)

4.7.2 桥面系分部资料填写范例

以桥面系分部工程中的排水设施施工为例，部分特色表格填写范例见表4.57—表4.59。

表4.57 桥面系排水设施报验申请表(表式B3-4-2)

<table>
<tr><td>工程名称</td><td>××市××外环快速路</td><td>编　号</td><td></td></tr>
<tr><td colspan="4">致：××监理公司(监理单位)
我单位已经完成了××桥U01联左幅排水设施工作，现报上该工程报验申请表，请予以审查和验收。
附件：1. 排水设施验收批质量验收记录表
2. 高程测量成果表

承包单位(章)：××建设集团××市政公司
项目经理：×××
日　期：××××年××月××日</td></tr>
<tr><td colspan="4">审核意见：
经审核，符合要求，同意报验。

项目监理机构(章)：××监理公司××项目监理部
总/专业监理工程师：×××
日　期：××××年××月××日</td></tr>
</table>

表 4.58　排水设施验收批质量验收记录表(表式 C7-26-1)

<table>
<tr><td colspan="3">工作名称</td><td colspan="3">××市××外环快速路</td><td colspan="2">验收部位</td><td colspan="3">××桥 U01 联左幅排水设施</td></tr>
<tr><td colspan="3">分项工程名称</td><td colspan="3">排水设施</td><td colspan="2">施工班组长</td><td colspan="3">×××</td></tr>
<tr><td colspan="3">施工单位</td><td colspan="3">××建设集团××市政公司</td><td colspan="2">专业工长</td><td colspan="3">×××</td></tr>
<tr><td colspan="5">施工执行标准名称及编号</td><td>现行标准</td><td colspan="2">项目经理</td><td colspan="3">×××</td></tr>
<tr><td colspan="5">质量验收规范规定的检查项目及验收标准</td><td colspan="5">施工单位检查评定记录</td><td>监理(建设)单位验收记录</td></tr>
<tr><td>主控项目</td><td>1</td><td colspan="3">桥面排水设施的设置应符合设计要求,泄水管应畅通无阻</td><td colspan="5">桥面排水设施的设置符合设计要求,泄水管畅通无阻</td><td>合格</td></tr>
<tr><td rowspan="4">一般项目</td><td>1</td><td colspan="3">桥面泄水口应低于桥面铺装层 10 ~ 15 mm</td><td colspan="5">符合设计要求</td><td>合格</td></tr>
<tr><td>2</td><td colspan="3">泄水管安装应牢固可靠,与铺装层及防水层之间应结合紧密,无渗漏现象;金属泄水管应进行防腐处理</td><td colspan="5">泄水管安装牢固可靠,与铺装层及防水层之间结合紧密,无渗漏现象</td><td>合格</td></tr>
<tr><td rowspan="2">3</td><td rowspan="2">桥面泄水口位置允许偏差/mm</td><td>高程</td><td>0,−10</td><td>−8</td><td>−4</td><td>−2</td><td>−6</td><td></td><td rowspan="2">合格</td></tr>
<tr><td>间距</td><td>±100</td><td>+100</td><td>+75</td><td>+96</td><td>−99</td><td></td></tr>
<tr><td colspan="5">平均合格率/%</td><td colspan="6">一般项目平均合格率:100</td></tr>
<tr><td colspan="5">施工单位检查评定结论</td><td colspan="6">质检合格。
项目专业质量检查员:　×××
××××年××月××日</td></tr>
<tr><td colspan="5">监理(建设)单位验收结论</td><td colspan="6">验收合格。
专业监理工程师:　×××
(建设单位项目技术负责人)
××××年××月××日</td></tr>
</table>

表 4.59　高程测量成果表(表式 B7-26-1)

工程名称	××市××外环快速路				编　号		
施工单位	××建设集团××市政公司				时　间	××××年××月××日	
桩　号	后　视	仪　高	中　视	前　视	实测高	设计高	比　差
BM7	0.793	879.779				883.765	
ZD1	3.212	888.963		0.773			
××桥 U01 联左幅排水设施顶面点 1			2.509		886.454	886.462	-0.008
××桥 U01 联左幅排水设施顶面点 2			1.623		887.340	887.344	-0.004
××桥 U01 联左幅排水设施顶面点 3			0.960		888.003	888.005	-0.002
××桥 U01 联左幅排水设施顶面点 4			0.585		888.378	888.384	-0.006
ZD2	1.201	886.643		3.521			
BM7				2.880	883.763	883.765	-0.002
测量人	×××			复核人	×××		

任务8　附属结构分部工程资料编制

任务目标

通过本任务的学习，学生能够熟练填写市政桥梁工程附属结构分部工程施工资料的各种表格，能对市政桥梁工程附属结构施工资料进行整理和归档，并在实训过程中培养学生严格遵守规范、条例及规章制度的工作精神，培养其团队协作、诚实守信、爱岗敬业的职业道德。

4.8.1　附属结构分部工程需填报资料

在本案例中，根据施工工艺流程，附属分部工程施工资料填报顺序见表4.60。

表4.60　附属工程分部工程施工资料

序　号	程　序	所用表格
1	桥台搭板（混凝土浇筑）	报审/报验表（表式B3-4-2）
		桥台搭板验收批质量验收记录表（表式C7-27-1）
		高程测量成果表（表式C5-8）
		混凝土浇灌申请书（表式C5-12-1）
		混凝土浇筑记录（表式C5-12-2）
		见证记录（表式B3-3）
		混凝土试块强度检验报告（标养、同条件）（表式C6-18）
		商品混凝土合格证、配合比
2	挡土墙（混凝土浇筑）	报审/报验表（表式B3-4-2）
		现浇钢筋混凝土挡土墙检验批质量检验记录（表式C7-11）
		高程测量成果表（表式C5-8）
		混凝土浇灌申请书（表式C5-12-1）
		混凝土浇筑记录（表式C5-12-2）
		见证记录（表式B3-3）
		混凝土试块抗压强度检验报告（表式C6-18）
		商品混凝土合格证、配合比

4.8.2 附属结构分部工程资料填写范例

以附属结构分部工程中的桥台搭板施工为例，部分特色表格填写范例见表 4.61、表 4.62。

表 4.61 附属设施桥台搭板混凝土报验申请表(表 B3-5-2)

工程名称	××市××外环快速路	编 号	
致:××监理公司(监理单位) 我单位已经完成了××桥 A0 桥台搭板混凝土工作,现报上该工程报验申请表,请予以审查和验收。 附件:1. 混凝土浇灌申请书 2. 隐蔽工程检查验收记录 3. 桥头搭板验收批质量验收记录表 4. 高程测量成果表 5. 混凝土浇筑记录 6. 混凝土试块抗压强度检测报告 承包单位(章):××建设集团××市政公司 项目经理: ××× 日 期:××××年××月××日			
审核意见: 经审核,符合要求,同意报验。 项目监理机构(章):××监理公司××项目监理部公司 总/专业监理工程师: ××× 日 期:××××年××月××日			

表 4.62　桥台搭板验收批质量验收记录表(表式 C7-27-1)

<table>
<tr><td colspan="3">工作名称</td><td colspan="2">××市××外环快速路</td><td colspan="2">验收部位</td><td colspan="4">××桥 A0 桥头搭板</td></tr>
<tr><td colspan="3">分项工程名称</td><td colspan="2">桥头搭板</td><td colspan="2">施工班组长</td><td colspan="4">×××</td></tr>
<tr><td colspan="3">施工单位</td><td colspan="2">××建设集团××市政公司</td><td colspan="2">专业工长</td><td colspan="4">×××</td></tr>
<tr><td colspan="4">施工执行标准名称及编号</td><td>现行标准</td><td colspan="2">项目经理</td><td colspan="4">×××</td></tr>
<tr><td colspan="5">质量验收规范规定的检查项目及验收标准</td><td colspan="5">施工单位检查评定记录</td><td>监理(建设)单位验收记录</td></tr>
<tr><td rowspan="8">一般项目</td><td>1</td><td colspan="3">混凝土搭板枕梁不得有蜂窝露筋,板的表面应平整,板边缘应直顺</td><td colspan="5">混凝土搭板枕梁没有蜂窝露筋,板的表面平整,板边缘直顺</td><td>合格</td></tr>
<tr><td>2</td><td colspan="3">搭板枕梁支撑处接触严密、稳固,相邻板之间的缝隙应嵌填密实</td><td colspan="5">搭板枕梁支撑处接触严密、稳固,相邻板之间的缝隙嵌填密实</td><td>合格</td></tr>
<tr><td rowspan="6">3</td><td rowspan="6">桥头搭板允许偏差/mm</td><td>宽度</td><td>±10</td><td>+3</td><td>+6</td><td></td><td></td><td></td><td>合格</td></tr>
<tr><td>厚度</td><td>±5</td><td>−4</td><td>+3</td><td></td><td></td><td></td><td>合格</td></tr>
<tr><td>长度</td><td>±10</td><td>+2</td><td>+8</td><td></td><td></td><td></td><td>合格</td></tr>
<tr><td>顶面高程</td><td>±2</td><td>+1</td><td>−1</td><td>+2</td><td></td><td></td><td>合格</td></tr>
<tr><td>轴线偏移</td><td>10</td><td>10</td><td>5</td><td></td><td></td><td></td><td rowspan="2">合格</td></tr>
<tr><td>顶板纵坡/%</td><td>±0.3</td><td>0.1</td><td>0.3</td><td>0.3</td><td></td><td></td></tr>
<tr><td colspan="5">平均合格率/%</td><td colspan="6">一般项目平均合格率:100</td></tr>
<tr><td colspan="5">施工单位检查评定</td><td colspan="6">质检合格。
项目专业质量检查员:　×××
××××年××月××日</td></tr>
<tr><td colspan="5">监理(建设)单位验收结论</td><td colspan="6">验收合格。
专业监理工程师:
(建设单位项目技术负责人)　×××
××××年××月××日</td></tr>
</table>

任务9　市政桥梁工程施工验收资料编制

任务目标

通过本任务的学习，学生能够熟练填写市政桥梁工程施工验收阶段工程资料的各种表格，能对市政桥梁工程施工验收阶段资料进行整理和归档，并在实训过程中培养学生严格遵守规范、条例及规章制度的工作精神，培养其团队协作、诚实守信、爱岗敬业的职业道德。

4.9.1　市政桥梁工程施工验收阶段需填报资料

在本案例中，施工验收资料填报顺序见表4.63。

表4.63　竣工验收施工资料

序　号	程　序	所用表格
1	分部分项质量验收记录	检验批、分项、分部质量验收汇总表
		分部工程报验表(表式 B3-5-3)
		分部工程质量验收记录表(表式 C7-15 等)
		分项工程质量验收记录表(表式 C7-29)
2	单位(子单位)工程验收记录	单位工程竣工验收报审表(表式 B3-5-4)
		单位(子单位)工程竣工预验收报验表(表式 C8-1)
		单位工程质量竣工验收记录表(表式 C8-2)
		单位工程质量控制资料核查记录(表式 C8-3)
		单位(子单位)工程安全和功能检验资料核查及主要功能抽查记录(表式 C8-4)
		单位(子单位)工程观感质量核查表(表式 C8-5)
		桥梁工程实体检测验收记录表(表式 C8-6)

4.9.2 市政桥梁工程施工验收阶段资料填写范例

以桥梁单位工程为例，验收阶段特色表格填写范例见表4.64—表4.74。

1)分部分项质量验收记录

表4.64 检验批、分项、分部质量验收汇总表

<table>
<tr><td>工程名称</td><td colspan="5">××市××外环快速路</td></tr>
<tr><td>施工单位</td><td colspan="5">××建设集团××市政公司</td></tr>
<tr><td colspan="2">分部名称</td><td colspan="2">分项个数</td><td>检验批个数</td><td>分部观感检查评价</td></tr>
<tr><td colspan="2">地基与基础</td><td colspan="2">9</td><td>204</td><td>好</td></tr>
<tr><td colspan="2">墩台</td><td colspan="2">5</td><td>108</td><td>好</td></tr>
<tr><td colspan="2">支座</td><td colspan="2">4</td><td>33</td><td>好</td></tr>
<tr><td colspan="2">桥跨承重结构</td><td colspan="2">4</td><td>21</td><td>好</td></tr>
<tr><td colspan="2">桥面系</td><td colspan="2">7</td><td>41</td><td>好</td></tr>
<tr><td colspan="2">附属结构</td><td colspan="2">3</td><td>6</td><td>好</td></tr>
<tr><td colspan="2"></td><td colspan="2"></td><td></td><td></td></tr>
<tr><td colspan="2"></td><td colspan="2"></td><td></td><td></td></tr>
<tr><td colspan="2"></td><td colspan="2"></td><td></td><td></td></tr>
<tr><td colspan="2"></td><td colspan="2"></td><td></td><td></td></tr>
<tr><td colspan="2"></td><td colspan="2"></td><td></td><td></td></tr>
<tr><td colspan="2"></td><td colspan="2"></td><td></td><td></td></tr>
<tr><td colspan="2"></td><td colspan="2"></td><td></td><td></td></tr>
<tr><td colspan="2"></td><td colspan="2"></td><td></td><td></td></tr>
<tr><td colspan="2"></td><td colspan="2"></td><td></td><td></td></tr>
<tr><td colspan="2"></td><td colspan="2"></td><td></td><td></td></tr>
<tr><td colspan="2"></td><td colspan="2"></td><td></td><td></td></tr>
<tr><td colspan="2">分部总数</td><td colspan="2">分项总个数</td><td>检验批总个数</td><td>单位工程观感综合评价</td></tr>
<tr><td colspan="2">6</td><td colspan="2">32</td><td>413</td><td>好</td></tr>
<tr><td>汇总人</td><td>×××</td><td>核定人</td><td>×××</td><td>日　期</td><td>×××</td></tr>
</table>

表 4.65　×××跨桥地基与基础分部工程报验表(表式 B3-5-3)

<table>
<tr><td>工程名称</td><td>××市××外环快速路</td><td>编　号</td><td></td></tr>
<tr><td colspan="4">致:××监理公司(监理单位)
　　我单位已经完成了　××跨桥地基与基础　(分部工程),经自检合格,现将有关资料报上,请予以审查、验收。
　　附件:
　　分部工程质量控制资料

施工项目经理部:(盖章)　××建设集团××市政公司
项目技术负责人:　×××
日　　期:××××年××月××日</td></tr>
<tr><td colspan="4">检查意见:

检查合格。

专业监理工程师:　×××
日　期:××××年××月××日</td></tr>
<tr><td colspan="4">验收意见:

验收合格。

项目监理机构(盖章):　××监理公司
总监理工程师(签字):　×××
日　　期:××××年××月××日</td></tr>
</table>

表4.66　分部(子分部)工程质量验收记录表(表式C7-15)

<table>
<tr><td colspan="2">工程名称</td><td colspan="3">××市××外环快速路</td><td colspan="2">分部工程名称</td><td>地基与基础</td></tr>
<tr><td colspan="2">施工单位</td><td>××建设集团××市政公司</td><td>技术部门负责人</td><td>×××</td><td colspan="2">质量部门负责人</td><td>×××</td></tr>
<tr><td colspan="2">分包单位</td><td>×××</td><td>分包单位负责人</td><td>×××</td><td colspan="2">分包技术负责人</td><td>×××</td></tr>
<tr><td>序号</td><td colspan="2">分项工程名称</td><td>验收批数</td><td colspan="2">施工单位检查评定结果</td><td colspan="2">验收意见</td></tr>
<tr><td>1</td><td colspan="2">灌注桩机械成孔</td><td>52</td><td colspan="2">合格</td><td colspan="2">合格</td></tr>
<tr><td>2</td><td colspan="2">灌注桩钢筋制作与安装</td><td>52</td><td colspan="2">合格</td><td colspan="2">合格</td></tr>
<tr><td>3</td><td colspan="2">灌注桩混凝土灌注</td><td>52</td><td colspan="2">合格</td><td colspan="2">合格</td></tr>
<tr><td>4</td><td colspan="2">承台基坑开挖</td><td>8</td><td colspan="2">合格</td><td colspan="2">合格</td></tr>
<tr><td>5</td><td colspan="2">承台垫层混凝土</td><td>8</td><td colspan="2">合格</td><td colspan="2">合格</td></tr>
<tr><td>6</td><td colspan="2">承台模板与支架</td><td>8</td><td colspan="2">合格</td><td colspan="2">合格</td></tr>
<tr><td>7</td><td colspan="2">承台钢筋制作与安装</td><td>8</td><td colspan="2">合格</td><td colspan="2">合格</td></tr>
<tr><td>8</td><td colspan="2">承台混凝土</td><td>8</td><td colspan="2">合格</td><td colspan="2">合格</td></tr>
<tr><td>9</td><td colspan="2">承台基坑回填</td><td>8</td><td colspan="2">合格</td><td colspan="2">合格</td></tr>
<tr><td colspan="3">质量控制资料</td><td colspan="5">审查9项,审查符合要求9项</td></tr>
<tr><td colspan="3">安全和功能检验(检测)报告</td><td colspan="5">审查3项,审查符合要求3项</td></tr>
<tr><td colspan="3">观感质量验收</td><td colspan="5">抽查7项,符合要求7项</td></tr>
<tr><td colspan="3">分部(子分部)工程检查结果</td><td colspan="2">检查合格</td><td colspan="2">平均合格率</td><td>98%</td></tr>
<tr><td rowspan="4">验收单位</td><td colspan="2">施工单位</td><td colspan="5">项目经理:×××
××××年××月××日</td></tr>
<tr><td colspan="2">设计单位</td><td colspan="5">项目经理:×××
××××年××月××日</td></tr>
<tr><td colspan="2">监理单位</td><td colspan="5">项目负责人:×××
××××年××月××日</td></tr>
<tr><td colspan="2">建设单位</td><td colspan="5">项目负责人:×××
(专业技术负责人)
××××年××月××日</td></tr>
</table>

表 4.67　分项工程质量验收记录表(表式 C7-29)

工程名称	××市××外环快速路	分项工程名称	机械成孔	验收批数	52
施工单位	××建设集团××公司	项目经理	×××	项目技术负责人	×××
分包单位	×××	分包单位负责人	×××	施工班组长	×××

序号	验收批名称部位	施工单位检查评定结果	监理(建设单位)验收结论
1	××桥 A0-1 桩基	合格	合格
2	××桥 A0-2 桩基	合格	合格
3	××桥 A0-3 桩基	合格	合格
4	××桥 A0-4 桩基	合格	合格
5	××桥 A0-5 桩基	合格	合格
6	××桥 AP1-1 桩基	合格	合格
7	××桥 AP1-2 桩基	合格	合格
8	××桥 AP1-3 桩基	合格	合格
9	××桥 AP1-4 桩基	合格	合格
10	××桥 AP1-5 桩基	合格	合格
11	××桥 AP2-1 桩基	合格	合格
12	××桥 AP2-2 桩基	合格	合格

检查结论	符合要求。 施工项目技术负责人:××× ××××年××月××日	验收结论	验收合格。 监理工程师:××× (建设项目专业技术负责人) ××××年××月××日

2)竣工验收文件材料

表 4.68　单位工程竣工验收报审表(表式 B3-5-4)

<table>
<tr><td>工程名称</td><td>××市××外环快速路</td><td>编　号</td><td></td></tr>
<tr><td colspan="4">致:××监理公司(监理单位)
我单位已经完成了　　××桥　　工程,经自检合格,现将有关资料报上,请予以预验收。
附件:1. 工程质量验收报告
2. 工程功能检验资料

施工单位(章):××建设集团××市政公司
项目经理:　×××
日　　期:××××年××月××日</td></tr>
<tr><td colspan="4">审核意见:

经审核,符合要求,同意报验。

项目监理机构(章):××监理公司××项目监理部
总/专业监理工程师:　×××
日　　期:××××年××月××日</td></tr>
</table>

表 4.69　单位(子单位)工程竣工预验收报验表(表式 C8-1)

<table>
<tr><td>工程名称</td><td>××市××外环快速路</td><td>编　号</td><td></td></tr>
<tr><td colspan="4">致:＿＿××监理公司＿＿
我单位已按合同要求完成了＿＿××市××外环快速路＿＿工程,经自检合格,现将有关资料报上,请予以预验收。
附件:1. 单位(子单位)工程质量竣工验收记录表
2. 单位(子单位)工程质量控制资料核查记录表
3. 单位(子单位)工程安全和功能检验资料核查及主要功能抽查记录表
4. 单位(子单位)工程观感质量资料核查记录表

承包单位(章):××建设集团××市政公司
项目经理(签字):＿＿×××＿＿
日　　期:××××年××月××日</td></tr>
<tr><td colspan="4">审查意见:
经初步验收,该工程
5. 符合我国规定现行法律、法规要求
6. 符合我国现行工程建设标准
7. 符合文件要求
8. 符合施工合同要求
综上所述,该工程初步验收合格,可以组织正式验收。

项目监理机构(盖章):＿＿××监理公司××项目监理部＿＿
总监理工程师(签,加盖执业印章字):×××
日　　期:××××年××月××日</td></tr>
</table>

表 4.70　单位工程质量竣工验收记录表(表式 C8-2)

<table>
<tr><td>工程名称</td><td colspan="5">××市××外环快速路</td><td>工程规模</td><td>××元</td></tr>
<tr><td>施工单位</td><td colspan="2">××建设集团××
市政公司</td><td>技术负责人</td><td colspan="2">×××</td><td>开工日期</td><td>××××年××月××日</td></tr>
<tr><td>项目经理</td><td colspan="2">×××</td><td>项目技术
负责人</td><td colspan="2">×××</td><td>竣工日期</td><td>××××年××月××日</td></tr>
<tr><td>序　号</td><td>项　目</td><td colspan="4">验收记录</td><td colspan="2">验收结论</td></tr>
<tr><td>1</td><td>分部工程</td><td colspan="4">共 6 分部,经审查 6 分部,符合标准设计要求 6 项</td><td colspan="2">验收合格</td></tr>
<tr><td>2</td><td>质量控制
资料核查</td><td colspan="4">共 9 项,经审查符合要求 9 项,经核定符合规范要 9 项</td><td colspan="2">资料齐全</td></tr>
<tr><td>3</td><td>安全和主要使
用功能核查
和抽查结果</td><td colspan="4">共核查 3 项,符合设计要求 3 项,共抽查 3 项,符合设计要求 3 项</td><td colspan="2">报告齐全,验收合格</td></tr>
<tr><td>4</td><td>观感质量验收</td><td colspan="4">共抽查 7 项,符合设计要求 7 项</td><td colspan="2">验收合格</td></tr>
<tr><td>5</td><td>综合验收结论</td><td colspan="4">合格</td><td colspan="2">验收合格</td></tr>
<tr><td rowspan="2">参加验收单位</td><td colspan="2">建设单位</td><td colspan="2">监理单位</td><td colspan="2">设计单位</td><td>施工单位</td></tr>
<tr><td colspan="2">(公章)

单位(项目)负责人:
××

××××年××月××日</td><td colspan="2">(公章)

总监理工程师:
×××

××××年××月××日</td><td colspan="2">(公章)

单位(项目)负责人:
×××

××××年××月××日</td><td>(公章)

单位负责人:
×××

××××年××月××日</td></tr>
</table>

表 4.71　单位工程质量控制资料核查记录(表式 C8-3)

工程名称	××市××外环快速路			
施工单位	××建设集团××市政公司			
序　号	资料名称	份　数	核查意见	核查人
1	图纸会审、设计变更、洽商记录	15	齐全,有效	×××
2	工程定位测量、交桩、放线、复核记录	109	齐全,有效	×××
3	施工组织设计、施工方案及审批记录	12	齐全,有效	×××
4	原材料出厂合格证书及进场检(试)验报告	28	齐全,有效	×××
5	成品、半成品出厂合格证及实验报告	38	齐全,有效	×××
6	施工试验报告及见证检测报告	110	齐全,有效	×××
7	隐蔽工程验收记录	308	齐全,有效	×××
8	施工记录	109	齐全,有效	×××
9	工程质量事故及事故调查处理资料	—	—	—
10	分项、分部工程质量验收记录	49	齐全,有效	×××
11	新材料、新工艺施工记录	—	—	—
检查结论: 检查合格。 施工单位项目经理 :××× ××××年××月××日		检查结论: 验收合格。 总监理工程师:××× (建设单位项目负责人) ××××年××月××日		

表4.72　单位(子单位)工程安全和功能检验资料核查及主要功能抽查记录(表式C8-4)

<table>
<tr><td>工程名称</td><td colspan="4">××市××外环快速路</td></tr>
<tr><td>施工单位</td><td colspan="4">××建设集团××市政公司</td></tr>
<tr><td>序　号</td><td>安全和功能检查项目</td><td>份　数</td><td>核查抽查意见</td><td>核查抽查人</td></tr>
<tr><td>1</td><td>地基土承载力实验记录</td><td></td><td></td><td>×××</td></tr>
<tr><td>2</td><td>基桩无损检测记录</td><td>1</td><td>齐全,有效</td><td>×××</td></tr>
<tr><td>3</td><td>钻芯取样检测记录</td><td></td><td></td><td></td></tr>
<tr><td>4</td><td>同条件养护时间试验记录</td><td>63</td><td>齐全,有效</td><td>×××</td></tr>
<tr><td>5</td><td>斜拉索张拉力震动频率实验记录</td><td></td><td></td><td></td></tr>
<tr><td>6</td><td>索力调整检验记录</td><td></td><td></td><td></td></tr>
<tr><td>7</td><td>桥梁的动、静载试验记录</td><td></td><td></td><td></td></tr>
<tr><td>8</td><td>桥梁工程竣工测量资料</td><td>1</td><td>齐全,有效</td><td>×××</td></tr>
<tr><td></td><td></td><td></td><td></td><td></td></tr>
<tr><td></td><td></td><td></td><td></td><td></td></tr>
<tr><td></td><td></td><td></td><td></td><td></td></tr>
<tr><td colspan="2">检查结论:
检查合格。
施工单位项目经理:　×××
××××年××月××日</td><td colspan="3">验收结论:
验收合格。
总监理工程师:　×××
(建设单位负责人)
××××年××月××日</td></tr>
</table>

表 4.73　单位(子单位)工程观感质量核查表(表式 C8-5)

工程名称	××市××外环快速路				
施工单位	××建设集团××市政公司				
序号	项　目	抽查质量状况	质量评价		
			好	中	差
1	墩(柱)、塔	墩柱外观平整,无蜂窝麻面现象	√		
2	盖梁				
3	桥台	桥台接缝顺直,外观平整		√	
4	混凝土梁	接缝顺直,无露筋、蜂窝、麻面现象	√		
5	系梁				
6	拱部				
7	拉索、吊索				
8	桥面	桥面系平整,纵横坡顺直		√	
9	人行道				
10	防撞设施	接缝顺直,安装牢固可靠	√		
11	排水设施	牢固可靠	√		
12	伸缩缝	安装整齐平稳	√		
13	栏杆、扶手				
14	桥台护坡				
15	涂装、饰面				
16	钢结构焊缝				
17	灯柱、照明				
18	隔声装置				
19	防眩装置				
外观质量综合评价		好			

检查结论:	验收结论:
检查合格。	验收合格。
施工单位项目经理:　×××	总监理工程师:　××× (建设单位项目负责人)
××××年××月××日	××××年××月××日

表4.74　桥梁工程实体检测验收记录表(表式C8-6)

工程名称	××市××外环快速路													
施工单位	××建设集团××市政公司													
项目经理	×××	项目技术负责人			×××		制表人			×××				
施工执行标准名称及编号														
质量验收规范规定的检查项目及验收标准					验收记录								验收结论	
主控项目	1	桥下净空不得小于设计要求			符合设计要求								验收合格	
	2	单位工程所含分部工程有关安全和功能的检测资料应完整			单位工程所含分部工程有关安全和功能的监测资料完整								验收合格	
一般项目	1	桥梁实体检测允许偏差/mm	桥梁轴线位移	10	9	5	8						100%	
			桥宽 车行道	±10	3	6	7						100%	
			桥宽 人行道											
			长度	+200，-100	180	150							100%	
			引道中线与桥梁中线偏差	±20	18	15							100%	
			桥头高程衔接	±3	2	3							100%	
	2	梁实体外形检查应符合下列要求： 1. 墩台混凝土表面应平整，色泽均匀，无明显错台、蜂窝麻面，外形轮廓清晰。 2. 砌筑墩台表面应平整，砌缝应无明显缺陷，勾缝应密实坚固、无脱落，线角应顺直。 3. 桥台与挡墙、护坡或锥坡衔接应平顺，应无明显错台；沉降缝、泄水孔设置正确。 4. 索塔表面应平整，色泽均匀，无明显错台和蜂窝麻面，轮廓清晰，线形直顺。						1. 墩台混凝土表面平整、色泽均匀、无明显错台蜂窝麻面，外形轮廓清晰； 2. 桥台与挡墙衔接平顺、无明显错台、沉降缝泄水孔位置正确；					验收合格	

续表

<table>
<tr><td colspan="3">质量验收规范规定的检查项目及验收标准</td><td colspan="2">验收记录</td><td colspan="2">验收结论</td></tr>
<tr><td>一般项目</td><td>2</td><td colspan="2">5. 混凝土梁体(框架桥体)表面应平整、色泽均匀、轮廓清晰、无明显缺陷;全桥整体线形应平顺、梁缝基本均匀。
6. 钢梁安装线形应平顺,防护涂装色泽应均匀、无涂、无划伤、无起皮,涂抹无裂纹。
7. 拱桥表面平整,无明显错台;无蜂窝麻面、露筋或砌缝脱落现象,色泽均匀;拱圈(拱肋)及拱上结构轮廓线圆顺、无折弯。
8. 索股钢丝应顺直、无扭转无鼓丝、无交叉,锚环与锚垫板应密贴并居中,锚环及外丝应完好、无变形,防护层应无损伤,斜拉索色泽应均匀无污染。
9. 桥梁附属结构应稳固,线形应直顺,应无明显错台、无缺棱掉角</td><td>3. 混凝土梁体表面平整、色泽均匀、轮廓清晰无明显缺陷、全桥整体线性平顺,梁缝基本均匀;
4. 桥梁附属结构稳固、线性直顺、无明显错台、无缺棱掉角</td><td>验收合格</td><td></td></tr>
<tr><td colspan="2">综合验收结论</td><td colspan="5">验收合格。</td></tr>
<tr><td rowspan="2">参加验收单位</td><td colspan="2">建设单位</td><td>监理单位</td><td>设计单位</td><td colspan="2">施工单位</td></tr>
<tr><td colspan="2">(公章)
项目负责人:×××
××××年××月××日</td><td>(公章)
总监理工程师:×××
××××年××月××日</td><td>(公章)
项目负责人:×××
××××年××月××日</td><td colspan="2">(公章)
项目负责人:×××
××××年××月××日</td></tr>
</table>

名人名言

“要把做老实人、说老实话、干老实事作为人生信条,这样才能真正立得稳、行得远。”

——习近平

(2021 年春季学期中央党校中青年干部培训班开班式讲话)

项目小结

通过本项目学习，使学生熟悉市政桥梁施工资料的组成，包括物资资料编写、各分部分项资料编写、施工验收资料编制；熟悉桥梁工程分部工程划分，包括地基与基础、墩台、支座、桥跨承重结构、桥面系、附属结构，分部工程还包括了子分部工程，每个子分部工程又包含了若干分项工程，并且掌握检验批的划分方法；了解各资料表格的基本方式以及填写方法，并能对桥梁工程资料进行分类和整理；懂得在实现伟大中国梦的过程中，工程人需要实事求是，老实做人，踏实干事。

项目 5　市政给排水工程施工资料编制

工程概况

本工程为××市××外环快速路改造工程 K2+400～K5+140 段的给排水管道工程，本段道路左幅排水工程设计为西侧非机动车道两侧各布置一根 DN700 的雨水管道收集沿线路面的雨水，采用开槽埋管的方式施工，雨水管道采用Ⅱ级钢筋混凝土承插管，承插式接口“O”形橡胶圈止水，插口方向与水流方向一致，管道基础下设 80 cm 三七灰土；本段道路右幅东侧布置一根 2.5 m×2.5 m 雨水箱涵，搜集沿线路面及周边地块雨水，采用钢筋混凝土现浇箱涵，采用 C30P8 混凝土，底板下依次设 10 cm 的 C20 素混凝土垫层、10 cm 砂石垫层和 80 cm 三七灰土封水层，每隔 15 m 设一道沉降缝，采用中埋式橡胶止水带止水。

任务 1　给排水工程施工物资资料编制

任务目标

通过本任务的学习，使学生能够及时搜集市政给排水工程中各种施工物资资料，及时进行现场材料和设备的报审，能够规范填写市政工程施工物资管理资料中的常用表格，并根据资料的来源、类型和内容进行分类整理和归档。

5.1.1　给排水工程物资进场填报资料

填报资料的填写内容及要求

在本案例中，根据材料及设备送检流程及物资进场报验资料管理流程，给排水工程施工物资进场需要填报的资料见表 5.1，填报资料的填写内容及要求可扫描二维码进行阅览。

表 5.1　物资进场填报资料

序号	程　序	所用表格
1	合格证、出厂检试验报告的汇总表	—
2	原材料进场报验、材料合格证及复试报告（钢材、水泥、焊件、砖、砂、碎石、防水材料、管材管件、检查井等）	工程材料/构配件/设备报验申请表（表式 B3-4-1）
		材料、构配件检查记录（表式 C4-2-1）
		质量证明文件（厂家提供）
		见证记录（表式 B3-3）
		检验报告

5.1.2　给排水工程施工物资资料填写范例

在工程物资进场之前须履行工程物资报审手续。设备、原材料、半成品和成品的供货单位应按产品的相关技术标准、检验要求提供出厂质量合格证明或试验单。

本节内容中，以钢筋混凝土排水管道进场为例，材料的出厂质量合格证明或试验单在本书中省略，其物资进场报验资料见表5.2—表5.5。

表5.2　工程材料/构配件/设备报验申请表(表式B3-4-1)

工程名称	××市××外环快速路	编　号	

致：××监理公司（监理单位）

我单位于××××年××月××日进场的工程材料/~~构配件/设备~~数量如下：(见附件)。现将质量证明文件及自检结果报上，拟用于下述部位：

排水管道

请予以审核。

附件：1. 数量清单

2. 质量证明文件

3. 自检结果

名称	规格	数量	产地
钢筋混凝土管	承插口(700×2000)	182根	××××

承包单位(章)：××建设集团××市政公司

项目经理：×××

日　　期：××××年××月××日

审核意见：

经检查，上述工程材料/构配件/设备/设备，符合设计文件和规范的要求，准许进场，同意使用于拟订部位。

项目监理机构(章)：××监理公司××项目监理部

总/专业监理工程师：×××

日　　期：××××年××月××日

表 5.3 材料、构配件检查记录(表式 C4-2-1)

工程名称	××市××外环快速路		
施工单位	××建设集团公司××市政公司	检验日期	××××年××月××日

序号	名　称	规格型号	数　量	合格证号	检查记录	
					检查量	检测手段
1	钢筋混凝土排水管	ϕ700×2 000 mm	182 根	××××	1	内、外压试验

检查结论：

☑ 合格

☐ 不合格

监理(建设)单位	施工单位	
	质检员	材料员
×××	×××	×××

表 5.4　见证记录(表式 B3-3)

工程名称	××市××外环快速路	编　号	
取样部位	K2+400 ~ K5+140 排水管道		
样品名称	钢筋混凝土管道	取样数量	1 根
取样地点	现场	取样日期	××××年××月××日
见证记录： K2+400 ~ K5+140 钢筋混凝土管道　　　　使用部位:排水管道			
有见证取样和送检印章			
取样人员签字	×××		××××年××月××日
见证人员签字	×××		××××年××月××日

表 5.5　钢筋混凝土排水管检验报告(参考表式)

样品名称	钢筋混凝土排水管	型号规格	承插口 RCP Ⅱ(700×2 000)mm
委托单位	××水泥制品有限公司	检验编号	××××
生产单位	××水泥制品有限公司	检验类别	委托检验
抽样地点	—	样品数量	1 根
样品状态	外形完好	样品等级	Ⅱ级
抽样基数	—	送样日期	××××年××月××日
送样人员	×××	生产日期	××××年××月××日

序　号	检验项目	单　位	标准规定	检验结果	单项判定
1	外观质量				合格
1.1	外观质量(1)		管子内外表面应平整,无粘皮、麻面、蜂窝、塌落、露筋、空鼓等	符合要求	合格
1.2	外观质量(2)		管外表面不允许有裂缝,内表面裂缝宽度≤0.05mm	符合要求	合格
1.3	外观质量(3)		合缝处不应漏浆	符合要求	合格
2	尺寸测量				合格
2.1	管内径	mm	692～704	696	合格
2.2	管长度	mm	1990～2018	1999	合格
2.3	管壁厚	mm	68～78	70	合格
2.4	管端面倾斜	mm	≤10	7	合格
2.5	管弯曲度	%	≤管有效长度的 0.3%	0.1	合格

检验依据	《混凝土和钢筋混凝土排水管》(GB/T 11836—2009)
环境条件	温度:17℃,相对湿度:30%,大气压:/kPa
检验用主要仪器	钢卷尺、钢直尺、游标卡尺
检验结论	1. 共检 2 项,2 项合格。 2. 该样品所检项目符合 GB/T 11836—2009 标准要求。

批　准	××× ××××年××月××日	审　核	××× ××××年××月××日
主　检	×××　××××年××月××日		
备　注	—		

任务2 给排水工程分部、分项、检验批的划分

任务目标

通过本任务的学习，使学生在熟悉基本建设程序的基础上，能够参照《给水排水管道工程施工及验收规范》对市政给排水工程进行分部工程、分项工程和检验批的正确划分。在学习过程中通过德育渗透，培养学生养成一丝不苟、科学谨慎、认真专注的工匠精神。

本案例中，给排水工程分部（子分部）、分项、检验批划分，取K2+400～K5+140西侧雨水管道及K2+391～K5+153东侧雨水箱涵施工为例，共划分为3个分部工程，16个分项工程，其具体划分见表5.6。

表5.6 给排水工程分部、分项、检验批划分表

序号	分部工程	子分部工程	分项工程	检验批	划分原则
1	土方工程	—	沟槽土方（沟槽开挖、沟槽支撑、沟槽回填）	K2+400～K2+440西侧雨水管道	一个井段或一个流水施工段为一个检验批
				K2+440～K2+640西侧雨水管道	
				K2+640～K2+840西侧雨水管道	
				K2+840～K3+062西侧雨水管道	
				K3+062～K3+300西侧雨水管道	
				K3+300～K3+500西侧雨水管道	
				K3+500～K3+700西侧雨水管道	
				K3+700～K3+980西侧雨水管道	
				K3+980～K4+180西侧雨水管道	
				K4+180～K4+360西侧雨水管道	
				K4+360～K4+560西侧雨水管道	
				K4+560～K4+841西侧雨水管道	
				K4+841～K5+080西侧雨水管道	
2	管道主体工程	预制管开槽施工主体结构	管道基础（垫层、平基、管座）管道铺设管道接口连接	同上	
		管渠（廊）	雨水箱涵垫层（灰土、砂石、混凝土）现浇钢筋混凝土管渠（钢筋、模板、混凝土、沉降缝）	K2+391～K2+600东侧雨水箱涵	每节管渠（廊）或每个流水施工段管渠（廊）为一个检验批
				K2+600～K2+850东侧雨水箱涵	
				K2+850～K3+020东侧雨水箱涵	
				K3+020～K3+220东侧雨水箱涵	

续表

序号	分部工程	子分部工程	分项工程	检验批	划分原则
2	管道主体工程	管渠(廊)	雨水箱涵垫层(灰土、砂石、混凝土)现浇钢筋混凝土管渠(钢筋、模板、混凝土、沉降缝)	K3+220 ~ K3+420 东侧雨水箱涵	
				K3+420 ~ K3+620 东侧雨水箱涵	
				K3+620 ~ K3+900 东侧雨水箱涵	
				K3+900 ~ K4+100 东侧雨水箱涵	
				K4+100 ~ K4+284 东侧雨水箱涵	
				K4+284 ~ K4+520 东侧雨水箱涵	
				K4+520 ~ K4+720 东侧雨水箱涵	
				K4+720 ~ K4+920 东侧雨水箱涵	
				K4+920 ~ K5+153 东侧雨水箱涵	
3	附属构筑物工程	—	现浇混凝土结构井室	K2+400 ~ K2+440 西侧雨水检查井	同一个结构类型不大于 10 个为一个检验批
				K2+440 ~ K2+840 西侧雨水检查井	
				K2+840 ~ K3+140 西侧雨水检查井	
				K3+140 ~ K3+420 西侧雨水检查井	
				K2+420 ~ K3+700 西侧雨水检查井	
				K3+700 ~ K3+980 西侧雨水检查井	
				K3+980 ~ K4+360 西侧雨水检查井	
				K4+360 ~ K4+560 西侧雨水检查井	
				K4+560 ~ K4+841 西侧雨水检查井	
			雨水口及支连管	K2+400 ~ K2+560 西侧雨水口支、连管	
				K2+560 ~ K2+840 西侧雨水口支、连管	
				K2+840 ~ K3+140 西侧雨水口支、连管	
				K3+140 ~ K3+340 西侧雨水口支、连管	
				K2+340 ~ K3+540 西侧雨水口支、连管	
				K3+540 ~ K3+900 西侧雨水口支、连管	
				K3+900 ~ K4+240 西侧雨水口支、连管	
				K4+240 ~ K4+400 西侧雨水口支、连管	
				K4+400 ~ K4+600 西侧雨水口支、连管	
				K4+600 ~ K4+920 西侧雨水口支、连管	
				K4+920 ~ K5+140 西侧雨水口支、连管	

任务3　土方工程分部工程资料编制

任务目标

在施工过程中形成的内业资料，应按报验、报审程序，通过施工单位有关部门审核后，再报送建设单位或监理单位进行审核认定。通过本任务的学习，使学生熟悉常见的施工技术资料及填报要求，学会按照规范标准的相应工序验收内容建立土方分部工程施工管理记录，填写市政工程施工管理技术资料中的常用表格，并提高根据施工资料的管理流程对报验资料进行完整收集和整理的能力，加强对学生沟通能力和协作能力的培养。

5.3.1　土方分部工程需填报资料

填报资料的填写内容及要求

在本案例中，土方分部工程根据施工工艺流程包括沟槽开挖、沟槽支撑和沟槽回填，其施工资料填报内容和顺序见表5.7，填报资料的填写内容及要求可扫描二维码进行阅览。

表5.7　土方分部工程施工资料

序　号	程　序	所用表格
1	沟槽开挖	报审/报验申请表(表式B3-4-2)
		隐蔽工程检查验收记录(表式C5-9)
		沟槽开挖与地基处理分项工程(验收批)质量验收记录表(表式C7-31-1)
		测量复核记录(表式C5-5)
		高程测量成果表(表式C5-7)
		见证记录(表式B3-3)
		地基承载力报告(表式C6-3)(现场实验)
2	沟槽支撑	报审/报验申请表(表式B3-4-2)
		隐蔽工程检查验收记录(表式C5-9)
		撑板、钢板桩支护分项工程(检验批)质量验收记录表(表式C7-31-2)
3	沟槽回填	报审/报验申请表(表式B3-4-2)
		隐蔽工程检查验收记录(表式C5-9)
		沟槽回填分项工程(检验批)质量验收记录表(表式C7-31-3)
		测量复核记录(表式C5-5)
		高程测量成果表(表式C5-7)
		见证记录(表式B3-3)
		土壤压实度(灌砂法)检验报告(表式C6-53)

5.3.2 土方分部工程施工资料填写范例

市政给排水土方分部工程施工包括沟槽土方和基坑土方分项工程，本部分资料内容的填写以 K2+400～K2+440 西侧雨水管道沟槽开挖和沟槽回填施工资料为例，见表 5.8—表 5.21。

1）沟槽开挖

表 5.8 <u>雨水管道沟槽开挖</u>报验申请表（表式 B3-4-2）

<table>
<tr><td>工程名称</td><td>××市××外环快速路</td><td>编　号</td><td></td></tr>
<tr><td colspan="4">致：<u>××监理公司</u>（监理单位）
我单位已经完成了<u>K2+400～K2+440 西侧雨水管道沟槽开挖</u>工作，现报上该工程报验申请表，请予以审查和验收。

附件：1. 隐蔽工程检查验收记录
2. 沟槽开挖与地基处理分项工程（验收批）质量验收记录
3. 测量复核记录
4. 高程测量成果表
5. 见证记录
6. 地基承载力报告

承包单位（章）：<u>××建设集团××市政公司</u>
项目经理：<u>×××</u>
日　　期：<u>××××年××月××日</u></td></tr>
<tr><td colspan="4">审查意见：
经审核，符合要求，同意报验。

项目监理机构（章）：<u>××监理公司××项目监理部</u>
总/专业监理工程师：<u>×××</u>
日　　期：<u>××××年××月××日</u></td></tr>
</table>

表 5.9　隐蔽工程检查验收记录(表式 C5-9)

<table>
<tr><td>工程名称</td><td>××市××外环快速路</td><td>编　号</td><td></td></tr>
<tr><td>施工单位</td><td>××建设集团××市政公司</td><td>时　间</td><td>××××年××月××日</td></tr>
<tr><td>隐检项目</td><td>沟槽开挖</td><td>隐检范围</td><td>K2+400 ~ K2+440
西侧雨水管道</td></tr>
<tr><td>隐检内容及检查情况</td><td colspan="3">质量验收规范规定的检查项目　　　　检查评定记录

主控项目
原装地基土不得扰动、受水浸泡或受冻　　　　符合设计要求
一般项目
沟槽开挖的允许偏差/mm
槽底高度　± 20　应测 3 点　3 点合格　合格率 100%
槽底中线每侧宽度　规定 820　应测 6 点　6 点合格　合格率 100%
沟槽边坡　规定 1:0.5　应测 6 点　6 点合格　合格率 100%

检查人:×××　　××××年××月××日</td></tr>
<tr><td>验收意见</td><td colspan="3">经检查,符合规范、规定和设计要求,同意隐蔽,可进行下一道工序的施工。

检查人:×××　　××××年××月××日</td></tr>
<tr><td>监理验收意见</td><td colspan="3">经检查,符合规范规定和设计要求,同意隐蔽。

检查人:×××　　××××年××月××日</td></tr>
<tr><td>监理工程员</td><td>施工项目技术负责人</td><td>质检员</td><td></td></tr>
<tr><td>×××</td><td>×××</td><td>×××</td><td></td></tr>
</table>

表 5.10 沟槽开挖与地基处理分项工程(验收批)质量验收记录表(表式 C7-31-1)

<table>
<tr><td colspan="2">工程名称</td><td colspan="4">××市××外环快速路</td><td colspan="3">分部工程名称</td><td colspan="3">土方工程</td><td colspan="3">分项工程名称</td><td colspan="2">沟槽开挖</td></tr>
<tr><td colspan="2">施工单位</td><td colspan="4">××建设集团××市政公司</td><td colspan="3">专业工长</td><td colspan="3">×××</td><td colspan="3">项目经理</td><td colspan="2">×××</td></tr>
<tr><td colspan="2">验收批名称、部位</td><td colspan="15">沟槽开挖与地基处理验收批质量检验记录
K2+400～K2+440 西侧雨水管道</td></tr>
<tr><td colspan="2">分包单位</td><td colspan="4">—</td><td colspan="3">分包项目经理</td><td colspan="3">—</td><td colspan="3">施工班组长</td><td colspan="2">—</td></tr>
<tr><td colspan="6">质量验收规范规定的检查项目及验收标准</td><td colspan="9">施工单位检查评定记录</td><td colspan="2">监理(建设)单位验收记录</td></tr>
<tr><td rowspan="3">主控项目</td><td>1</td><td colspan="4">原状地基土不得扰动,受水浸泡或受冻</td><td colspan="9">符合设计要求</td><td>符合要求</td><td>√</td></tr>
<tr><td>2</td><td colspan="4">地基承载力应满足设计要求 C10</td><td colspan="9">—</td><td>—</td><td></td></tr>
<tr><td>3</td><td colspan="4">进行地基处理时,压实度、厚度满足设计要求</td><td colspan="9">—</td><td>—</td><td></td></tr>
<tr><td rowspan="8">一般项目</td><td rowspan="8">1</td><td rowspan="8">沟槽开挖的允许偏差/mm</td><td rowspan="4">槽底高程</td><td rowspan="2">土方度</td><td rowspan="2">±20</td><td>10</td><td>12</td><td>−2</td><td></td><td></td><td></td><td></td><td></td><td></td><td rowspan="2">100%</td><td rowspan="2">√</td></tr>
<tr><td></td><td></td><td></td><td></td><td></td><td></td><td></td><td></td><td></td></tr>
<tr><td rowspan="2">石方</td><td rowspan="2">+20,−200</td><td></td><td></td><td></td><td></td><td></td><td></td><td></td><td></td><td></td><td rowspan="2"></td><td rowspan="2"></td></tr>
<tr><td></td><td></td><td></td><td></td><td></td><td></td><td></td><td></td><td></td></tr>
<tr><td rowspan="2">槽底中线每侧宽度</td><td colspan="2" rowspan="2">≮规定820/mm</td><td>824</td><td>823</td><td>824</td><td>826</td><td>824</td><td>823</td><td></td><td></td><td></td><td rowspan="2">100%</td><td rowspan="2">√</td></tr>
<tr><td></td><td></td><td></td><td></td><td></td><td></td><td></td><td></td><td></td></tr>
<tr><td rowspan="2">沟槽边坡</td><td colspan="2" rowspan="2">不陡于规定1∶0.5</td><td>0.53</td><td>0.52</td><td>0.5</td><td>0.51</td><td>0.53</td><td>0.52</td><td></td><td></td><td></td><td rowspan="2">100%</td><td rowspan="2">√</td></tr>
<tr><td></td><td></td><td></td><td></td><td></td><td></td><td></td><td></td><td></td></tr>
<tr><td colspan="3">施工单位检查评定结果</td><td colspan="14">质检合格。
项目专业质量检查员:××× ××××年××月××日</td></tr>
<tr><td colspan="3">监理(建设)单位验收结论</td><td colspan="14">验收合格。
监理工程师:
(建设单位项目专业技术负责人)×××
××××年××月××日</td></tr>
</table>

表5.11　测量复核记录(表式C5-5)

工程名称	××市××外环快速路	编　号	
		日　期	××××年××月××日
施工单位	××建设集团××市政公司	复核部位	K2+400～K2+440
原施测人	×××	测量复核人	×××
测量复核情况（示意图）	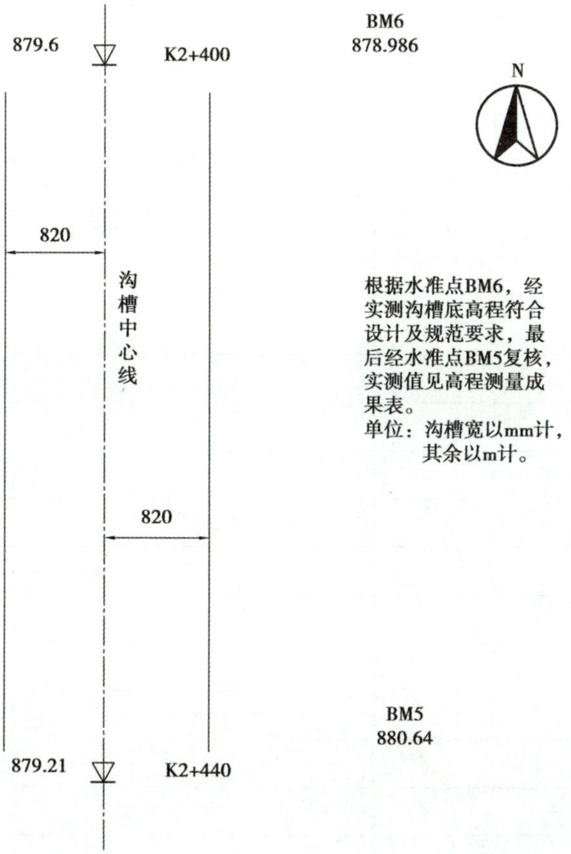		
复核结论	与设计图纸相符。		
监理工程师签字	×××		

表 5.12　高程测量成果表(表式 C5-7)

工程名称	××市××外环快速路			编　号			
施工单位	××建设集团××市政公司			时　间	××××年××月××日		
桩　号	后　视	仪　高	中　视	前　视	实测高	设计高	比　差
BM6	2.615	881.601				878.986	
K2+410 (西偏 0.82m)			2.088		879.513	879.503	0.010
K2+420 (西偏 0.82m)			2.184		879.417	879.405	0.012
K2+430 (西偏 0.82m)			2.295		879.306	879.308	-0.002
BM5				0.956	880.645	880.641	0.004
测量人	×××			记录人	×××		

表 5.13　见证记录(表式 B3-3)

<table>
<tr><td>工程名称</td><td>××市××外环快速路</td><td>编　号</td><td></td></tr>
<tr><td>取样部位</td><td colspan="3">K2+400 ~ K2+440 西侧雨水管道</td></tr>
<tr><td>样品名称</td><td>素土</td><td>取样数量</td><td>2 kg</td></tr>
<tr><td>取样地点</td><td>现场</td><td>取样日期</td><td>××××年××月××日</td></tr>
<tr><td colspan="4">见证记录:

K2+400 ~ K2+440 西侧雨水管道　　　地基允许承载力≥100 MPa</td></tr>
<tr><td>有见证取样和送检印章</td><td colspan="3"></td></tr>
<tr><td>取样人员签字</td><td colspan="3">×××　　　　××××年××月××日</td></tr>
<tr><td>见证人员签字</td><td colspan="3">×××　　　　××××年××月××日</td></tr>
</table>

表 5.14　地基承载力试验检测报告(动力触探法)(表式 C6-3)

<table>
<tr><td>工程名称</td><td colspan="3">××市××外环快速路</td><td colspan="2">样品编号</td><td colspan="2">××××</td></tr>
<tr><td>委托单位</td><td colspan="3">××建设集团××市政公司</td><td colspan="2">报告编号</td><td colspan="2">××××</td></tr>
<tr><td>监理单位</td><td colspan="3">××监理公司</td><td colspan="2">见证人/编号</td><td colspan="2">×××/××××</td></tr>
<tr><td>工程部位/用途</td><td colspan="3">K2+400 ~ K2+440 西侧雨水管道</td><td colspan="2">试验者</td><td colspan="2">×××</td></tr>
<tr><td>试验室名称</td><td colspan="3">××检测有限公司××试验室</td><td colspan="2">样品名称</td><td colspan="2">地基承载力</td></tr>
<tr><td>样品描述</td><td colspan="3">平整、无松散</td><td colspan="2">审核者</td><td colspan="2">×××</td></tr>
<tr><td>委托日期</td><td colspan="3">××××年××月××日</td><td colspan="2">试验日期</td><td colspan="2">××××年××月××日</td></tr>
<tr><td>主要仪器设备及编号</td><td colspan="7">重型触探仪 FD-635N</td></tr>
<tr><td colspan="8">地基承载力试验结果</td></tr>
<tr><td>测点编号</td><td>锤重/kg</td><td>贯入深度/cm</td><td>贯入击数 N</td><td colspan="2">实测承载力/kPa</td><td>设计承载力/kPa</td><td>结果判定</td></tr>
<tr><td>1</td><td>63.5±0.5</td><td>10</td><td>3</td><td colspan="2">105</td><td>100</td><td>合格</td></tr>
<tr><td>2</td><td>63.5±0.5</td><td>10</td><td>4</td><td colspan="2">125</td><td>100</td><td>合格</td></tr>
<tr><td>3</td><td>63.5±0.5</td><td>10</td><td>5</td><td colspan="2">145</td><td>100</td><td>合格</td></tr>
<tr><td>4</td><td>63.5±0.5</td><td>10</td><td>6</td><td colspan="2">165</td><td>100</td><td>合格</td></tr>
<tr><td>5</td><td>63.5±0.5</td><td>10</td><td>7</td><td colspan="2">185</td><td>100</td><td>合格</td></tr>
<tr><td>6</td><td>63.5±0.5</td><td>10</td><td>8</td><td colspan="2">205</td><td>100</td><td>合格</td></tr>
<tr><td>—</td><td>—</td><td>—</td><td>—</td><td colspan="2">—</td><td>—</td><td>—</td></tr>
<tr><td>判定依据</td><td colspan="7">《建筑地基基础工程施工质量验收标准》(GB 50202—2018)
《建筑地基处理技术规范》(JGJ 79—2012)</td></tr>
<tr><td>检测结论</td><td colspan="7">经检验,所检部位地基允许承载力约为 105 kPa,满足设计要求。</td></tr>
<tr><td>批准人</td><td>×××</td><td>审核人</td><td>×××</td><td>主检人</td><td>×××</td><td>报告日期</td><td>××××年××月××日</td></tr>
</table>

2)沟槽回填

表5.15　雨水管道沟槽回填　报验申请表(表式B3-4-2)

<table>
<tr><td>工程名称</td><td>××市××外环快速路</td><td>编　号</td><td></td></tr>
<tr><td colspan="4">致:　××监理公司　(监理单位)
我单位已经完成了　K2+400～K2+440西侧雨水管道沟槽回填(胸腔)　工作，现报上该工程报验申请表,请予以审查和验收。

附件:1.隐蔽工程检查验收记录
2.沟槽回填分项工程(验收批)质量验收记录
3.测量复核记录
4.高程测量成果表
5.见证记录
6.压实度检验报告

承包单位(章):××建设集团××市政公司
项目经理:　×××
日　期:　××××年××月××日</td></tr>
<tr><td colspan="4">审查意见:
经审核,符合要求,同意报验。

项目监理机构(章):××监理公司××项目监理部
总/专业监理工程师:　×××
日　期:　××××年××月××日</td></tr>
</table>

表 5.16　隐蔽工程检查验收记录(表式 C5-9)

<table>
<tr><td>工程名称</td><td colspan="2">××市××外环快速路</td><td>编　号</td><td colspan="2"></td></tr>
<tr><td>施工单位</td><td colspan="2">××建设集团××市政公司</td><td>时　间</td><td colspan="2">××××年××月××日</td></tr>
<tr><td>隐检项目</td><td colspan="2">沟槽回填</td><td>隐检范围</td><td colspan="2">K2+400 ~ K2+440
西侧雨水管道胸腔</td></tr>
<tr><td>隐检内容及检查情况</td><td colspan="5">质量验收规范规定的检查项目　　　　检查评定记录

主控项目
回填材料符合设计要求　　　　符合设计要求

沟槽不得带水回填,回填应密实　　　　符合要求
管壁纵向隆起、环向扁平和其他变形情况　　　　有出现变形情况
回填材料压实度≥93%　　　　符合要求

一般项目
回填应达到设计高程,表面应平整　　　　符合要求
回填时管道及附属构筑物无损伤、沉降、位移　　　　符合要求

检查人:×××　　　　××××年××月××日</td></tr>
<tr><td>验收意见</td><td colspan="5">经检查,符合规范规定和设计要求,同意隐蔽,可进行下一道工序的施工。

检查人:×××　　　　××××年××月××日</td></tr>
<tr><td>监理验收意见</td><td colspan="5">经检查,符合规范规定和设计要求,同意隐蔽。

检查人:×××　　　　××××年××月××日</td></tr>
<tr><td colspan="2">监理工程员</td><td colspan="2">施工项目技术负责人</td><td>质检员</td><td></td></tr>
<tr><td colspan="2">×××</td><td colspan="2">×××</td><td>×××</td><td></td></tr>
</table>

表 5.17　沟槽回填分项工程(检验批)质量验收记录表(表式 C7-31-3)

<table>
<tr><td colspan="2">工程名称</td><td colspan="2">××市××外环快速路</td><td>分部工程名称</td><td>土方工程</td><td>分项工程名称</td><td colspan="2">沟槽回填</td></tr>
<tr><td colspan="2">施工单位</td><td colspan="2">××建设集团××市政公司</td><td>专业工长</td><td>×××</td><td>项目经理</td><td colspan="2">×××</td></tr>
<tr><td colspan="3">验收批名称、部位</td><td colspan="6">沟槽回填验收批质量验收记录
K2+400 ～K2+440 西侧雨水管道胸腔</td></tr>
<tr><td colspan="2">分包单位</td><td colspan="2">—</td><td>分包项目经理</td><td>—</td><td>施工班组长</td><td colspan="2">—</td></tr>
<tr><td colspan="4">质量验收规范规定的检查项目及验收标准</td><td colspan="3">施工单位检查评定记录</td><td colspan="2">监理(建设)
单位验收记录</td></tr>
<tr><td rowspan="4">内容</td><td>1</td><td colspan="2">回填材料符合设计要求</td><td colspan="3">符合设计要求</td><td>符合要求</td><td>√</td></tr>
<tr><td>2</td><td colspan="2">沟槽不得带水回填,回填应密实</td><td colspan="3">沟槽回填不带水施工,回填密实</td><td>符合要求</td><td>√</td></tr>
<tr><td>3</td><td colspan="2">柔性管道的变形率不得超过设计要求:设计无要求时,钢管或球墨铸铁管道变形率应不超过 2%,化学建材管道变形率应不超过 3%;管壁不得出现纵向隆起、环向扁平和其他变形情况</td><td colspan="3">管壁没有出现纵向隆起、环向扁平和其他变形情况</td><td>符合要求</td><td>√</td></tr>
<tr><td>4</td><td>回填材料压实度/%</td><td>≥93</td><td colspan="3">压实度详细情况见后附报告</td><td>符合要求</td><td>√</td></tr>
<tr><td rowspan="2">附页</td><td>1</td><td colspan="2">回填应达到设计高程,表面应平整</td><td colspan="3">回填达设计高程,表面平整</td><td>符合要求</td><td>√</td></tr>
<tr><td>2</td><td colspan="2">回填时管道及附属构筑物无损伤、沉降、位移</td><td colspan="3">回填时管道及附属构筑物无损伤、沉降、位移现象</td><td>符合要求</td><td>√</td></tr>
<tr><td colspan="3">施工单位检查评定结果</td><td colspan="6">质检合格。
项目专业质量检查员:×××
××××年××月××日</td></tr>
<tr><td colspan="3">监理(建设)单位验收结论</td><td colspan="6">验收合格。
监理工程师:×××
(建设单位项目专业技术负责人)
××××年××月××日</td></tr>
</table>

表 5.18　测量复核记录(表式 C5-5)

工程名称	××市××外环快速路	编　号	
		日　期	××××年××月××日
施工单位	××建设集团××市政公司	复核部位	K2+400～K2+440
原施测人	×××	测量复核人	×××
测量复核情况（示意图）	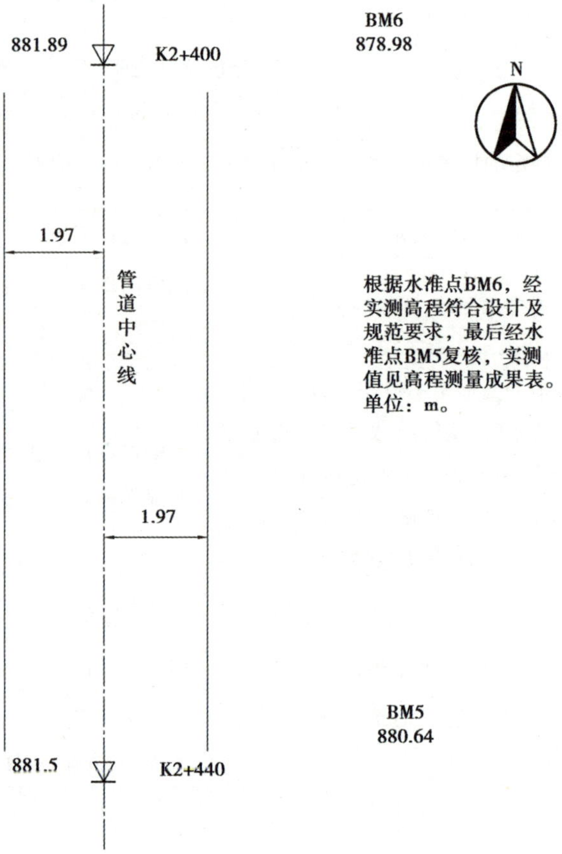		
复核结论	符合设计及规范要求。		
监理工程师签字	×××		

表 5.19　高程测量成果表(表式 C5-7)

工程名称	××市××外环快速路			编　号			
施工单位	××建设集团××市政公司			时　间	××××年××月××日		
桩　号	后　视	仪　高	中　视	前　视	实测高	设计高	比　差
BM6	3.851	882.837				878.986	
ZD1				4.625	878.212		
ZD2	3.518	881.73					
K2+400 (西偏 1.72 m)			1.182		880.548	880.545	0.003
K2+410 (西偏 1.72 m)			1.277		880.293	880.293	0.000
K2+420 (西偏 1.72 m)			1.377		880.306	880.308	-0.002
K2+430 (西偏 1.72 m)			1.571		880.159	880.161	-0.002
BM5				1.086	880.644	880.641	0.003
测量人	×××			记录人	×××		

表 5.20　见证记录(表式 B3-3)

工程名称	××市××外环快速路	编　号	
取样部位	K2+400～K2+440 西侧雨水管道沟槽回填		
样品名称	素土	取样数量	2 kg
取样地点	现场	取样日期	××××年××月××日
见证记录： 雨水管道胸腔回填　　　　压实度系数≥0.93			
有见证取样和送检印章			
取样人员签字	×××		××××年××月××日
见证人员签字	×××		××××年××月××日

表 5.21　土壤压实度(灌砂法)检验报告(表式 C6-53)

<table>
<tr><td colspan="2">工程名称</td><td colspan="3">××市××外环快速路</td><td colspan="2">编　号</td><td colspan="2">××××</td></tr>
<tr><td colspan="2">委托单位</td><td colspan="3">××建设集团××市政公司</td><td colspan="2">收样日期</td><td colspan="2">××××年××月××日</td></tr>
<tr><td colspan="2">建设单位</td><td colspan="3">××住建局</td><td colspan="2">检验日期</td><td colspan="2">××××年××月××日</td></tr>
<tr><td colspan="2">监理单位</td><td colspan="3">××监理公司</td><td colspan="2">报告日期</td><td colspan="2">××××年××月××日</td></tr>
<tr><td colspan="2">试样名称</td><td colspan="3">素土</td><td colspan="2">最大干密度/($g\cdot cm^{-3}$)</td><td colspan="2">1.83</td></tr>
<tr><td colspan="2">要求压实系数</td><td colspan="3">≥0.93</td><td colspan="2">最佳含水率/%</td><td colspan="2">14.4</td></tr>
<tr><td colspan="2">工程部位</td><td colspan="3">K2+400～K2+440 西侧
雨水管左侧胸腔</td><td colspan="2">控制干密度/($g\cdot cm^{-3}$)</td><td colspan="2">1.70</td></tr>
<tr><td rowspan="2">步　数</td><td rowspan="2">点　号</td><td>湿密度/($g\cdot cm^{-3}$)</td><td colspan="3">含水率/%</td><td>干密度/($g\cdot cm^{-3}$)</td><td rowspan="2">压实
系数</td><td rowspan="2">桩　号</td></tr>
<tr><td>单值</td><td>次数</td><td>单值</td><td>平均值</td><td>单值</td></tr>
<tr><td rowspan="2">第一步</td><td rowspan="2">1</td><td rowspan="2">1.98</td><td>第一次</td><td>14.6</td><td rowspan="2">11.4</td><td rowspan="2">1.73</td><td rowspan="2">0.95</td><td rowspan="2">K2+400</td></tr>
<tr><td>第二次</td><td>14.6</td></tr>
<tr><td rowspan="2">第一步</td><td rowspan="2">2</td><td rowspan="2">2.03</td><td>第一次</td><td>15.5</td><td rowspan="2">12.6</td><td rowspan="2">1.75</td><td rowspan="2">0.96</td><td rowspan="2">K2+420</td></tr>
<tr><td>第二次</td><td>16.3</td></tr>
<tr><td rowspan="2">第一步</td><td rowspan="2">3</td><td rowspan="2">1.97</td><td>第一次</td><td>14.9</td><td rowspan="2">11.5</td><td rowspan="2">1.71</td><td rowspan="2">0.93</td><td rowspan="2">K2+430</td></tr>
<tr><td>第二次</td><td>15.2</td></tr>
<tr><td rowspan="2">以</td><td rowspan="2">下</td><td rowspan="2"></td><td>第一次</td><td></td><td rowspan="2">空</td><td rowspan="2">白</td><td rowspan="2"></td><td rowspan="2"></td></tr>
<tr><td>第二次</td><td></td></tr>
<tr><td rowspan="2"></td><td rowspan="2"></td><td rowspan="2"></td><td>第一次</td><td></td><td rowspan="2"></td><td rowspan="2"></td><td rowspan="2"></td><td rowspan="2"></td></tr>
<tr><td>第二次</td><td></td></tr>
<tr><td colspan="2">检验依据</td><td colspan="7">《土工试验方法标准》(GB/T 50123—2019)</td></tr>
<tr><td colspan="2">结　论</td><td colspan="7">经检测所有检测点都符合设计要求</td></tr>
<tr><td colspan="3">检验人</td><td colspan="3">审核人</td><td colspan="3">负责人</td></tr>
<tr><td colspan="3">×××</td><td colspan="3">×××</td><td colspan="3">×××</td></tr>
<tr><td colspan="3">见证单位、见证人及编号</td><td colspan="6">××监理公司　×××　×协见字××××</td></tr>
<tr><td colspan="3">检测单位</td><td colspan="6">××工程质量检测有限公司</td></tr>
<tr><td colspan="3">报告日期</td><td colspan="6">××××年××月××日</td></tr>
</table>

动画：灌砂法
(压实度)

任务4 管道主体工程分部工程资料编制

任务目标

通过本任务的学习,使学生在熟悉常见施工技术资料的基础上,能够将给定的管道主体工程施工和测量数据规范填写到相应的表格中,具备工程资料的编写、收集、加工整理和归档的职业能力,通过任务实施使学生能够对实践过程中发现的问题进行简单的分析,并提出相应的策略,培养学生理论联系实际的能力和细致严谨的工作态度。

5.4.1 管道主体分部工程施工填报资料

填报资料的填写内容及要求

在本案例中,管道主体分部工程采用预制管开槽施工主体结构,雨水管道施工工艺流程包括管道垫层、管道基础、管道铺设和管道接口连接,雨水箱涵施工工艺流程包括雨水箱涵垫层、雨水箱涵基础、雨水箱涵钢筋、模板、混凝土及变形缝,其施工资料填报内容和顺序见表5.22,填报资料的填写内容及要求可扫描二维码进行阅览。

表5.22 管道主体分部工程施工资料

序号	程序	所用表格
1	管道垫层	报审/报验申请表(表式B3-4-2)
		隐蔽工程检查验收记录(表式C5-9)
		管道垫层分项工程(验收批)质量验收记录表(表式C7-33-4)
		测量复核记录(表式C5-5)
		高程测量成果表(表式C5-7)
		土壤压实度(灌砂法)检验报告(砂石)(表式C6-6)
2	管道基础	报审/报验申请表(表式B3-4-2)
		隐蔽工程检查验收记录(表式C5-9)
		管道土(砂及砂砾)基础、管座分项工程(验收批)质量验收记录表(表式C7-33-5)
		测量复核记录(表式C5-5)
		高程测量成果表(表式C5-7)
		见证记录(表式B3-3)
		土壤压实度(灌砂法)检验报告(表式C6-6)
3	管道铺设	报审/报验申请表(表式B3-4-2)
		隐蔽工程检查验收记录(表式C5-9)
		管道铺设分项工程(验收批)质量验收记录表(表式C7-33-6)
		高程测量成果表(表式C5-7)

续表

序　号	程　序	所用表格
4	管道接口连接	报审/报验申请表(表式 B3-4-2)
		隐蔽工程检查验收记录(表式 C5-9)
		钢筋混凝土管、预(自)应力混凝土管、预应力钢筒混凝土管接口连接分项工程(验收批)质量验收记录表(表式 C7-33-7)
5	功能性试验	无压管道闭水试验记录(表式 C6-56)
6	雨水箱涵灰土垫层	报审/报验申请表(表式 B3-4-2)
		隐蔽工程检查验收记录(表式 C5-9)
		箱涵灰土垫层分项工程(验收批)质量验收记录表(表式 C7-33-8)
		测量复核记录(表式 C5-5)
		高程测量成果表(表式 C5-7)
		见证记录(表式 B3-3)
		土壤压实度(灌砂法)检验报告(表式 C6-6)
7	雨水箱涵基础	报审/报验申请表(表式 B3-4-2)
		隐蔽工程检查验收记录(表式 C5-9)
		管道土(砂及砂砾)基础分项工程(验收批)质量验收记录表(表式 C7-33-9)
		测量复核记录(表式 C5-5)
		高程测量成果表(表式 C5-7)
8	雨水箱涵混凝土垫层	报审/报验表(表式 B3-4-2)
		隐蔽工程检查验收记录(表式 C5-9)
		基础、垫层混凝土工程验收批质量验收记录表(表式 C7-37-8)
		高程测量成果表(表式 C5-7)
		混凝土浇灌申请书(表式 C5-12-1)
		混凝土浇筑记录(表式 C5-12-2)
		见证记录(表式 B3-3)
		混凝土抗压强度检验报告(表式 C6-18)
		商品混凝土合格证、配合比
9	雨水箱涵钢筋	报审/报验表(表式 B3-4-2)
		隐蔽工程检查验收记录(表式 C5-9)
		钢筋分项工程(验收批)质量验收记录表(表式 C7-33-11)
10	雨水箱涵模板	报审/报验表(表式 B3-4-2)
		模板分项工程(验收批)质量验收记录表(表式 C7-33-12)

续表

序　号	程　序	所用表格
11	雨水箱涵混凝土	报审/报验表(表式 B3-4-2)
		隐蔽工程检查验收记录(表式 C5-9)
		现浇混凝土分项工程(验收批)质量验收记录表(表式 C7-33-13)
		高程测量成果表(表式 C5-7)
		混凝土浇灌申请书(表式 C5-12-1)
		混凝土浇筑记录(表式 C5-12-2)
		见证记录(表式 B3-3)
		混凝土抗压强度检验报告(表式 C6-18)
		混凝土抗渗强度检验报告(表式 C6-18)
		商品混凝土合格证、配合比
12	变形缝	报审/报验表(表式 B3-4-2)
		构筑物变形缝分项工程(验收批)质量验收记录表(表式 C7-33-14)

5.4.2　管道主体分部工程施工资料填写范例

在本案例中,管道主体工程采用预制管开槽施工主体结构施工,雨水管道工程施工需要填报资料内容以 K2+400～K2+440 西侧雨水管道基础、管道铺设、管道接口连接及无压管道闭水试验施工资料为例,见表 5.23—表 5.38。

1)管道基础施工资料

表 5.23　雨水管道基础　报验申请表(表式 B3-4-2)

工程名称	××市××外环快速路	编　号	

致:　××监理公司　(监理单位)

我单位已经完成了　K2+400～K2+440 西侧雨水管道基础　工作,现报上该工程报验申请表,请予以审查和验收。

附件:1. 隐蔽工程检查验收记录

2. 管道土(砂及砂砾)基础分项工程(验收批)质量验收记录表

3. 测量复核记录

4. 高程测量成果表

5. 见证记录

6. 压实度检验报告

承包单位(章):××建设集团××市政公司

项目经理:　×××

日　　期:　××××年××月××日

续表

审核意见： 经审核，符合要求，同意报验。 项目监理机构（章）：××监理公司××项目监理部 总/专业监理工程师：××× 日　　期：××××年××月××日

表5.24　隐蔽工程检查验收记录（表式C5-9）

工程名称	××市××外环快速路	编　号	
施工单位	××建设集团××市政公司	时　间	××××年××月××日
隐检项目	管道基础	隐检范围	K2+400～K2+440西侧雨水管道
隐检内容及检查情况	质量验收规范规定的检查项目　　检查评定记录 主控项目 砂石基础压实度　　符合设计及规范要求 原状地基、砂石基础与管道外壁间，接触均匀，无空隙　　符合要求 一般项目 管道土（砂及砂砾土）基础允许偏差/mm 高程　0，-15　应测4点　4点合格　合格率100% 平基厚度　≥0.15 m　应测4点　4点合格　合格率100% 土弧基础腋角高度　≥0.15 m　应测4点　4点合格　合格率100% 检查人：×××　　××××年××月××日		
验收意见	经检查，符合规范、规定和设计要求，同意隐蔽，可进行下一道工序的施工。 检查人：×××　　××××年××月××日		
监理验收意见	经检查，符合规范规定和设计要求，同意隐蔽。 检查人：×××　　××××年××月××日		
监理工程员	施工项目技术负责人	质检员	
×××	×××	×××	

表 5.25 管道土(砂及砂砾)基础、管座分项工程(验收批)质量验收记录表(表式 C7-33-5)

工程名称	××市××外环快速路	分部工程名称	预制管开槽施工结构	分项工程名称	管道基础
施工单位	××建设集团××市政公司	专业工长	×××	项目经理	×××
验收批名称、部位	K2+400 ~ K2+440 西侧雨水管道				
分包单位	—	分包项目经理	—	施工班组长	—

质量验收规范规定的检查项目及验收标准					施工单位检查评定记录	监理(建设)单位验收记录	
主控项目	1	原状地基的承载力符合设计要求			符合设计及规范要求	符合要求	√
主控项目	2	砂石基础的压实度符合设计要求或本规范的规定			符合设计及规范要求	符合要求	√
一般项目	1	原状地基、砂石基础与管道外壁间接触均匀，无空隙			符合要求	符合要求	√
一般项目	2 管道土(砂及砂砾)基础允许偏差/mm	高程	管道压力	±30			
一般项目		高程	无压管道	0,−15	−2 0 −2 −1	100%	√
一般项目		平基厚度		≥设计(0.15 m)	0.15 0.16 0.15 0.16	100%	√
一般项目		土弧基础腋角高度		≥设计(0.21 m)	0.22 0.21 0.22 0.23	100%	√

施工单位检查评定结果	质检合格。 项目专业质量检查员：×××　　××××年××月××日
监理(建设)单位验收结论	验收合格。 监理工程师 (建设单位项目专业技术负责人) ××××年××月××日

表 5.26　测量复核记录(表式 C5-5)

工程名称	××市××外环快速路	编　号	
		日　期	××××年××月××日
施工单位	××建设集团××市政公司	复核部位	K2+400 ~ K2+440
原施测人	×××	测量复核人	×××
测量复核情况（示意图）	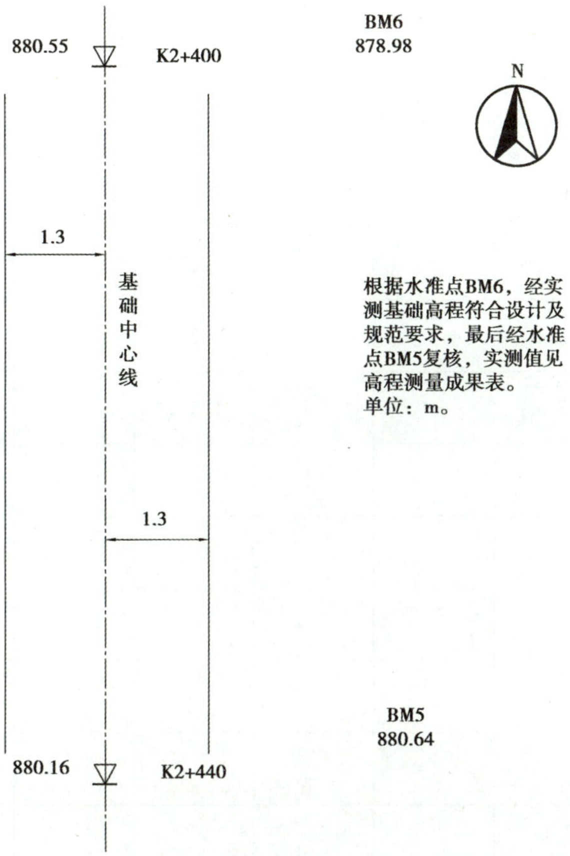		
复核结论	与设计图纸相符。		
监理工程师签字	×××		

表 5.27　高程测量成果表(表式 C5-7)

工程名称	××市××外环快速路	编　号	
施工单位	××建设集团××市政公司	时　间	××××年××月××日

桩　号	后　视	仪　高	中　视	前　视	实测高	设计高	比　差
BM6	3.861	882.837				878.986	
ZD1				4.625	878.121		
ZD1	3.518	881.73					
K2+400(西偏 1.3 m)			1.182		880.548	880.550	-0.002
K2+410(西偏 1.3 m)			1.277		880.453	880.453	0
K2+420(西偏 1.3 m)			1.377		880.353	880.355	-0.002
K2+430(西偏 1.3 m)			1.571		880.159	880.160	-0.001
BM5				1.086	880.644	880.641	0.003

测量人	×××	复核人	×××

表5.28 见证记录(表式B3-3)

<table>
<tr><td>工程名称</td><td>××市××外环快速路</td><td>编　号</td><td></td></tr>
<tr><td>取样部位</td><td colspan="3">K2+400～K2+440 西侧雨水管道基础</td></tr>
<tr><td>样品名称</td><td>中粗砂</td><td>取样数量</td><td>2 kg</td></tr>
<tr><td>取样地点</td><td>现场</td><td>取样日期</td><td>××××年××月××日</td></tr>
<tr><td colspan="4">见证记录：

压实系数≥0.90
回填步数一步,共6个点</td></tr>
<tr><td>有见证取样和送检印章</td><td colspan="3"></td></tr>
<tr><td>取样人员签字</td><td colspan="3">×××　　××××年××月××日</td></tr>
<tr><td>见证人员签字</td><td colspan="3">×××　　××××年××月××日</td></tr>
</table>

表 5.29　土壤压实度(灌砂法)检验报告(表式 C6-6)

工程名称	××市××外环快速路	编　号	××××
委托单位	××建设集团××市政公司	收样日期	××××年××月××日
建设单位	××住建局	检验日期	××××年××月××日
监理单位	××监理公司	报告日期	××××年××月××日
试样名称	3∶7灰土	最大干密度/($g \cdot cm^{-3}$)	2.26
要求压实系数	≥0.93	最佳含水率/%	5.4
工程部位	K2+400～K2+440 西侧 雨水管中粗砂基础	控制干密度/($g \cdot cm^{-3}$)	2.03

步　数	点　号	湿密度/($g \cdot cm^{-3}$)	含水率/%			干密度/($g \cdot cm^{-3}$)	压实系数	桩　号
		单值	次数	单值	平均值	单值		
第一步	1	2.18	第一次	6.1	6.2	2.05	0.91	K2+420
			第二次	6.3				
第一步	2	2.03	第一次	7.0	7.1	2.07	0.92	K2+440
			第二次	7.2				
以	下		第一次		空	白		
			第二次					
			第一次					
			第二次					
			第一次					
			第二次					

检验依据	《土工试验方法标准》(GB/T 50123—2019)
结　论	经检测所有检测点都符合设计要求。

检验人	审核人	负责人
×××	×××	×××

见证单位、见证人及编号	××监理公司　　×××　　×协见字××××
检测单位	××工程质量检测有限公司
报告日期	××××年××月××日

2）管道铺设施工资料

表 5.30　雨水管道铺设 报验申请表（表式 B3-4-2）

工程名称	××市××外环快速路	编　号	

致：××监理公司（监理单位）

我单位已经完成了 K2+400～K2+440 西侧雨水管道铺设 工作，现报上该工程报验申请表，请予以审查和验收。

附件：1. 隐蔽工程检查验收记录
2. 管道铺设分项工程（验收批）质量验收记录
3. 测量复核记录
4. 高程测量成果表

承包单位（章）：××建设集团××市政公司
项目经理：×××
日　　期：××××年××月××日

审核意见：

经审核，符合要求，同意报验。

项目监理机构（章）：××监理公司××项目监理部
总/专业监理工程师：×××
日　　期：××××年××月××日

动画：机械取土掘进顶管法

动画：管道牵引铺设（普通）

表 5.31　管道铺设分项工程(验收批)质量验收记录表(表式 C7-33-6)

工程名称	××市××外环快速路	分部工程名称	预制管开槽施工结构	分项工程名称	管道铺设
施工单位	××建设集团××市政公司	专业工长	×××	项目经理	×××
验收批名称、部位	管道铺设验收批质量验收记录 K2+400 ~ K2+440 西侧雨水管道				
分包单位	—	分包项目经理	—	施工班组长	—

施工质量验收规范的规定			施工单位检查评定记录	监理(建设)单位验收记录	
主控项目	1	管道埋设深度、轴线位置应符合设计要求无压力管道严禁倒坡	符合设计要求	符合要求	√
	2	刚性管道无结构贯通裂缝和明显缺损情况	符合要求	符合要求	√
	3	柔性管道的管壁不得出现纵向隆起、环向扁平和其他变形情况	—	—	
	4	管道铺设安装必须稳固,管道安装后应线形要求	符合要求	符合要求	√
一般项目	1	管道内应光洁平整,无杂物、油污;管道无明显渗水和水珠现象	符合要求	符合要求	√
	2	管道与井室洞口之间无渗漏水	符合要求	符合要求	√
	3	管道内外防腐层完整,无破损现象	—	—	
	4	钢管管道开孔应符合: 1. 不得在干管的纵向、环向焊缝处开孔 2. 管道上任何位置不得开方孔 3. 不得在短节上或管件上开孔 4. 开孔处的加固补强应符合设计要求	—	—	
	5	闸阀安装应牢固、严密,启闭灵活,与管道轴线垂直	—	—	

一般项目	序号	项目			允许偏差											验收记录	
	6	管道铺设的允许偏差	水平轴线		15	1	2	1	0	3	2	2	4	3	1	100%	√
						4	2	1	3	4	2	0	5	1			
			管底高程	$D_i \leqslant 1\ 000$	±10	2	0	−2	0	3	−1	−2	0	0	3	100%	√
						1	2	4	2	1	0	6	2	0			
				$D_i > 1\ 000$	±15												

施工单位检查结果	质检合格。 项目专业质量检查员:××× (项目专业技术负责人)　　××××年××月××日
监理(建设)单位验收结论	验收合格。 专业监理工程师:××× (建设单位项目技术负责人)　　××××年××月××日

表5.32 测量复核记录(表式C5-5)

工程名称	××市××外环快速路	编 号	
		日 期	××××年××月××日
施工单位	××建设集团××市政公司	复核部位	K2+400 ~ K2+440
原施测人	×××	测量复核人	×××
测量复核情况(示意图)	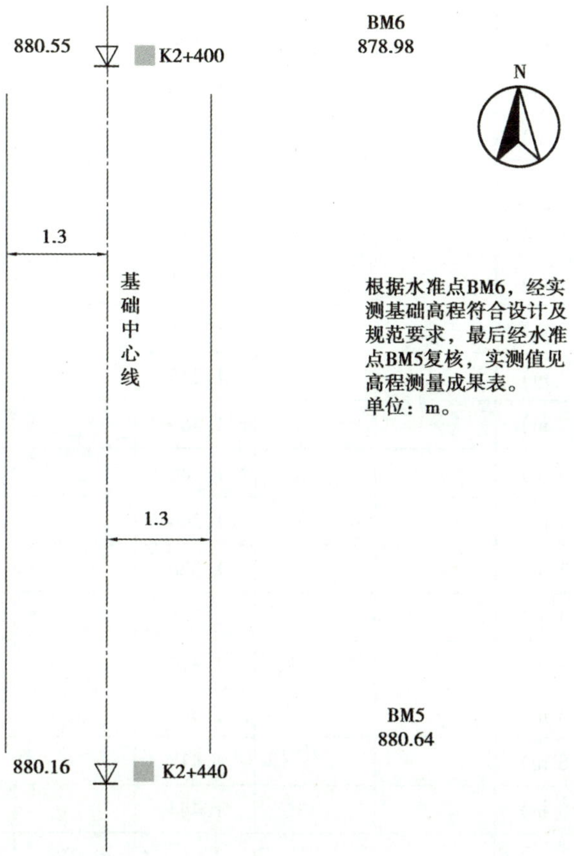		
复核结论	与设计图纸相符。		
监理工程师签字	×××		

表 5.33　高程测量成果表(表式 C5-7)

工程名称	××市××外环快速路				编　号		
施工单位	××建设集团××市政公司				时间	××××年××月××日	
桩　号	后　视	仪　高	中　视	前　视	实测高	设计高	比　差
BM6	2.861	881.604				878.986	
K2+402(西偏 1.3 m)			1.052		880.552	880.550	0.002
K2+404(西偏 1.3 m)			1.078		880.526	880.526	0.000
K2+406(西偏 1.3 m)			1.104		880.500	880.502	-0.002
K2+408(西偏 1.3 m)			1.126		880.478	880.478	0.000
K2+410(西偏 1.3 m)			1.148		880.456	880.453	0.003
K2+412(西偏 1.3 m)			1.172		880.432	880.433	-0.001
K2+414(西偏 1.3 m)			1.193		880.411	880.413	-0.002
K2+416(西偏 1.3 m)			1.211		880.393	880.393	0.000
K2+418(西偏 1.3 m)			1.231		880.373	880.373	0.000
K2+420(西偏 1.3 m)			1.246		880.358	880.335	0.003
K2+422(西偏 1.3 m)			1.267		880.337	880.336	0.001
K2+424(西偏 1.3 m)			1.286		880.318	880.316	0.002
K2+426(西偏 1.3 m)			1.304		880.300	880.296	0.004
K2+428(西偏 1.3 m)			1.326		880.278	880.276	0.002
K2+430(西偏 1.3 m)			1.345		880.259	880.258	0.001
K2+432(西偏 1.3 m)			1.370		880.234	880.234	0.000
K2+434(西偏 1.3 m)			1.389		880.215	880.209	0.006
K2+436(西偏 1.3 m)			1.418		880.186	880.184	0.002
K2+438(西偏 1.3 m)			1.444		440.160	880.160	0.000
BM5				0.958	880.646	880.641	0.005
测量人	×××			复核人		×××	

3)管道接口连接施工资料

表5.34　雨水管道接口连接 报验申请表(表式B3-4-2)

工程名称	××市××外环快速路	编　号	

致：××监理公司（监理单位）

我单位已经完成了 K2+400～K2+440 西侧雨水管道接口连接 工作，现报上该工程报验申请表，请予以审查和验收。

附件：1. 隐蔽工程检查验收记录

2. 混凝土管接口连接分项工程(验收批)质量验收记录

承包单位(章)：××建设集团××市政公司
项目经理：×××
日　　期：××××年××月××日

审核意见：

经审核，符合要求，同意报验。

项目监理机构(章)：××监理公司××项目监理部
总/专业监理工程师：×××
日　　期：××××年××月××日

动画：法兰盘联结(管道)

表5.35　隐蔽工程检查验收记录(表式C5-9)

<table>
<tr><td>工程名称</td><td>××市××外环快速路</td><td>编　号</td><td colspan="2"></td></tr>
<tr><td>施工单位</td><td>××建设集团××市政公司</td><td>时　间</td><td colspan="2">××××年××月××日</td></tr>
<tr><td>隐检项目</td><td>接口连接</td><td>隐检范围</td><td colspan="2">K2+400～K2+440 西侧雨水管道</td></tr>
<tr><td>隐检内容及检查情况</td><td colspan="4">质量验收规范规定的检查项目　　检查评定记录
主控项目
管及管件、橡胶圈的产品质量　　符合规范要求
柔性接口的橡胶圈位置　　符合要求
一般项目
柔性接口的安装位置　　符合规范要求
接口转角　　符合规范要求
管道接口填缝　　符合要求
检查人:×××　　××××年××月××日</td></tr>
<tr><td>验收意见</td><td colspan="4">经检查,符合规范、规定和设计要求,同意隐蔽,可进行下一道工序的施工。
检查人:×××　　××××年××月××日</td></tr>
<tr><td>监理验收意见</td><td colspan="4">经检查,符合规范规定和设计要求,同意隐蔽。
检查人:×××　　××××年××月××日</td></tr>
<tr><td>监理工程员</td><td colspan="2">施工项目技术负责人</td><td>质检员</td><td></td></tr>
<tr><td>×××</td><td colspan="2">×××</td><td>×××</td><td></td></tr>
</table>

表5.36　混凝土管接口连接分项工程(验收批)质量验收记录表(表式C7-33-7)

<table>
<tr><td colspan="2">工程名称</td><td>××市××外环快速路</td><td>分部工程名称</td><td>预制管开槽施工结构</td><td>分项工程名称</td><td colspan="2">接口连接</td></tr>
<tr><td colspan="2">施工单位</td><td>××建设集团××市政公司</td><td>专业工长</td><td>×××</td><td>项目经理</td><td colspan="2">×××</td></tr>
<tr><td colspan="2">验收批名称、部位</td><td colspan="6">K2+400 ~ K2+440 西侧雨水管道</td></tr>
<tr><td colspan="2">分包单位</td><td>—</td><td>分包项目经理</td><td>—</td><td>施工班组长</td><td colspan="2">—</td></tr>
<tr><td colspan="5">质量验收规范规定的检查项目及验收标准</td><td>施工单位检查评定记录</td><td colspan="2">监理(建设)单位验收记录</td></tr>
<tr><td rowspan="3">主控内容</td><td>1</td><td colspan="3">管及管件、橡胶圈的产品质量应符合本规范第5.6.1、5.6.2、5.6.5和5.7.1条的规定</td><td>符合规范要求</td><td>符合要求</td><td>√</td></tr>
<tr><td>2</td><td colspan="3">柔性接口的橡胶 圈位置正确,无扭曲、外露现象;承口、插口无破损、开裂;双道橡胶圈的单口水压试验合格</td><td>符合要求</td><td>符合要求</td><td>√</td></tr>
<tr><td>3</td><td colspan="3">刚性接口的强度符合设计要求,不得有开裂、空鼓、脱落现象</td><td>—</td><td>—</td><td></td></tr>
<tr><td rowspan="4">附页</td><td>1</td><td colspan="3">柔性接口的安装位置正确,其纵向间隙应符合本规范第5.6.9、5.7.2条的相关规定</td><td>符合规范要求</td><td>符合要求</td><td>√</td></tr>
<tr><td>2</td><td colspan="3">刚性接口的宽度、厚度符合设计要求,其相邻管接口错口允许偏差:
D_i 小于700 m时,应在施工中自检;
D_i 大于700 m,小于或等于1 000 mm时,应不大于3 mm;
D_i 大于1 000 mm时,应不大于5 mm</td><td>—</td><td>—</td><td></td></tr>
<tr><td>3</td><td colspan="3">管道沿曲线安装时,接口转角应符合本规范第5.6.9、5.7.5条的相关规定</td><td>符合规范要求</td><td>符合要求</td><td>√</td></tr>
<tr><td>4</td><td colspan="3">管道接口的填缝应符合设计要求,密实、光洁、平整</td><td>符合要求</td><td>符合要求</td><td>√</td></tr>
<tr><td colspan="3">施工单位检查评定结果</td><td colspan="5">质检合格。
项目专业质量检查员:×××
××××年××月××日</td></tr>
<tr><td colspan="3">监理(建设)单位验收结论</td><td colspan="5">验收合格。
监理工程师:×××
(建设单位项目专业技术负责人)
××××年××月××日</td></tr>
</table>

4)管道闭水试验施工资料

表 5.37 管道闭水试验 报验申请表(表式 B3-4-2)

工程名称	××市××外环快速路	编　号	
致:××监理公司(监理单位) 我单位已经完成了 K2+400~K2+840 西侧雨水管道闭水试验 工作,现报上该工程报验申请表,请予以审查和验收。 附件:无压管道闭水试验记录 承包单位(章):××建设集团××市政公司 项目经理:××× 日　期:××××年××月××日			
审核意见: 经审核,符合要求,同意报验。 项目监理机构(章):××监理公司××项目监理部 总/专业监理工程师:××× 日　期:××××年××月××日			

表 5.38 无压管道闭水试验记录(表式 C6-56)

<table>
<tr><td colspan="2">工程名称</td><td colspan="2">××市××外环快速路</td><td>编 号</td><td colspan="2">××××</td></tr>
<tr><td colspan="2">施工单位</td><td colspan="2">××建设集团××市政公司</td><td>试验日期</td><td colspan="2">××××年××月××日</td></tr>
<tr><td colspan="2">桩号及地段</td><td colspan="5">K2+400 ~ K2+840 西侧雨水管道</td></tr>
<tr><td colspan="2">管道内径/mm</td><td colspan="2">管道材质</td><td>接口种类</td><td colspan="2">试验段长度/m</td></tr>
<tr><td colspan="2">DN500</td><td colspan="2">钢筋混凝土管</td><td>承插口</td><td colspan="2">440</td></tr>
<tr><td colspan="3">试验段上游设计水头/m</td><td colspan="2">试验水头/m</td><td colspan="2">允许渗水量/[m^3·(24h·km)$^{-1}$]</td></tr>
<tr><td colspan="3">2</td><td colspan="2">2</td><td colspan="2">27.95</td></tr>
<tr><td rowspan="5">渗水量测定记录</td><td>次 数</td><td>观测起始时间 t_1</td><td>观测结束时间 t_2</td><td>恒压时间 t/min</td><td>恒压时间内补入的水量 W/L</td><td>实测渗水量 q/[L·(min·m)$^{-1}$]</td></tr>
<tr><td>1</td><td>8:30</td><td>9:00</td><td>30</td><td>196.7</td><td>0.019 2</td></tr>
<tr><td>2</td><td>9:30</td><td>10:00</td><td>30</td><td>187.1</td><td>0.018 2</td></tr>
<tr><td>3</td><td></td><td></td><td></td><td></td><td></td></tr>
<tr><td colspan="2">折合平均实测渗水量</td><td colspan="4">26.8 m^3/(24 h·km)</td></tr>
<tr><td colspan="2">外观记录</td><td colspan="5">试验时无明显渗漏现象</td></tr>
<tr><td colspan="2">鉴定意见</td><td colspan="5">(0.019 2+0.018 2)/2=0.018 6
0.018 6 L/(min·m)= 26.8 m^3/(24 h·km)
合格</td></tr>
<tr><td colspan="2">使用标准</td><td colspan="5"></td></tr>
<tr><td rowspan="2">建设单位</td><td rowspan="2">监理单位</td><td rowspan="2">设计单位</td><td colspan="2">施工单位</td><td rowspan="2" colspan="2">邀请单位</td></tr>
<tr><td>项目技术负责人</td><td>质检员</td></tr>
<tr><td>×××</td><td>×××</td><td>×××</td><td>×××</td><td>×××</td><td colspan="2">×××</td></tr>
<tr><td>测量人</td><td colspan="2">×××</td><td>记录日期</td><td colspan="3">××××年××月××日</td></tr>
</table>

任务5　附属构筑物分部工程资料编制

任务目标

通过本任务的学习，使学生在熟悉常见附属构筑物分部工程施工技术资料的基础上，能够将工程资料进行搜集、整理、规范填写，在资料整理过程中，要严格执行有关法律、法规规定，使学生具备市政给排水工程施工管理、施工资料整理和归档的职业能力，培养学生学做结合、适应岗位需求以及利用工程项目管理知识分析和解决问题的能力。

5.5.1　附属构筑物分部工程填报资料

填报资料的填写内容及要求

市政给排水附属构筑物分部工程根据施工工艺流程，包括检查井垫层、检查井底板、检查井井室、雨水口及支连管、检查井盖板施工5个分项工程，其施工资料填报内容和顺序见表5.39，填报资料的填写内容及要求可扫描二维码进行阅览。

表5.39　附属构筑物分部工程施工资料

序　号	程　序	所用表格序号
1	检查井垫层模板	报审/报验表(表式B3-4-2)
		模板、支架和拱架制作验收批质量验收记录表(表式C7-35-1)
		模板、支架和拱架安装验收批质量验收记录表(表式C7-35-2)
	检查井混凝土垫层	报审/报验表(表式B3-4-2)
		隐蔽工程检查验收记录(表式C5-9)
		基础、垫层混凝土工程检验批质量验收记录(表式C7-37-8)
		高程测量成果(表式C5-7)
		混凝土浇灌申请书(表式C5-12-1)
		混凝土浇筑记录(表式C5-12-2)
		见证记录(表式B3-3)
		混凝土试块抗压强度检验报告(表式C6-18)
		商品混凝土合格证、配合比(表式C6-17)
2	检查井底板钢筋	报审/报验表(表式B3-4-2)
		隐蔽工程检查验收记录(表式C5-9)
		钢筋制作(钢筋加工)验收批质量验收记录表(表式C7-35-4)
		钢筋安装验收批质量验收记录表(表式C7-35-5)
	检查井底板模板	报审/报验表(表式B3-4-2)
		模板、支架和拱架制作验收批质量验收记录表(表式C7-35-1)

续表

序　号	程　序	所用表格序号
2	检查井底板模板	模板、支架和拱架安装验收批质量验收记录表(表式 C7-35-2)
	检查井底板混凝土	报审/报验表(表式 B3-4-2)
		隐蔽工程检查验收记录(表式 C5-9)
		混凝土工程验收批质量验收记录表(表式 C7-35-3)
		高程测量成果表(表式 C5-7)
		混凝土浇灌申请书(表式 C5-12-1)
		混凝土浇筑记录(表式 C5-12-2)
		见证记录(表式 B3-3)
		混凝土试块抗压强度检验报告(表式 C6-18)
		混凝土试块抗渗强度检验报告(表式 C6-55)
		商品混凝土配合比通知单(表式 C6-17)
3	检查井井室钢筋	报审/报验表(表式 B3-4-2)
		钢筋制作(钢筋加工)验收批质量验收记录表(表式 C7-35-4)
		钢筋安装验收批质量验收记录表(表式 C7-35-5)
	检查井井室模板	报审/报验表(表式 B3-4-2)
		模板、支架和拱架制作验收批质量验收记录表(表式 C7-35-1)
		模板、支架和拱架安装验收批质量验收记录表(表式 C7-35-2)
	检查井井室混凝土	报审/报验表(表式 B3-4-2)
		隐蔽工程检查验收记录(表式 C5-9)
		混凝土工程检验批质量验收记录(表式 C7-35-3)
		高程测量成果表(表式 C5-7)
		混凝土浇灌申请书(表式 C5-12-1)
		混凝土浇筑记录(表式 C5-12-2)
		见证记录(表式 B3-3)
		混凝土试块抗压强度检验报告(表式 C6-18)
		混凝土试块抗渗强度检验报告
		商品混凝土合格证、配合比(表式 C6-17)
	井室	报审/报验表(表式 B3-4-2)
		隐蔽工程检查验收记录(表式 C5-9)
		井室分项工程(验收批)质量检验记录表(表式 C7-35-6)

续表

序　号	程　序	所用表格序号
4	雨水口与支连管	报审/报验表(表式 B3-4-2)
		隐蔽工程检查验收记录(表式 C5-9)
		雨水支管与雨水口检验批质量检验记录(表式 C7-33-7)
5	检查井盖板钢筋	报审/报验表(表式 B3-4-2)
		钢筋制作(钢筋加工)验收批质量验收记录表(表式 C7-35-4)
		钢筋安装验收批质量验收记录表(表式 C7-35-5)
	检查井盖板模板	报审/报验表(表式 B3-4-2)
		模板、支架和拱架制作验收批质量验收记录表(表式 C7-35-1)
		模板、支架和拱架安装验收批质量验收记录表(表式 C7-35-2)
	检查井盖板混凝土	报审/报验表(表式 B3-4-2)
		隐蔽工程检查验收记录(表式 C5-9)
		混凝土工程检验批质量验收记录(表式 C7-35-3)
		高程测量成果表(表式 C5-7)
		混凝土浇灌申请书(表式 C5-12-1)
		混凝土浇筑记录(表式 C5-12-2)
		见证记录(表式 B3-3)
		混凝土试块抗压强度检验报告(表式 C6-18)
		商品混凝土合格证、配合比(表式 C6-17)

5.5.2　附属构筑物分部工程资料填写范例

在本案例中,市政给排水附属构筑物分部工程资料内容的填写以 K2+400 ~ K2+440 西侧雨水检查井垫层模板、检查井混凝土垫层和井室施工资料为例,见表 5.40—表 5.54。

1)检查井垫层模板施工资料

表5.40　检查井垫层模板 报验申请表(表式B3-4-2)

<table>
<tr><td>工程名称</td><td>××市××外环快速路</td><td>编　号</td><td></td></tr>
<tr><td colspan="4">致：　××监理公司　(监理单位)
　　我单位已经完成了　K2+400～K2+440西侧雨水检查井垫层模板　工作,现报上该工程报验申请表,请予以审查和验收。

　　附件:1.模板、支架和拱架制作验收批质量验收记录表
　　　　2.模板、支架和拱架安装验收批质量验收记录表

承包单位(章):××建设集团××市政公司
项目经理:　×××
日　　期:　××××年××月××日</td></tr>
<tr><td colspan="4">审核意见:
　　经审核,符合要求,同意报验。

项目监理机构(章):××监理公司××项目监理部
总/专业监理工程师:　×××
日　　期:　××××年××月××日</td></tr>
</table>

表 5.41　模板、支架和拱架制作验收批质量验收记录表（表式 C7-35-1）
（木模版）（CJJ2—2008）

工程名称	××市××外环快速路	验收部位	15#检查井
分项工程名称	垫层模板	施工班组长	—
施工单位	××建设集团××市政公司	专业工长	×××
施工执行标准名称及编号	《城市桥梁工程施工与质量验收规范》（CJJ2—2008）	项目经理	×××

质量验收规范规定的检查项目及验收标准						施工单位检查评定记录										监理（建设）单位验收记录	
主控项目	1	模板、支架和拱架制作及安装应符合施工设计图（施工方案）的规定，且稳固牢靠，接缝严密，立柱基础有足够的支撑面和排水、防冻融措施				符合设计要求										合格	√
一般项目	1	木模板制作允许偏差/mm	模板的长度和宽度		±5	3	2	−1	0							100%	√
			不刨光模板相邻两板表面高低差		3												
			刨光模板和相邻两板表面高低差		1	0	1	0	0							100%	√
			平板模板表面最大的局部不平	刨光模板	3	0	2	1	0							100%	√
				不刨光模板	5												
			榫槽嵌接紧密度		2												
平均合格率/%						一般项目平均合格率：100											
施工单位检查评定结果						质检合格。 项目专业质量检查员：××× ××××年××月××日											
监理（建设）单位验收结论						验收合格。 监理工程师：××× （建设单位项目专业技术负责人） ××××年××月××日											

表5.42　模板、支架和拱架安装验收批质量验收记录表(表式C7-35-2)(清水模板 钢模板)(CJJ2—2008)

工程名称	××市××外环快速路	验收部位	15#检查井
分项工程名称	垫层模板	施工班组长	—
施工单位	××建筑集团××市政公司	专业工长	×××
施工执行标准名称及编号	《城市桥梁工程施工与质量验收规范》(CJJ2—2008)	项目经理	×××

质量验收规范规定的检查项目及验收标准						施工单位检查评定记录										监理(建设)单位验收记录	
主控项目	1	模板、支架和拱架制作及安装应符合施工设计图(施工方案)的规定,且稳固牢靠,接缝严密,立柱基础有足够的支撑面和排水、防冻融措施				符合要求										合格	√
一般项目	1	固定在模板上的预埋件、预留孔内模不得遗漏,且应安装牢固				符合要求										合格	√
一般项目	2	模板支架和拱架安装允许偏差/mm	相邻两板表面高低差		2	0	1	0	2							100%	√
			表面平整度		3	0	2	1	0							100%	√
			垂直度	墙、柱	*H*/1 000,且不大于6												
			垂直度	墩、台	*H*/500,且不大于20												
			垂直度	塔、柱	*H*/3 000,且不大于30												
			模内尺寸	基础	±10	2	4	6								100%	√
			轴线偏位	基础	15	9	5									100%	√

平均合格率/%	一般项目平均合格率:100
施工单位检查评定结果	质检合格。 项目专业质量检查员:××× ××××年××月××日
监理(建设)单位验收结论	验收合格。 监理工程师:××× (建设单位项目专业技术负责人) ××××年××月××日

2)检查井混凝土垫层资料

表 5.43 检查井混凝土垫层 报验申请表(表式 B3-4-2)

工程名称	××市××外环快速路	编　号	
致:××监理公司(监理单位) 我单位已经完成了 K2+400 ~ K2+440 西侧雨水检查井混凝土垫层 工作,现报上该工程报验申请表,请予以审查和验收。 附件:1. 隐蔽工程检查验收记录表 2. 基础、垫层混凝土工程验收批质量验收记录表 3. 高程测量成果表 4. 混凝土浇灌申请书 5. 混凝土浇筑记录 6. 混凝土抗压强度报告 7. 混凝土技术资料 承包单位(章):××建设集团××市政公司 项目经理:××× 日　　期:××××年××月××日			
审核意见: 经审核,符合要求,同意报验。 项目监理机构(章):××监理公司××项目监理部 总/专业监理工程师:××× 日　　期:××××年××月××日			

表 5.44　隐蔽工程检查验收记录(表式 C5-9)

<table>
<tr><td>工程名称</td><td>××市××外环快速路</td><td>编　号</td><td></td></tr>
<tr><td>施工单位</td><td>××建设集团××市政公司</td><td>时　间</td><td>××××年××月××日</td></tr>
<tr><td>隐检项目</td><td>检查井混凝土垫层</td><td>隐检范围</td><td>K2+400 ~ K2+440 西侧雨水检查井垫层</td></tr>
<tr><td>隐检内容及检查情况</td><td colspan="3">质量验收规范规定的检查项目　　　　检查评定记录
主控项目
混凝土配合比　　　　符合设计及规范要求
垫层高程　0,-15　　应测 1 点　　1 点合格　　合格率 100%

一般项目
蜂窝面积≮1%　　　　符合设计要求
垫层中心线每侧宽度≮1.025　　应测 1 点　　1 点合格　　合格率 100%

检查人:×××　　　　××××年××月××日</td></tr>
<tr><td>验收意见</td><td colspan="3">经检查,符合规范、规定及设计要求,同意隐蔽,可进行下一道工序的施工。

检查人:×××　　　　××××年××月××日</td></tr>
<tr><td>监理验收意见</td><td colspan="3">经检查,符合规范规定和设计要求,同意隐蔽。

检查人:×××　　　　××××年××月××日</td></tr>
<tr><td>监理工程员</td><td>施工项目技术负责人</td><td>质检员</td><td></td></tr>
<tr><td>×××</td><td>×××</td><td>×××</td><td></td></tr>
</table>

表 5.45　基础、垫层混凝土工程检验批质量验收记录(表式 C7-37-8)

工程名称	××市××外环快速路				
分项工程名称	检查井垫层	验收部位	K2+400 ~ K2+440 西侧雨水检查井垫层		
施工总承包单位	××建设集团××市政公司	专业工长	×××	项目经理	×××
承包单位专业	市政工程	分包项目经理	—	施工班组长	—
施工执行标准名称及编号		《城镇道路工程施工与质量验收规范》(CJJ 1—2008)			

类别	序号	质量验收规范规定的检查项目及验收标准			施工单位检查评定记录	监理(建设)单位验收记录	
主控项目	1	混凝土配合比必须符合设计规定,混凝土垫层、基础表面应平整,不得有石子外露			符合设计要求	合格	√
	2	垫层	高程	0,-15	-6	100%	√
	3	基础	混凝土抗压强度	≮设计		100%	√
一般项目	1	蜂窝面积不小于 1%			符合要求	合格	√
	2	垫层	中心线每侧宽度	≮设计 1.025	1.1	100%	√
	3	基础	中心线每侧宽度	±10		—	—
			高程	±10		—	—
施工单位检查评定结果	质检合格。 项目专业质量检查员:××× ××××年××月××日						
监理(建设)单位验收结论	验收合格。 专业监理工程师:××× (建设单位项目专业技术负责人) ××××年××月××日						

表5.46　高程测量成果(表式C5-7)

工程名称	××市××外环快速路			编　号			
施工单位	××建设集团××市政公司			时　间	××××年××月××日		
桩　号	后　视	仪　高	中　视	前　视	实测高	设计高	比　差
BM6	1.962	880.948				878.986	
K2+400(右偏26.25 m)			0.634		880.314	880.320	-0.006
BM5				0.306	880.642	880.641	0.001
测量人	×××			复核人	×××		

表 5.47　混凝土浇灌申请书(表式 C5-12-1)

<table>
<tr><td rowspan="2">工程名称</td><td rowspan="2">××市××外环快速路</td><td>编　号</td><td>××××</td></tr>
<tr><td>申请浇灌日期</td><td>××××年××月××日</td></tr>
<tr><td>申请浇灌部位</td><td>K+400～K2+440 西侧雨水
检查井垫层</td><td>申请方量
/m³</td><td>1</td></tr>
<tr><td>技术要求</td><td>钢筋、模板已隐检</td><td>强度等级</td><td>C20</td></tr>
<tr><td>搅拌方式
(搅拌站名称)</td><td>×××混凝土有限公司</td><td>申请人</td><td>×××</td></tr>
<tr><td colspan="4">依据:施工图纸(施工图纸号　排水结构工程 52-002)
设计变更/洽谈(编号＿＿＿＿—＿＿＿＿)和有关规范、规程。</td></tr>
<tr><td colspan="2">施工准备检查</td><td>专业工长(质量员)
签字</td><td>备　注</td></tr>
<tr><td colspan="2" rowspan="7">1. 隐检情况:　☑已　☐未　完成隐检
2. 模板检验批:　☑已　☐未　完成验收
3. 水电预埋情况:　☐已　☐未　完成并未经检查
4. 施工组织情况:　☑已　☐未　完备
5. 机械设备准备情况:　☐已　☐未　完备
6. 保温及有关准备:　☐已　☐未　完备</td><td>×××</td><td></td></tr>
<tr><td>×××</td><td></td></tr>
<tr><td></td><td></td></tr>
<tr><td>×××</td><td></td></tr>
<tr><td></td><td></td></tr>
<tr><td></td><td></td></tr>
<tr><td colspan="2"></td></tr>
<tr><td>审批意见</td><td colspan="3">原材料、机械设备及施工人员已就位。
施工方案及技术交底工作已落实。
计量设备已完毕。
各种隐检、水电预埋工作已完成。
具备浇筑条件。</td></tr>
<tr><td>审批结论</td><td colspan="3">☑同意浇筑　☐整改后自行浇筑　☐不同意,整改后重新申请</td></tr>
<tr><td>审批人</td><td>审批日期</td><td colspan="2">施工单位名称</td></tr>
<tr><td>×××</td><td>××××年××月××日</td><td colspan="2">××建设集团××市政公司</td></tr>
</table>

表 5.48　混凝土浇筑记录(表式 C5-12-2)

<table>
<tr><td>工程名称</td><td colspan="5">××市××外环快速路</td><td colspan="2">编　号</td><td colspan="3">××××</td></tr>
<tr><td>施工单位</td><td colspan="5">××建设集团××市政公司</td><td colspan="2">浇筑部位</td><td colspan="3">K+400 ~ K2+440 西侧雨水检查井垫层</td></tr>
<tr><td>浇筑日期</td><td colspan="2"></td><td colspan="2">天气情况</td><td>晴</td><td colspan="2">室外气温/℃</td><td colspan="3">26</td></tr>
<tr><td>设计强度等级/MPa</td><td colspan="5">C20</td><td colspan="2">钢筋模板验收负责人</td><td colspan="3">×××</td></tr>
<tr><td rowspan="4">混凝土拌制方法</td><td colspan="2" rowspan="2">商品混凝土</td><td colspan="3">供料厂名</td><td colspan="5">××混凝土有限公司</td></tr>
<tr><td colspan="3">强度等级/MPa</td><td colspan="2">C20</td><td>配合比编号</td><td colspan="2">B20W161100951</td></tr>
<tr><td colspan="2">现场拌和</td><td colspan="3">强度等级/MPa</td><td colspan="2">—</td><td>配合比编号</td><td colspan="2">—</td></tr>
<tr><td colspan="2">实测坍落度/cm</td><td colspan="3">18</td><td colspan="2">初盘温度/℃</td><td>23</td><td>入模温度/℃</td><td>22</td></tr>
<tr><td colspan="3">混凝土完成数量/m³</td><td colspan="3">1</td><td colspan="3">完成时间</td><td colspan="2"></td></tr>
<tr><td colspan="2">试块留置</td><td colspan="2">数量/组</td><td colspan="2">1</td><td colspan="3">编　号</td><td colspan="2">×××</td></tr>
<tr><td colspan="2">标　养</td><td colspan="9">1</td></tr>
<tr><td colspan="2">有见证</td><td colspan="9">1</td></tr>
<tr><td colspan="2">同条件</td><td colspan="9">—</td></tr>
<tr><td colspan="2">混凝土浇筑中出现的问题及方法处理</td><td colspan="9">无</td></tr>
<tr><td colspan="2">质量员</td><td colspan="2">×××</td><td colspan="2">记录人</td><td>×××</td><td colspan="2">填表日期</td><td colspan="2">××××年××月××日</td></tr>
</table>

表 5.49　混凝土试块抗压强度检验报告(表式 C6-18)

委托单位	××建设集团××市政公司	报告编号	××××
建设单位	××住建局	收样日期	××××年××月××日
监理单位	××监理公司	检测日期	××××年××月××日
工程名称	××市××外环快速路	施工单位	××建设集团××市政公司

<table>
<tr><td rowspan="2">组　号</td><td rowspan="2">设计强度等级</td><td rowspan="2">工程结构部位</td><td rowspan="2">成型日期</td><td rowspan="2">检测日期</td><td rowspan="2">龄　期</td><td colspan="3">试件尺寸/mm</td><td rowspan="2">受压面积/mm²</td></tr>
<tr><td>长</td><td>宽</td><td>高</td></tr>
<tr><td>1#</td><td>C20</td><td>见备注</td><td>××××年××月××日</td><td>××××年××月××日</td><td>28</td><td>100</td><td>100</td><td>100</td><td>10 000</td></tr>
<tr><td>2#</td><td>以</td><td>下</td><td>空</td><td>白</td><td></td><td></td><td></td><td></td><td></td></tr>
<tr><td>3#</td><td></td><td></td><td></td><td></td><td></td><td></td><td></td><td></td><td></td></tr>
<tr><td rowspan="2">组　号</td><td rowspan="2">养护条件</td><td rowspan="2">破坏载荷</td><td colspan="2">抗压强度/MPa</td><td rowspan="2">换算系数</td><td rowspan="2">折合标准立方体强度/MPa</td><td rowspan="2">达到设计强度</td><td rowspan="2" colspan="2">单项评定</td></tr>
<tr><td>单块</td><td>取值</td></tr>
<tr><td rowspan="3">1#</td><td rowspan="3">标准养护</td><td>280.2</td><td>28.0</td><td rowspan="3">27.0</td><td rowspan="3">0.95</td><td rowspan="3" colspan="2">25.6</td><td rowspan="3">128</td><td rowspan="3">—</td></tr>
<tr><td>264.9</td><td>26.5</td></tr>
<tr><td>264.3</td><td>26.4</td></tr>
<tr><td>2#</td><td></td><td></td><td></td><td></td><td></td><td></td><td></td><td></td><td></td></tr>
</table>

表5.50　商品混凝土配合比通知单(表式C6-17)

委托单位	××建筑集团××市政公司	设计强度等级	C20
工程名称	××市××外环快速路	施工配制强度	23.2 MPa
使用部位	雨水检查井垫层 K2+420～K3+700	混凝土设计坍落度	(180±20)mm
搅拌方法	机械	振捣方法	机械

水泥厂别	××水泥公司	品种标号		P.O42.5		试验编号	××××
砂子产地及品种	××砂	细度模数	2.8	含泥量/%	2.2	检验编号	××××
石子产地及品种	××碎石	粒径/mm	31.5	含泥量/%	0.4	检验编号	××××
外加剂厂别	××建材有限公司	名　称	减水剂			掺　量	2.5%
		名　称				掺　量	9
掺合料厂别	××矿渣微粉制品有限公司	名　称	矿粉			掺　量	15.0%
	××粉煤灰开发利用有限公司	名　称	粉煤灰			掺　量	10.0%

序号	强度等级	水胶比	砂率/%	单方混凝土用量/kg							
				水泥	水	砂子	石子	外加剂	外加剂	掺合料	掺合料
1	C20	0.58	46	223	185	860	1 009	7.02		48	48
2											

序号	强度等级(C)	水泥	水	砂子	石子	外加剂	掺合料
1							
2							

执行标准	《普通混凝土配合比设计规程》(JGJ 55—2011)				
备注	施工时应扣除砂、石中含水量及砂中含石量				
负责人	×××	审核	×××	填表人	×××

试验单位(章):

××××年××月××日

表 5.51　预拌混凝土出厂合格证

订货单位	××建筑集团		任务编号			W170300771	
工程名称	××市××外环快速路		施工部位			雨水检查井垫层 K2+420～K3+700	
混凝土 强度等级	C20		配合比编号			A20W170300771	
混凝土设计 塌落度	(180±20)mm		浇筑方式			自卸	
供应数量	2 m^3		供应时间			××××年××月××日	
水泥长别	××水泥公司	品种及强度等级	P. O42.5			试验编号	
掺合料厂别	××矿渣微粉 制品有限公司	名　称	矿粉	掺　量	15.0%	试验编号	
	××矿渣微粉 制品有限公司	名　称	粉煤灰	掺　量	15.0%	试验编号	
外加剂厂别	××建材公司	名　称	减水剂		2.2%	试验编号	
砂产地及品种						试验编号	
						试验编号	
砼性能	该批混凝土 C20 合格						
执行标准	《预拌混凝土》(GB/T 14902—2012)						
备　注	该批混凝土 28 d 强度于 28 d 后报出。						
负责人	×××	审核	×××	填表人	×××		
试验单位(章): ××××年××月××日							

3）井室施工资料

表5.52　<u>井室</u>报验申请表（表式B3-4-2）

<table>
<tr><td>工程名称</td><td>××市××外环快速路</td><td>编　号</td><td></td></tr>
<tr><td colspan="4">致：<u>××监理公司</u>（监理单位）
我单位已经完成了<u>K2+400～K2+440西侧雨水检查井井室</u>工作，现报上该工程报验申请表，请予以审查和验收。

附件：1. 隐蔽工程检查验收记录
2. 井室分项工程（验收批）质量验收记录表

承包单位（章）：<u>××建设集团××市政公司</u>
项目经理：<u>×××</u>
日　　期：<u>××××年××月××日</u></td></tr>
<tr><td colspan="4">审核意见：
经审核，符合要求，同意报验。

项目监理机构（章）：<u>××监理公司××项目监理部</u>
总/专业监理工程师：<u>×××</u>
日　　期：<u>××××年××月××日</u></td></tr>
</table>

表 5.53　隐蔽工程检查验收记录(表式 C5-9)

<table>
<tr><td>工程名称</td><td>××市××外环快速路</td><td>编　号</td><td></td></tr>
<tr><td>施工单位</td><td>××建设集团××市政公司</td><td>时　间</td><td>××××年××月××日</td></tr>
<tr><td>隐检项目</td><td>井室</td><td>隐检范围</td><td>K2+400 ~ K2+440 西侧
雨水检查井井室</td></tr>
<tr><td>隐检内容及检查情况</td><td colspan="3">质量验收规范规定的检查项目　　检查评定记录

主控项目
预制构件的质量、结构混凝土强度　　详见混凝土技术资料
混凝土结构缺陷　　符合设计要求
一般项目
井壁抹面、质量缺陷、湿渍现象　　符合要求
井内部构造设计、检查井流槽、踏步位置　　符合要求
井盖、座规格　　符合设计要求
井室允许偏差　　合格率为 100%

检查人:×××　　××××年××月××日</td></tr>
<tr><td>验收意见</td><td colspan="3">经检查,符合规范、规定及设计要求,同意隐蔽,可进行下一道工序的施工。

检查人:×××　　××××年××月××日</td></tr>
<tr><td>监理验收意见</td><td colspan="3">经检查,符合规范规定和设计要求,同意隐蔽。

检查人:×××　　××××年××月××日</td></tr>
</table>

监理工程员	施工项目技术负责人	质检员	
×××	×××	×××	

表5.54　井室分项工程(验收批)质量验收记录表(表式C7-33-6)

<table>
<tr><td colspan="3">工程名称</td><td colspan="5">××市××外环快速路</td><td colspan="3">分部工程名称</td><td colspan="3">×××</td><td colspan="3">分项工程名称</td><td colspan="2">井室</td></tr>
<tr><td colspan="3">施工单位</td><td colspan="5">××建设集团××市政公司</td><td colspan="3">专业工长</td><td colspan="3">×××</td><td colspan="3">项目经理</td><td colspan="2">×××</td></tr>
<tr><td colspan="5">验收批名称、部位</td><td colspan="14">井室验收批质量验收记录　6#～10#，12#、14#～16#西侧雨水检查井口</td></tr>
<tr><td colspan="3">分包单位</td><td colspan="5">—</td><td colspan="3">分包项目经理</td><td colspan="3">—</td><td colspan="3">施工班组长</td><td colspan="2">—</td></tr>
<tr><td colspan="10">质量验收规范规定的检查项目及验收标准</td><td colspan="7">施工单位检查评定记录</td><td colspan="2">监理(建设)单位验收记录</td></tr>
<tr><td rowspan="3">主控项目</td><td>1</td><td colspan="8">所用的原材料、预制构件的质量应符合国家有关标准的规定和设计要求</td><td colspan="7">符合设计要求</td><td>符合要求</td><td>√</td></tr>
<tr><td>2</td><td colspan="8">砌筑水泥砂浆强度、结构混凝土强度符合设计要求</td><td colspan="7">符合设计要求</td><td>符合要求</td><td>√</td></tr>
<tr><td>3</td><td colspan="8">砌筑结构应灰浆饱满、灰缝平直，不得有通缝、瞎缝:预制装配式结构应坐浆、灌浆饱满密实，无裂缝;混凝土结构无严重质量缺陷，井室无渗水、水珠现象</td><td colspan="7">符合要求</td><td>符合要求</td><td>√</td></tr>
<tr><td rowspan="18">一般项目</td><td>1</td><td colspan="8">井壁抹面应密实平整，不得有空鼓，裂缝等现象;混凝土无一般质量缺陷;井室无明显湿渍现象</td><td colspan="7">符合要求</td><td>符合要求</td><td>√</td></tr>
<tr><td>2</td><td colspan="8">井内部构造符合设计和水力工艺要求，且部位位置及尺寸正确，无建筑垃圾等杂物;检查井流槽应平顺、圆滑、光洁</td><td colspan="7">符合要求</td><td>符合要求</td><td>√</td></tr>
<tr><td>3</td><td colspan="8">井室内踏步位置正确、牢固</td><td colspan="7">踏步位置正确、牢固</td><td>符合要求</td><td>√</td></tr>
<tr><td>4</td><td colspan="8">井盖、座规格符合设计要求，安装稳固</td><td colspan="7">符合设计要求，安装稳固</td><td>符合要求</td><td>√</td></tr>
<tr><td rowspan="14">5</td><td rowspan="14">井室的允许偏差/mm</td><td colspan="3" rowspan="2">平面轴线位置(轴向、垂直轴向)</td><td rowspan="2">15</td><td>10</td><td>2</td><td>13</td><td>12</td><td>10</td><td>9</td><td>2</td><td>4</td><td>6</td><td>1</td><td rowspan="2">100%</td><td rowspan="2">√</td></tr>
<tr><td>6</td><td>1</td><td>4</td><td>3</td><td>6</td><td>4</td><td>10</td><td>1</td><td></td><td></td></tr>
<tr><td colspan="3" rowspan="2">结构断面尺寸</td><td rowspan="2">+10，0</td><td rowspan="2">3</td><td>6</td><td>4</td><td>4</td><td>5</td><td>4</td><td>8</td><td>9</td><td>4</td><td>1</td><td rowspan="2">100%</td><td rowspan="2">√</td></tr>
<tr><td>3</td><td>1</td><td>2</td><td>6</td><td>8</td><td>10</td><td>4</td><td></td><td></td></tr>
<tr><td rowspan="4">井室尺寸</td><td colspan="2">长、宽</td><td rowspan="3">±20</td><td></td><td></td><td></td><td></td><td></td><td></td><td></td><td></td><td></td><td></td><td rowspan="3">100%</td><td rowspan="3">√</td></tr>
<tr><td colspan="2" rowspan="2">直径</td><td>13</td><td>16</td><td>20</td><td>16</td><td>13</td><td>15</td><td>13</td><td>16</td><td>14</td><td>10</td></tr>
<tr><td>3</td><td>9</td><td>10</td><td>4</td><td>0</td><td>6</td><td>5</td><td></td><td></td><td></td></tr>
<tr><td colspan="2">路面</td><td>≤5</td><td>3</td><td>4</td><td>5</td><td>4</td><td>1</td><td>3</td><td>4</td><td>2</td><td>4</td><td></td><td>100%</td><td>√</td></tr>
<tr><td rowspan="3">井底高程</td><td rowspan="3">开槽法管道铺设</td><td rowspan="2">$D_i \leqslant 1\ 000$</td><td rowspan="2">±10</td><td>6</td><td>10</td><td>3</td><td>5</td><td>4</td><td>5</td><td>5</td><td>4</td><td>4</td><td>6</td><td rowspan="2">100%</td><td rowspan="2">√</td></tr>
<tr><td>3</td><td>5</td><td>4</td><td>1</td><td>6</td><td>3</td><td>41</td><td>6</td><td>6</td><td></td></tr>
<tr><td>$D_i > 1\ 000$</td><td>±15</td><td></td><td></td><td></td><td></td><td></td><td></td><td></td><td></td><td></td><td></td><td>100%</td><td>√</td></tr>
<tr><td>踏步安装</td><td colspan="2">水平及垂直间距、外露长度</td><td>±10</td><td>3</td><td>6</td><td>9</td><td>8</td><td>5</td><td>4</td><td>2</td><td>6</td><td>4</td><td></td><td>100%</td><td>√</td></tr>
<tr><td>脚窝</td><td colspan="2">高、宽、深</td><td>±10</td><td>6</td><td>9</td><td>8</td><td>4</td><td>3</td><td>1</td><td>5</td><td>4</td><td>0</td><td></td><td>100%</td><td>√</td></tr>
<tr><td colspan="3">流槽宽度</td><td>±10</td><td>−3</td><td>6</td><td>15</td><td>5</td><td>7</td><td>9</td><td>8</td><td>2</td><td>4</td><td></td><td>100%</td><td>√</td></tr>
</table>

续表

施工单位检查评定结果	质检合格。 项目专业质量检查员：××× ××××年××月××日
监理(建设)单位验收结论	验收合格。 监理工程师：××× (建设单位项目专业技术负责人) ××××年××月××日

任务6 市政给排水施工验收资料编制

任务目标

通过本任务的学习，使学生熟悉施工验收的程序和验收资料的编制要求，对施工单位形成的管理资料、技术资料、物资资料及验收资料，按施工顺序进行全程督查、分类、组卷、归档和移交，保证施工资料的真实性、完整性、有效性，培养学生在学习过程中养成良好的职业道德和一丝不苟的科学态度。

5.6.1 施工验收需要填报的资料

填报资料的填写内容及要求

市政给排水工程施工验收时，施工资料的填报顺序见表5.55，填报资料的填写内容及要求可扫描二维码进行阅览。

表5.55 施工验收资料

序 号	程 序	所用表格
1	分部分项质量验收记录	检验批、分项、分部质量验收汇总表
		分部工程报验表(表式B3-4-2)
		分部(子分部)工程质量验收记录表(表式C7-30、表式C7-32、表式C7-34)
		分项工程质量验收记录表(表式C7-36)
2	单位(子单位)工程验收记录	单位工程竣工验收报审表(表式B3-4-4)
		单位(子单位)工程竣工预验收报验表(表式C8-1)
		单位工程质量竣工验收记录表(表式C8-2)
		单位(子单位)工程质量控制资料核查记录(表式C8-3)
		单位(子单位)工程安全和功能检验资料核查及主要功能抽查记录(表式C8-4)
		单位(子单位)观感质量核查表(表式C8-5)

5.6.2　施工验收资料填写范例

本案例中，填写范例以 K2+400～K5+140 雨水管道施工验收资料为例。

1）分部分项质量验收记录

分部工程施工完成后，其报验资料见表 5.56—表 5.59。

表 5.56　检验批、分项、分部质量验收汇总表

<table>
<tr><td colspan="2">工程名称</td><td colspan="6">××市××外环快速路</td></tr>
<tr><td colspan="2">施工单位</td><td colspan="6">××建设集团××市政公司</td></tr>
<tr><td colspan="2">分部工程名称</td><td colspan="2">分项个数</td><td colspan="2">检验批个数</td><td colspan="2">分部观感检查评价</td></tr>
<tr><td colspan="2">管道土方工程</td><td colspan="2">3</td><td colspan="2">132</td><td colspan="2">好</td></tr>
<tr><td colspan="2">管道主体工程</td><td colspan="2">8</td><td colspan="2">315</td><td colspan="2">好</td></tr>
<tr><td colspan="2">管道附属构筑物工程</td><td colspan="2">5</td><td colspan="2">191</td><td colspan="2">好</td></tr>
<tr><td colspan="2"></td><td colspan="2">—</td><td colspan="2">—</td><td colspan="2"></td></tr>
<tr><td colspan="2"></td><td colspan="2">—</td><td colspan="2">—</td><td colspan="2"></td></tr>
<tr><td colspan="2">分部总数</td><td colspan="2">分项总个数</td><td colspan="2">检验批总个数</td><td colspan="2">单位工程观感综合评价</td></tr>
<tr><td colspan="2">3</td><td colspan="2">16</td><td colspan="2">638</td><td colspan="2">好</td></tr>
<tr><td>汇总人</td><td>×××</td><td>核定人</td><td>×××</td><td>日　期</td><td colspan="3">××××年××月××日</td></tr>
</table>

表 5.57　<u>土方工程</u>分部工程报验表（表式 B3-4-2）

<table>
<tr><td>工程名称</td><td>××市××外环快速道路工程</td><td>编　号</td><td></td></tr>
<tr><td colspan="4">致：××监理公司（监理单位）
我单位已经完成了土方工程（分部工程），经自检合格，现将有关资料上报，请予以审查、验收。
附件：☑分部工程质量控制资料
施工项目经理部（盖章）：××建设集团××市政公司
××项目部
项目技术负责人（签字）：×××
日　期：××××年××月××日</td></tr>
<tr><td colspan="4">检查意见：
检查合格。
专业监理工程师：×××
日　期：××××年××月××日</td></tr>
<tr><td colspan="4">验收意见：
验收合格。
项目监理机构（盖章）：××监理公司××项目监理部
总监理工程师（签字）：×××
日　期：××××年××月××日</td></tr>
</table>

表 5.58　分部(子分部)工程质量验收记录表(表式 C7-30)

<table>
<tr><td>工程名称</td><td colspan="3">××市××外环快速路</td><td colspan="2">分部工程名称</td><td colspan="2">土方工程</td></tr>
<tr><td>施工单位</td><td colspan="2">××建设集团××市政公司</td><td>技术部门负责人</td><td>×××</td><td>质量部门负责人</td><td colspan="2">×××</td></tr>
<tr><td>分包单位</td><td colspan="2">—</td><td>分包单位负责人</td><td>—</td><td>分包技术负责人</td><td colspan="2">—</td></tr>
<tr><td>序　号</td><td>分项工程名称</td><td>验收批数</td><td colspan="3">施工单位检查评定结果</td><td colspan="2">验收意见</td></tr>
<tr><td>1</td><td>沟槽开挖</td><td>35</td><td colspan="3">合格</td><td colspan="2">合格</td></tr>
<tr><td>2</td><td>沟槽回填</td><td>92</td><td colspan="3">合格</td><td colspan="2">合格</td></tr>
<tr><td>3</td><td>沟槽支撑</td><td>5</td><td colspan="3">合格</td><td colspan="2">合格</td></tr>
<tr><td></td><td></td><td></td><td colspan="3"></td><td colspan="2"></td></tr>
<tr><td></td><td></td><td></td><td colspan="3"></td><td colspan="2"></td></tr>
<tr><td></td><td></td><td></td><td colspan="3"></td><td colspan="2"></td></tr>
<tr><td></td><td></td><td></td><td colspan="3"></td><td colspan="2"></td></tr>
<tr><td></td><td></td><td></td><td colspan="3"></td><td colspan="2"></td></tr>
<tr><td colspan="2">质量控制资料</td><td colspan="6">检查 8 项,符合要求 8 项</td></tr>
<tr><td colspan="2">安全和功能检验(检测)报告</td><td colspan="6">检查 3 项,符合要求 3 项</td></tr>
<tr><td colspan="2">观感质量验收</td><td colspan="6">检查 4 项,符合要求 4 项</td></tr>
<tr><td colspan="2">分部(子分部)工程检验结果</td><td>检验合格</td><td colspan="3">平均合格率/%</td><td colspan="2">100</td></tr>
<tr><td rowspan="4">验收单位</td><td>施工单位</td><td colspan="4">项目经理 ×××</td><td colspan="2">××××年××月××日</td></tr>
<tr><td>设计单位</td><td colspan="4">项目负责人×××</td><td colspan="2">××××年××月××日</td></tr>
<tr><td>监理单位</td><td colspan="4">总监理工程师 ×××</td><td colspan="2">××××年××月××日</td></tr>
<tr><td>建设单位</td><td colspan="4">项目负责人(专业技术负责人)×××</td><td colspan="2">××××年××月××日</td></tr>
</table>

表 5.59　分项工程质量验收记录表(表式 C7-31)

<table>
<tr><td>工程名称</td><td>××市××外环快速路</td><td>分项工程名称</td><td>沟槽开挖</td><td>验收批数</td><td>35</td></tr>
<tr><td>施工单位</td><td>××建设集团××市政公司</td><td>项目经理</td><td>×××</td><td>项目技术负责人</td><td>×××</td></tr>
<tr><td>分包单位</td><td>—</td><td>分包单位负责人</td><td>—</td><td>施工班组长</td><td>×××</td></tr>
<tr><td>序号</td><td colspan="2">验收批名称、部位</td><td colspan="2">施工单位检查评定结果</td><td>监理(建设)单位验收结论</td></tr>
<tr><td>1</td><td colspan="2">K2+400 ~ K2+440 西侧雨水管道沟槽开挖</td><td colspan="2">合格</td><td>合格</td></tr>
<tr><td>2</td><td colspan="2">K2+440 ~ K2+640 西侧雨水管道沟槽开挖</td><td colspan="2">合格</td><td>合格</td></tr>
<tr><td>3</td><td colspan="2">K2+640 ~ K2+840 西侧雨水管道沟槽开挖</td><td colspan="2">合格</td><td>合格</td></tr>
<tr><td>4</td><td colspan="2">K2+840 ~ K3+062 西侧雨水管道沟槽开挖</td><td colspan="2">合格</td><td>合格</td></tr>
<tr><td>5</td><td colspan="2">K3+062 ~ K3+300 西侧雨水管道沟槽开挖</td><td colspan="2">合格</td><td>合格</td></tr>
<tr><td>6</td><td colspan="2">K3+300 ~ K3+500 西侧雨水管道沟槽开挖</td><td colspan="2">合格</td><td>合格</td></tr>
<tr><td>7</td><td colspan="2">K3+500 ~ K3+700 西侧雨水管道沟槽开挖</td><td colspan="2">合格</td><td>合格</td></tr>
<tr><td>8</td><td colspan="2">K3+700 ~ K0+980 西侧雨水管道沟槽开挖</td><td colspan="2">合格</td><td>合格</td></tr>
<tr><td>9</td><td colspan="2">K3+980 ~ K4+180 西侧雨水管道沟槽开挖</td><td colspan="2">合格</td><td>合格</td></tr>
<tr><td>10</td><td colspan="2">K4+180 ~ K4+360 西侧雨水管道沟槽开挖</td><td colspan="2">合格</td><td>合格</td></tr>
<tr><td></td><td colspan="5">注:本表仅为部分示例</td></tr>
<tr><td colspan="6">说明:　检验批质量验收记录资料齐全完整</td></tr>
<tr><td>检查结论</td><td colspan="2">符合要求。
施工项目技术负责人:×××
××××年××月××日</td><td>验收结论</td><td colspan="2">验收合格。
监理工程师:×××
(建设项目专业技术负责人)
××××年××月××日</td></tr>
</table>

2)单位(子单位)工程验收记录

单位(子单位)工程施工完成后,其报验资料见表5.60—表5.62。

表5.60 单位工程竣工验收报审表(表B3-4-2)

<table>
<tr><td>工程名称</td><td>××市××外环快速道路工程</td><td>编　号</td><td></td></tr>
<tr><td colspan="4">致:××监理公司(监理单位)
我方已按施工合同要求完成了K2+400~K5+140给排水工程,经自检合格,现将有关资料报上,请予以预验收。

附件:1. 工程功能检验资料
2. 工程质量验收报告

承包单位(章):××建设集团××市政公司
项目经理:×××
日　期:××××年××月××日</td></tr>
<tr><td colspan="4">预验收意见:
经审核,符合要求,同意报验。

项目监理机构(章):××监理公司××项目监理部
总/专业监理工程师:×××
日　期:××××年××月××日</td></tr>
</table>

表5.61　单位(子单位)工程竣工预验收报验表(表式C8-1)

<table>
<tr><td>工程名称</td><td>××市××外环快速道路工程</td><td>编　号</td><td></td></tr>
<tr><td colspan="4">致:<u>　××监理公司　</u>(监理单位)
我方已按施工合同要求完成了<u>　K2+400 ~ K5+140 给排水　</u>工程,经自检合格,现将有关资料报上,请予以预验收。

附件:1. 单位(子单位)工程质量竣工验收记录表
2. 单位(子单位)工程质量控制资料核查记录表
3. 单位(子单位)工程安全和功能检验资料核查及主要功能抽查记录表
4. 单位(子单位)工程观感质量资料核查记录表

承包单位(章):<u>××建设集团××市政公司</u>
项目经理:<u>　×××　</u>
日　　期:<u>　××××年××月××日　</u></td></tr>
<tr><td colspan="4">预验收意见:
经初步验收,该工程
1. 符合/~~不符合~~我国规定现行法律、法规要求;
2. 符合/~~不符合~~我国现行工程建设标准;
3. 符合/~~不符合~~设计文件要求;
4. 符合/~~不符合~~施工合同要求。
综上所述,该工程初步验收合格/~~不合格~~,可以/~~不可以~~组织正式验收。

项目监理机构(章):<u>××监理公司××项目监理部</u>
总/专业监理工程师:<u>　×××　</u>
日　　期:<u>　××××年××月××日　</u></td></tr>
</table>

表 5.62　单位工程质量竣工验收记录表(表式 C8-2)

<table>
<tr><td colspan="3">工程名称</td><td colspan="5">××市××外环快速路</td><td>工程造价</td><td colspan="2">××××万元</td></tr>
<tr><td colspan="3">施工单位</td><td colspan="2">××建设集团
××市政公司</td><td colspan="2">技术负责人</td><td>×××</td><td>开工日期</td><td colspan="2">××××年××月××日</td></tr>
<tr><td colspan="3">项目经理</td><td colspan="2">×××</td><td colspan="2">项目技术负责人</td><td>×××</td><td>竣工日期</td><td colspan="2">××××年××月××日</td></tr>
<tr><td colspan="2">序　号</td><td colspan="3">项　目</td><td colspan="4">验收记录</td><td colspan="2">验收结论</td></tr>
<tr><td colspan="2">1</td><td colspan="3">分部工程</td><td colspan="4">共 3 分部,经查 3 分部,
符合标准及设计要求 3 分部</td><td colspan="2">验收合格</td></tr>
<tr><td colspan="2">2</td><td colspan="3">质量控制
资料核查</td><td colspan="4">共 8 项,经审查符合要求 8 项,
经核定符合规范规定 8 项</td><td colspan="2">资料齐全</td></tr>
<tr><td colspan="2">3</td><td colspan="3">安全和主要使用功能
核查及抽查结果</td><td colspan="4">共核查 3 项,符合要求 3 项,
共抽查 3 项,符合要求 3 项,
经返工处理符合要求 0 项</td><td colspan="2">报告齐全,验收合格</td></tr>
<tr><td colspan="2">4</td><td colspan="3">观感质量检验</td><td colspan="4">共抽查 4 项,符合要求 4 项,
不符合要求 0 项</td><td colspan="2">验收合格</td></tr>
<tr><td colspan="2">5</td><td colspan="3">综合验收结论</td><td colspan="4">验收合格</td><td colspan="2">通过验收</td></tr>
<tr><td rowspan="2">参加验
收单位</td><td colspan="3">建设单位</td><td colspan="2">监理单位</td><td colspan="3">设计单位</td><td colspan="2">施工单位</td></tr>
<tr><td colspan="3">(公章)

项目负责人:×××
××××年××月××日</td><td colspan="2">(公章)

总监理工程师:×××
××××年××月××日</td><td colspan="3">(公章)

项目负责人:×××
××××年××月××日</td><td colspan="2">(公章)

项目负责人:×××
××××年××月××日</td></tr>
</table>

名人名言

各级党委和政府要高度重视技能人才工作，大力弘扬劳模精神、劳动精神、工匠精神，激励更多劳动者特别是青年一代走技能成才、技能报国之路，培养更多高技能人才和大国工匠，为全面建设社会主义现代化国家提供有力人才保障。

——习近平

（习近平致首届全国职业技能大赛的贺信）

项目小结

通过本章学习，使学生了解市政给排水工程施工资料编制的种类和内容，包括物资资料，各分部分项资料和施工验收资料；使学生熟悉市政工程项目管理资料的基本表格形式、相关的施工验收规范和标准；使学生掌握施工阶段和竣工阶段市政给排水工程施工资料的编制内容和施工资料表格的填写要求，具备了市政给排水工程施工管理、随工程进度同步收集施工资料、分类整理和归档的能力，并能够维护项目工程资料的完善与安全。

项目6　市政工程监理资料编制

任务1　市政工程监理资料内容

任务目标

市政工程监理资料是在市政工程监理实施过程中形成的并由监理单位收集、汇总、整理的文件或资料。通过本任务的学习，学生通过体验市政工程质量控制资料形成的过程，能够了解市政工程监理资料相关的管理要求，并根据市政工程施工过程对监理资料整理的内容有一定的认识。在学习过程中培养学生作为专业技术人员必须具备的一丝不苟的科学态度和严谨科学的工程素质。

市政工程监理资料管理，是指监理工程师受建设单位委托，在进行市政工程监理的工作期间，对市政工程项目实施过程中形成的与监理相关的文件和档案进行收集积累、加工整理、立卷归档和检索利用等一系列工作。它是监理工程师进行目标控制的基础性工作之一。

6.1.1　市政工程监理资料管理规定

①项目监理机构应建立完善监理文件资料管理制度，宜设专人管理监理文件资料。

②收集整理及时、真实齐全、分类有序（真实、及时、完整、有序）。

③应按照合同约定审核勘察、设计文件。

④应对施工单位报送的施工资料进行审查，使施工资料完整、准确，合格后予以签认；要求承包单位将有监理人员签字的施工技术和管理文件上报项目监理部存档备查。

⑤监理工程师应根据基本要求认真审核资料，不得接受有涂改痕迹的报验资料，并在审核整理后交资料管理人员按要求存放。

⑥在监理工作过程中，监理资料应按单位工程建立案卷盒（夹），分专业存放保管，并编目，以便于跟踪检查。

⑦项目监理机构宜采用信息技术进行监理文件资料管理。

6.1.2 市政工程监理资料管理流程

监理资料管理流程如图6.1所示。

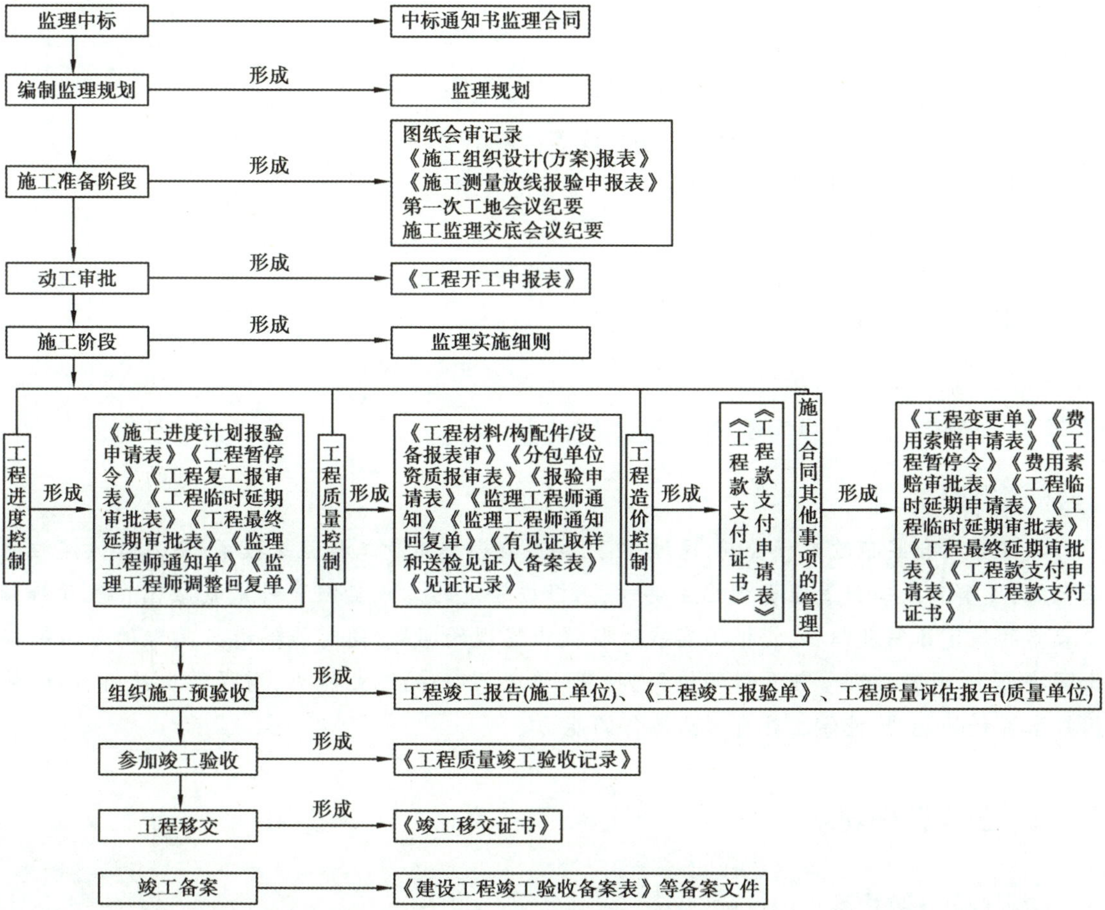

图6.1 监理资料管理流程

6.1.3 监理文件资料包括的主要内容

监理文件资料应包括下列主要内容：

①勘察设计文件、建设工程监理合同及其他合同文件。

②监理规划、监理实施细则。

③设计交底和图纸会审会议纪要。

④施工组织设计、(专项)施工方案、施工进度计划报审文件资料。

⑤分包单位资格报审文件资料。

⑥施工控制测量成果报验文件资料。

⑦总监理工程师任命书,工程开工令、暂停令、复工令,开工或复工报审文件资料。
⑧工程材料、构配件、设备报验文件资料。
⑨见证取样和平行检验文件资料。
⑩工程质量检查报验资料及工程有关验收资料。
⑪工程变更、费用索赔及工程延期文件资料。
⑫工程计量、工程款支付文件资料。
⑬监理通知单、工作联系单与监理报告。
⑭第一次工地会议、监理例会、专题会议等会议纪要。
⑮监理月报、监理日志、旁站记录。
⑯工程质量或生产安全事故处理文件资料。
⑰工程质量评估报告及竣工验收监理文件资料。
⑱监理工作总结。

任务2 市政工程监理管理资料收集与编制

任务目标

本任务结合某市政工程实例,通过学习,学生在熟悉市政工程施工技术、基本建设流程的基础上,了解市政工程管理资料的主要种类,根据给定的工程实例资料完成监理管理资料相应表格的规范填写及归档,能根据实践过程提出发现的问题,同时能够进行简单的分析并提出解决办法,具备监理管理资料的编写、收集、整理、归档的职业能力,增强学生执行标准,使用技术资料的能力,使学生具有团队协作的能力。

6.2.1 工程监理规划

监理规划主要内容:
①工程项目概况;
②监理工作范围;
③监理工作依据;
④监理工作目标;
⑤项目监理部组织机构;
⑥监理工作管理制度;
⑦项目监理部资源配置。

监理规划要根据项目实施过程中的实际情况或条件变化进行调整,调整时由总监理工程师组织专业监理工程师进行修改,监理单位技术负责人批准后报建设单位。

监理规划的封皮由总监理工程师及相关编制人员、监理单位技术负责人签字,并加盖单位公章。

6.2.2　监理实施细则

监理实施细则是在监理规划指导下,在落实了各专业的监理责任后,由专业监理工程师针对项目的具体情况制订的更具有实施性和可操作性的业务文件。它起着具体指导监理业务开展的作用。

监理实施细则应包括下列主要内容:

①监理工作的方法及措施。

②监理工作的控制要点及目标值。

③专业工程的特点。

④监理工作的流程。

在监理工作实施过程中,监理实施细则应根据实际情况进行补充、修改和完善。

6.2.3　监理月报

项目监理部每月以“监理月报”的形式向建设单位报告本月的监理工作情况。使建设单位了解工程的基本情况,同时掌握工程进度、质量、投资及施工合同的各项目标完成的监理控制情况。监理月报应包含以下内容:

①工程概况;

②工程进度;

③工程质量;

④工程计量与工程款支付;

⑤构配件与设备;

⑥合同其他事项的处理情况;

⑦天气对施工影响的情况(影响天数及部位);

⑧本月监理工作小结。

6.2.4　监理会议纪要

1)第一次工地会议

第一次工地会议是在中标通知书发出后,监理工程师准备发出开工通知前召开。目的是检查工程的准备情况(含各方机构、人员),以确定开工日期,发出开工令。第一次工地会议对顺利实施工程建设监理起重要的作用,总监理工程师应十分重视。

第一次工地会议应包括以下主要内容:

①建设单位、承包单位和监理单位分别介绍各自驻现场组织机构、人员及其分工。

②建设单位根据委托监理合同宣布对总监理工程师的授权。

③建设单位介绍工程开工准备情况。

④承包单位介绍施工准备情况。

⑤建设单位和总监理工程师对施工准备情况提出意见和要求。

⑥总监理工程师介绍监理规划的主要内容。

⑦研究确定各方在施工过程中参加工地例会的主要人员，召开工地例会周期、地点及主要议题。

监理工程师对会议全部内容整理成纪要文件（表 6.1）。纪要文件应包括参加会议人员名单；承包商、业主和监理工程师对开工准备工作的详情；与会者讨论时发表的意见及补充说明；监理工程师的结论意见（会议纪要形式各地方不尽相同，但主要内容基本一致）。

表 6.1　第一次工地会议纪要（表式 B1-2-1）

<table>
<tr><td colspan="2">工程名称</td><td colspan="3">××市××外环快速路道路工程</td><td>编　号</td><td colspan="2"></td></tr>
<tr><td colspan="2">承包单位</td><td colspan="3">××建设集团××市政公司</td><td>监理单位</td><td colspan="2">××监理公司</td></tr>
<tr><td colspan="8">时间：
地点：
主持人：</td></tr>
<tr><td colspan="8">参加者</td></tr>
<tr><td colspan="3">监理人员</td><td colspan="3">承包单位</td><td colspan="2">建设单位</td></tr>
<tr><td colspan="3"></td><td colspan="3"></td><td colspan="2"></td></tr>
<tr><td colspan="8">记录整理人：××本次会议纪要共××页</td></tr>
<tr><td colspan="8">抄送：</td></tr>
<tr><td colspan="5">监理工程师：</td><td colspan="3">日期：××××年××月××日</td></tr>
<tr><td colspan="5">承包单位：</td><td colspan="3">日期：</td></tr>
<tr><td colspan="8">纪要：
与会单位介绍各自组织机构、人员及其分工。
建设单位：
　本工程工期从××××年××月××日至××××年××月××日。
建设单位负责人宣读对项目总监的书面授权书。
……
三、监理单位：
　施工过程中注意“安全第一，预防为主”的原则。
　施工单位要尽快做好施工前的准备工作。
……
五、施工单位
　目前因设计单位的路基地基处理方案未确定，暂时无法进行路基施工。
……
（本纪要由××监理公司起草，日期：××××年××月××日）</td></tr>
</table>

2)工地例会

工地例会是在开工以后,按照约定的时间,由监理工程师定期组织召开的会议。它是监理工程师对工程建设过程进行监督协调的有效方式,它的主要目的是分析、讨论工程建设中的实际问题,并作出相关决定。

工地例会的主要内容有:

①检查上次工地例会议决定事项的落实情况,未完成事项分析原因;

②工程进度的完成情况及下一阶段进度计划的要求;

③承包商投入人力及机械设备到场的情况;

④材料进场情况;

⑤有关技术事宜;

⑥讨论有关计量与支付的问题;

⑦行政管理事宜;

⑧合同事宜;

⑨其他方面的问题;

⑩下次会议的时间与地点、主要内容等。

工地例会应有专人做好记录,形成工地例会纪要(表6.2)。会议记录要真实、准确,同时必须得到监理工程师及承包商的同意(工地例会记录并无统一格式,一般按照实际要求确定)。

表6.2 工地例会纪要(表式B1-2-2)

<table>
<tr><td>工程名称</td><td colspan="2">××市××外环快速路道路工程</td><td>编号××××</td></tr>
<tr><td>会议名称</td><td>第××次工地例会</td><td>总监理工程师</td><td>×××</td></tr>
<tr><td>会议时间</td><td>××××年××月××日××点</td><td>地　点</td><td>监理项目部会议室</td></tr>
<tr><td colspan="4">签到栏</td></tr>
<tr><td colspan="4">会议内容纪要
……</td></tr>
<tr><td colspan="4">检查上次例会议决定事项的落实情况、分析未完事项原因:
……</td></tr>
<tr><td colspan="4">检查分析工程项目进度计划完成情况,提出下一阶段进度目标及其落实措施:
……</td></tr>
<tr><td colspan="4">检验工程量及工程款支付情况:
……</td></tr>
<tr><td colspan="4">解决需要协调的有关事项:
……</td></tr>
<tr><td colspan="4">其他有关事宜:
……</td></tr>
</table>

6.2.5 监理日志

监理日志的记录是监理资料中较重要的组成部分，是工程实施过程中最真实的工作证据，是记录人素质、能力和技术水平的体现，见表6.3。所以，监理日记的内容必须保证真实、全面，充分体现参建各方合同的履行程度。公正地记录好每天发生的工程情况是监理人员的重要职责。

监理日志应以项目监理部的监理工作为记载对象，从监理工作开始起至监理工作结束止，由专人负责逐日记载。

①准确记录时间、气象。其中气象记录的准确性和工程质量有直接关系。

②做好现场巡查，真实、准确、全面地记录工程相关问题。

③关心安全文明施工管理，做好安全检查记录。

④书写工整、规范用语、内容严谨。

写好监理日志后，要及时交总监审查，以便及时沟通和了解，从而促进监理工作正常有序地开展。

表6.3 监理日志(表式B1-3)

工程名称	××市××外环快速路		编　号		
日　期	××月××日	天气	晴	最高与最低气温	20～30 ℃
监理人员动态	张××　王××　……				
现场人员及情况	1. ××建设集团××市政公司：李××等项目部人员 ……				
承包单位完成的主要工作	1. ××建设集团××市政公司：主线桥2#承台钢筋绑扎、模板支设施工；主线桥3#承台基坑开挖、破桩头施工；主线桥4#墩柱钢筋绑扎、模板支设施工；主线桥5#墩柱钢筋绑扎施工；第三联箱梁顶层钢筋绑扎完成70%；主线桥第五联箱梁防撞墙钢筋绑扎、模板支设完成15 m。 2. 路基挡墙土方开挖450 m^3，钢筋加工，模板制作。 ……				
质量检查复核情况	1. ××建设集团××市政公司桩基钢筋加工、钻孔施工，承台钢筋绑扎、模板支设施工，箱梁支架搭设、钢筋绑扎、模板支设施工，防撞墙钢筋绑扎、模板支设施工进行巡视和平行检验，对桩基、防撞墙混凝土浇筑施工进行全过程旁站。 2. 对所有标段的测量放线进行复核。 ……				
当天协调问题	1. 对于××建设集团××市政公司受自来水、燃气管道影响施工的桩基，本周暂不做施工安排，待管线改迁完成后，立即组织桩基施工。 ……				
其　他	要求××建设集团××市政公司切实做好雨季防汛工作。所有雨水检查井必须全部打开暴露，能随时应对雨季的道路积水排水情况。				
监理员	×××	专业监理工程师	×××	总监理工程师	×××

6.2.6　监理工作总结

监理工作总结是监理单位对履行委托监理合同情况及监理工作的综合性总结。应包含以下内容：

①工程概况；

②监理组织机构、监理人员和投入的监理设施；

③监理合同履行情况；

④监理工作成效；

⑤施工过程中出现的问题及处理情况和建议；

⑥工程照片（有必要时）。

6.2.7　监理工作联系单

“监理工作联系单”是在施工过程中，与监理有关各方工作联系用表，见表6.4。即与监理有关的某一方需向另一方或几方告知某一事项或督促某项工作或提出某项建议等，对方执行情况不需要书面回复时均用此表。

事项主要包括：

①事由：指联系事项的主题。

②内容：指联系事项的详细说明。要求内容完整、齐全，技术用语规范，文字简单明了。

③单位：指提出监理工作联系事项的单位。填写本工程现场管理机构名称全称并加盖公章。

④负责人：指提出监理工作联系事项单位在本工程中的负责人。

重要的监理工作联系单应加盖单位公章。

表6.4　工作联系单（表式B1-4）

工程名称	××市××外环快速路道路工程	编　号	
致：××监理公司（监理单位） 事由： K2+150～K2+505段现浇钢筋混凝土梁C50混凝土试配。 内容： C50混凝土配合比申请单、通知单（编号：××××）已由××试验室签发（附混凝土配合比申请、通知单）。 请予以审查和批准使用。 承包单位：××建设集团××市政公司 项目经理：××× 日　　期：××××年××月××日			

6.2.8 监理工程师通知单

在监理工作中,项目监理机构按委托监理合同授予的权限,对承包单位发出指令、提出要求,除另有规定外,均应采用监理工程师通知单(表6.5)。监理工程师现场发出的口头指令及要求,也应采用此表予以确认。

内容:在监理工作中,项目监理机构按委托监理合同授予的权限,对承包单位所发出的指令提出要求。针对承包单位在工程施工中出现的不符合设计要求、不符合施工技术标准、不符合合同约定的情况及偷工减料、使用不合格的材料、构配件和设备,纠正承包单位在工程质量、进度、造价等方面的违规、违章行为。

表6.5 监理工程师通知单(表式B1-5)

<table>
<tr><td>工程名称</td><td>××市××外环快速路桥梁工程</td><td>编　号</td><td></td></tr>
<tr><td colspan="4">致:××建设集团××市政公司(施工单位)
事由:
关于钢筋原材料送检结果不合格的通知。
内容:
依照有关文件和现行工程施工质量验收规范及标准的要求,你单位施工的××市××外环快速路桥梁工程的承台钢筋,原材料送检结果不合格,应整批进行更换,要将钢筋清理出场,并要有处理去向的证明文件,以免继续危害建筑市场。
为此特发此通知,要求施工单位针对此项目的问题进行认真落实,并将检查结果报项目监理部。
项目监理机构(章):××监理公司××项目监理部
总/专业监理工程师:×××
日　　期:××××年××月××日</td></tr>
</table>

6.2.9 监理工程师通知回复单

监理工程师通知回复单(表6.6)与监理工程师通知单配套使用,由施工单位填写。

表6.6　监理工程师通知回复单(表式B1-6)

工程名称	××市××外环快速路桥梁工程	编　号	
致:××监理公司(监理单位) 我方接到编号为××的"监理工程师通知单"后,已按要求完成了钢筋原材料送检结果不合格的整改工作,现报上,请予以复查。 详细内容: 我项目部收到编号为××的"监理工程师通知单"后,立即组织有关人员对现场用于承台部分的不合格钢筋整批进行了更换处理,不合格钢筋全部退场并由厂家回收做报废处理。 经自检更换后钢筋质量符合验收规范的要求。同时对材料检测人员进行了质量意识教育,并保证在今后的施工过程中严格控制原材料质量,确保工程质量目标的实现。 承包单位(章):××建设集团××市政公司 项目经理:××× 日　　期:××××年××月××日			
审查意见: 经对编号为××"监理工程师通知单"提出的问题的整改,项目部已按"监理工程师通知单"整改完毕,经检查符合要求。 (如不符合要求,应具体指明不符合要求的项目或部位,签署"不符合要求,要求承包单位继续整改"的意见) 项目监理机构(章):××监理公司××项目监理部 总/专业监理工程师:××× 日　　期:××××年××月××日			

6.2.10　工程暂停令

施工过程中发生了需要停工处理事件,总监理工程师应签发工程暂停令(表6.7)。工程暂停原因是由承包单位的原因造成的,承包单位申请复工时,除了填报"工程复工报审表"外,还应报送针对导致停工原因所进行的整改工作报告等有关材料。

①"由于原因":应简明扼要地准确填写工程暂停原因。

②"部位(工序)":指根据停工原因的影响范围和影响程度,填写本暂停指令所停工工程的范围。

③要求做好各项工作:指工程暂停后要求承包单位所做的有关工作,如对停工工程的保护措施,针对工程质量问题的整改、预防措施等。

④当引起工程暂停的原因不是非常紧急(如由于建设单位的资金问题、拆迁等),同时工

程暂停会影响一方(尤其是承包单位)的利益时,总监理工程师应在签发暂停令之前,就工程暂停引起的工期和费用补偿等与承包单位、建设单位进行协商,如果总监理工程师认为暂停施工是妥善解决的较好办法时,也应当签发工程暂停令。

⑤签发工程暂停令时,必须注明是全部停工还是局部停工,不得含混。

⑥建设单位要求停工的,但是监理工程师经过独立判断,也认为有必要暂停施工时,可签发工程暂停指令,反之,经过总监理工程师的独立判断,认为没有必要停工,则不应签发工程暂停令。

表 6.7　工程暂停令(表式 B1-8)

<table>
<tr><td>工程名称</td><td>××市××外环快速路排水工程</td><td>编　号</td><td></td></tr>
<tr><td colspan="4">致:××建设集团××市政公司(承包单位)
由于基坑护坡工程施工过程中有边坡坡度没有达到设计要求的原因,现通知你方必须于××××年××月××日起,对本工程的基坑边坡工程北侧 1800 部位(工序)实施暂停施工,并按下述要求做好各项工作:
(1)对此侧边坡进行全面的质量检查并做好检查记录。
(2)对不符合要求的坡度进行处理,使其符合设计要求。
(3)对由于场地限制达不到设计要求坡度的情况可进行基坑支护,需提出方案并进行验算,由设计签发“工程变更单”报项目监理部签认。
完成上述内容后,填报“工程复工报审表”到项目监理部。
项目监理机构:××监理公司××项目监理部
总监理工程师:　　×××
日　　期:　　××××年××月××日</td></tr>
</table>

任务 3　工程进度控制资料收集与编制

任务目标

本任务结合某市政工程实例,通过学习,学生在熟悉基本建设程序的基础上,体验市政工程进度控制资料形成的过程,了解市政工程质量控制资料的主要种类,根据给定的工程实例资料完成工程进度控制相应表格的规范填写及归档,能根据实践过程提出发现的问题,同时能够进行简单的分析并提出解决策略,达到理论联系实际的目的。在学习过程中通过德育渗透,培养学生养成一丝不苟、科学谨慎、认真专注的工匠精神。

6.3.1　工程开工/复工报审表

①工程满足开工(复工)条件后,承包单位报项目监理机构复核和批复开工(复工)时间。

②整个项目一次开工，只填报一次，如工程项目中含有多个单位工程且开工时间不同，则每个单位工程都应填报一次。

③工程名称：指相应的建设项目或单位工程名称，应与施工图的工程名称一致；用于复工报审时，工程填写相应停工令所暂停的分部分项工程名称及工程部位，即需要复工的部位。

④开工（复工）的各种证明材料：承包单位应将"建设工程施工许可证"（复印件）、施工组织设计、施工测量放线资料、现场主要管理人员和特殊工种人员资格证和上岗证、现场管理人员、机具、施工：人员进场情况、工程主要材料落实情况以及施工现场道路、水、电、通信等是否已达到开工条件等证明文件作为附件同时报送。

⑤审查意见：总监理工程师应指定专业监理工程师对承包单位的准备情况进行检查，除检查所报内容外，还应对施工现场临时设施是否满足开工要求；地下障碍物是否清除或查明；测量控制桩、试验室是否经项目监理机构审查确认等进行检查并逐项记录检查结果，报项目总监理工程师审核；总监理工程师确认不具备开工，应简要指出不符合开工条件要求之处。

⑥总监理工程师签发"工程开工/复工报审表"后报建设单位备案，如委托监理合同中需建设单位批准，项目总监审核后报建设单位，由建设单位批准。工期自批准开工（复工）之日起计算。

⑦"工程开工/复工报审表"除委托监理合同中注明需建设单位批准外均由总监理工程师最终签发。

6.3.2　施工进度计划报验申请表

①施工进度计划报验申请是承包单位根据已批准的施工总进度计划，按施工合同约定或监理工程师要求，编制的施工进度计划报项目监理机构审查、确认和批准。

②监理机构对施工进度的审查或批准，并不解除承包单位对施工进度计划的责任和义务。

③"工作"填写所报进度计划的工程名称及时间。

④通过专业监理工程师的审核，提出审查意见报总监理工程师，总监理工程师审核后同意承包单位所报计划，则应签署"本月编制的施工进度计划具有可行性和可操作性，与工程实际情况相符合，满足合同工期及总控制计划的要求，予以通过。同意按此计划组织施工"。如不同意承包单位所报计划则签署"不同意按此进度计划施工"，并就不同意的原因及理由简要列明。

⑤施工进度计划（调整计划）报审程序：

a. 承包单位按施工合同要求的时间编制好施工进度计划，并填报"施工进度计划报验申请表"报监理机构。

b. 总监理工程师指定专业监理工程师对承包单位所报的"施工进度计划报验申请表"，及有关资料进行审查并向总监理工程师报告。

c. 总监理工程师按施工合同要求的时间,对承包单位所报“施工进度计划报验申请表”予以确认或提出修改意见。

6.3.3 工程临时延期申请表

①工程临时延期报审是发生了施工合同约定由建设单位承担的延长工期事件后,承包单位提出的工期索赔,报项目监理机构审核确认。

②总监理工程师在签认工程延期前应与建设单位、承包单位协商,宜与费用索赔一并考虑处理。

③总监理工程师应在施工合同约定的期限内签发“工程临时延期申请表”(表6.8),或发出要求承包单位提交有关延期的进一步详细资料的通知。

④临时批准延期时间不能长于工程最终延期批准的时间。

⑤根据“施工合同条款的规定”:填写提出工期索赔所依据的施工合同条目。

⑥“由于________”:填写导致工期拖延的事件。

⑦工期延长的依据及工期计算:指索赔所依据的施工合同条款;导致工程延期事件的事实;工程拖延的计算方式及过程。

⑧合同竣工日期:指建设单位与承包单位签订的施工合同中确定的竣工日期或已最终批准的竣工日期。

⑨申请延长竣工日期:指合同竣工日期加上本次申请延长工期后的竣工日期。

⑩证明材料:指本期申请延长的工期所有能证明非承包单位原因导致工程延期的证明材料。

⑪工程临时延期报审程序:

a. 承包单位在施工合同规定的期限内,向项目监理机构提交对建设单位的延期(工期索赔)意向通知书。

b. 总监理工程师指定专业监理工程师收集与延期有关的资料。

c. 承包单位在承包合同规定的期限内向项目监理机构提交“工程临时延期申请表”。

d. 总监理工程师指定专业监理工程师初步审查“工程临时延期申请表”是否符合有关规定。

e. 总监理工程师进行延期核查,并在初步确定延期时间后,与承包单位及建设单位进行协商。

f. 监理工程师应在施工合同规定的期限内签署“工程临时延期审批表”;或在施工合同规定期限内,发出要求承包单位提交有关延期的进一步详细资料的通知,待收到承包单位补交的详细资料后,按上述d、e、f条程序进行。

表 6.8 工程临时延期申请表(表式 B5-1-1)

<table>
<tr><td>工程名称</td><td>××市××外环快速路道路工程</td><td>编 号</td><td></td></tr>
<tr><td colspan="4">致:××监理公司(监理单位)
根据施工合同条款第××条的规定,由于建设单位在项目部完成水稳层施工后未能按时供应沥青混合料,造成项目停工,我方申请工程延期,请予以批准。
附件:
(1)工程延期的依据及工期计算:
①工程材料不能及时到位。
②合同中的相关约定。
③影响施工进度网络计划。
④工期计算:(略)
合同竣工日期:××××年××月××日
(2)证明材料。(略)
承包单位:××建设集团××市政公司
项目经理:×××
日 期:××××年××月××日</td></tr>
</table>

6.3.4 工程最终延期审批表

①工程最终延期审批(表6.9)是在影响工期事件结束,承包单位提出最后一个"工程临时延期申请表"批准后,经项目监理机构详细地研究评审影响工期事件全过程对工程总工期的影响后,批准承包单位的有效延期时间。

②总监理工程师在签认工程延期前应与建设单位、承包单位协商,宜与费用索赔一并考虑处理。

③"根据施工合同条款　　条的规定,我方对你方提出的工程延期申请……":分别填写处理本次延长工期所依据的施工合同条和承包单位申请延长工期的原因。

④"(第4号)":填写承包单位提出的最后一个"工程临时延期申请表"编号。

⑤审批意见:在影响工期事件结束,承包单位提出最后一个"工程临时延期申请表"批准后,总监理工程师应指定专业监理工程师复查工程延期及临时延期审批的全部情况,详细地研究评审影响工期事件对工程总工期的影响程度,应由建设单位承担的责任和承包单位采取缩小延期事件影响的措施等。根据复查结果,提出同意工期延长的日历天数,或不同意延长工期的意见,报总监理工程师最终审批,若不符合施工合同约定的工程延期条款或经计算不影响最终工期,项目监理机构总监理工程师在不同意延长工期前"□"内画"√",需延长工期时在同意延长工期前"□"内画"√"。

⑥同意工期延长的日历天数为:由影响工期事件原因使最终工期延长的总天数。

⑦原竣工日期:指施工合同签订的工程竣工日期或已批准的竣工日期。

⑧延迟到的竣工日期:原竣工日期加上同意工期延长的日历天数后的日期。

⑨说明:翔实说明本次影响工期事件和工期拖延的事实和程度,处理本次延长工期所依据的施工合同条款,工期延长计算所采用的方法及计算过程等。

⑩工程延期的最终延期时间应是承包单位的最后一个延期批准后的累计时间,但并不是每一项延期时间的累加,如果后面批准的延期内包含前一项批准延期的内容,则前一项延期的时间不能予以累计。

⑪工程延期审批的依据:承包单位延期申请能够成立并获得总监理工程师批准的依据如下:

a. 工期拖延事件是否属实,强调实事求是。

b. 是否符合本工程施工合同规定。

c. 延期事件是否发生在工期网络计划图的关键线路上,即延期是否有效合理。

d. 延期天数的计算是否正确,证据资料是否充足。

上述 4 条中,只有同时满足前三条,延期申请才能成立。至于时间的计算,监理工程师可根据自己的记录,作出公正合理的计算。

上述前三条中,最关键的一条就是第三条,即:延期事件是否发生在工期网络计划图的关键线路上。因为在承包单位所报的延期申请中,有些虽然满足前两个条件,但并不一定是有效和合理的,只有有效和合理的延期申请才能被批准。也就是说,所发生工期拖延的工程项目必须是会影响到整个工程工期的工程项目,如果发生工期拖延的工程项目并不影响整个工程完工期,那么,延期就不会被批准。

表 6.9　工程最终延期审批表(表式 B5-2-2)

工程名称	××市××外环快速路道路工程	编　号	
致:××建设集团××市政公司(承包单位) 根据施工合同条款××条的规定,我方对你方提出的××市××外环快速路道路工程延期申请(第××号)要求延长工期 30 日历天的要求,经过审核评估: ☑最终同意工期延长 20 日历天。使竣工日期(包括已指令延长的工期)从原来的××××年××月××日延迟到××××年××月××日。请你方执行。 □不同意延长工期,请按约定竣工日期组织施工。 说明: 因建设单位在承包单位完成水稳层的施工任务后,未能按合同约定及时供应沥青混合料,从而造成停工,经甲乙双方协商,同意延长工期。 项目监理机构:××监理公司××工程项目监理部 总监理工程师:××× 日　　期:××××年××月××日			

任务4　工程质量控制资料收集与编制

任务目标

本任务结合某市政工程实例，通过学习，学生在熟悉施工工序及隐蔽验收、分部验收、旁站监理、工程变更的基本程序的基础上，体验市政工程质量控制资料形成的过程，了解市政工程质量控制资料的主要种类，根据给定的工程实例资料完成工程质量控制相应表格的规范填写及归档，能根据实践过程提出发现的问题，同时能够进行简单的分析并提出解决策略，具备工程质量控制资料的编写、收集、整理、归档的职业能力，增强学生执行标准，使用技术资料的能力，使学生具有团队协作的能力。

6.4.1　旁站监理记录

①旁站监理记录(表6.10)是指监理人员在市政工程施工阶段监理中，对关键部位、关键工序的施工质量，实施全过程现场跟班的监督活动所见证的有关情况的记录。

②关键部位、关键工序包括：

a. 在基础工程方面包括土方回填、混凝土灌注桩浇筑、土钉墙、后浇带及其他混凝土、防水混凝土浇筑，卷材防水层细部构造处理。

b. 主体结构工程方面：钢筋隐蔽过程，混凝土浇筑，预应力张拉，装配式结构安装，钢结构安装，网架结构安装，索膜安装。

③承包单位根据项目监理机构制订的旁站监理方案，在需要实施的关键部位、关键工序进行施工前24 h，书面通知项目监理机构。

④凡旁站监理人员和承包单位现场质检人员未在旁站监理记录上签字的，不得进行下一道工序的施工。

⑤凡上述第②条规定的关键部位、关键工序未实施旁站监理或没有旁站监理记录的，专业监理工程师或总监理工程师不得在相应文件上签字。

⑥旁站监理记录在工程竣工验收后，由监理单位归档备查。

⑦施工情况：指所旁站部位(工序)的施工作业内容、主要施工机械、材料、人员和完成的工程数量等。

⑧监理情况：指旁站人员对施工作业情况的监督检查，其主要内容包括：

a. 承包单位现场质检人员到岗情况、特殊工种人员持证上岗以及施工机械、建筑材料准备情况。

b. 在现场跟班监督关键部位、关键工序的施工执行施工方案以及工程建设强制性标准情况。

c. 核查进场建筑材料、建筑构配件、设备和商品混凝土的质量检验报告等。

⑨对旁站时发现的问题可先口头通知承包单位改正,然后应及时签发“监理工程师通知单”。

表 6.10　旁站监理记录表(表式 B3-2)

工程名称	××市××外环快速路××桥梁工程	日　期	××××年××月××日
气　候	最高气温 29 ℃　　最低气温 14 ℃　　风力:1～2 级		
旁站监理的部位或工序:2 号桥墩盖梁混凝土浇筑			
旁站监理开始时间:××××年××月××日 9:00			
旁站监理结束时间:××××年××月××日 12:30			
施工情况: 采用商品混凝土,混凝土强度等级为 C60,配合比编号为××。现场采用汽车泵 1 台进行混凝土的浇筑施工。			
监理情况: 检查混凝土坍落度 4 次,实测坍落度为 148 mm,符合混凝土配合比的要求,制作混凝土试块 2 组(编号:××、××,其中编号为××的试块为见证试块),混凝土浇筑过程符合施工验收规范的要求。			
发现问题:未发现任何质量问题。			
处理意见:			
备注:			
承包单位名称:××建设集团××市政公司 质检员(签字):××× ××××年××月××日		监理单位名称:××监理公司 旁站监理人员(签字):××× ××××年××月××日	

6.4.2　工程变更单

①在施工过程中,建设单位、承包单位提出工程变更要求报项目监理机构的审核确认,工程变更单见表 6.11。

②“由于________”填写引发工程变更的原因。

③“兹提出________工程变更”填写说明工程变更的部位和变更题目。

④附件:应包括工程变更的详细内容、变更的依据,工程变更对工程造价及工期的影响分析和影响程度,对工程项目功能、安全的影响分析,必要的附图等。

⑤提出单位:指提出工程变更的单位。

⑥一致意见:项目监理机构经与有关方面协商达成的一致意见。

⑦建设单位代表:指建设单位派驻施工现场履行合同的代表。

⑧设计单位代表:指设计单位派驻施工现场的设计代表或与工程变更内容有关专业的原设计人员或负责人。

⑨项目监理机构:指项目总监理工程师。

⑩承包单位代表:指项目经理。承包单位代表签字仅表示对有关工期、费用处理结果的签认和工程变更的收到。

⑪工程变更的处理程序:

A. 设计单位对原设计存在缺陷提出的工程变更,应编制设计变更文件;建设单位或承包单位提出的工程变更,应提交总监理工程师,由总监理工程师组织专业监理工程师审查。审查同意后,应由建设单位转交原设计单位编制设计变更文件。当工程变更涉及安全、环保等内容时,应按规定经有关部门审定。

B. 项目监理机构应了解实际情况和收集与工程变更有关的资料。

C. 总监理工程师必须根据实际情况、设计变更文件和其他有关资料,按照施工合同的有关条款,在指定专业监理工程师完成下列工作后,对工程变更的费用和工期做出评估:

a. 确定工程变更项目与原工程项目之间的类似程度和难易程度。

b. 确定工程变更项目的工程量。

c. 确定工程变更的单价或总价。

表 6.11　工程变更单(表式 B3-6)

<table>
<tr><td>工程名称</td><td colspan="2">××市××外环快速路道路工程</td><td>编　号</td><td></td></tr>
<tr><td colspan="5">致:××监理公司(监理单位)
由于 K1+150 ~ K2+100 出现软基,碾压后出现“弹簧”现象,达不到设计及规范的要求,兹提出挖除软土换填碎石土的工程变更(内容见附件),请予以审批。
附件:
工程洽商记录(编号:××)
(必要的实验、测量及计算资料)
提出单位:××建设集团××市政公司
代表人:×××
日　　期:××××年××月××日</td></tr>
<tr><td colspan="5">一致意见:
同意挖除软土,换填碎石土。</td></tr>
<tr><td>建设单位代表
(签名)
×××
日期:××××年××月××日</td><td>设计单位代表
(签名)
×××
日期:××××年××月××日</td><td colspan="2">项目监理机构代表
(签名)
×××
日期:××××年××月××日</td><td>承包单位代表
(签名)
×××
日期:××××年××月××日</td></tr>
</table>

D. 总监理工程师应就工程变更费用及工期的评估情况与承包单位和建设单位进行协调。

E. 总监理工程师签发“工程变更单”。“工程变更单”应包括工程变更要求、工程变更说明、工程变更费用和工期、必要的附件等内容,有设计变更文件的工程变更应附设计变更文件。

F. 项目监理机构应根据工程变更单监督承包单位实施。

⑫项目监理机构在处理工程变更中的权限：

a. 所有工程变更必须经总监理工程师的签发，承包单位方可实施。

b. 建设单位或承包单位提出工程变更时应经总监理工程师审查。

c. 项目监理机构对工程变更的费用和工期做出评估只是作为与建设单位、承包单位进行协商的基础。没有建设单位的充分授权，监理机构无权确定工程变更的最终价格。

d. 当建设单位与承包单位就工程变更的价格等未能达成一致时，监理机构有权确定暂定价格来指令承包单位继续施工和便于工程进度款的支付。

任务5　工程造价控制资料收集与编制

任务目标

本任务结合某市政工程实例，通过学习，学生在熟悉市政工程款支付、索赔的基本程序的基础上，体验市政工程造价控制资料形成的过程，了解市政工程造价控制资料的主要种类，根据给定的工程实例资料完成工程造价控制相应表格的规范填写及归档，能根据实践过程提出发现的问题，同时能够进行简单分析并提出解决策略，具备工程造价控制资料的编写、收集、整理、归档的职业能力，增强学生执行标准，使用技术资料的能力，使学生具有一定的团队合作、沟通互助、技术交流的能力。

6.5.1　工程款支付申请表

①承包单位根据施工合同中工程款支付约定，向项目监理机构申请开具工程款支付证书。

②申请支付工程款金额包括合同内工程款，工程变增减费用、批准的索赔费用，扣除应扣预付款、保留金及施工合同中约定的其他费用。

③“我方已完成了工作”：填写经专业监理工程师验收合格的工程；定期支付进度款的填写；本支付期内经专业监理工程师验收合格工程的工作量。

④工程量清单：指本次付款申请中的经专业监理工程师验收合格工程的工程量清单统计报表。

⑤计算方法：指以专业监理工程师签认的工程量按施工合同约定采用的有关定额（或其他计价方法的单价）的工程价款计算。

⑥根据施工合同约定，需建设单位支付工程预付款的，也采用此表向监理机构申请支付。

⑦工程款申请中如有其他和付款有关的证明文件和资料时，应附有相关证明资料。

6.5.2　工程款支付证书

①“工程款支付证书”是项目监理机构在收到承包单位的“工程款支付申请表”，根据施工合同和有关规定审查复核后签署的应向承包单位支付工程款的证明文件。

②建设单位：指工程施工合同中的发包人。

③承包单位申报款：指承包单位向监理机构申报“工程款支付申请表”中申报的工程款额。

④经审核承包单位应得款：指经专业监理工程师对承包单位向监理机构填报“工程款支付申请表”审核后，核定的工程款额。包括合同内工程款、工程变更增减费用、经批准的索赔费用等。

⑤本期应扣款：指施工合同约定本期应扣除的预付款、保留金及其他应扣除的工程款的总和。

⑥本期应付款：指经审核承包单位应得款额减本期应扣款额的余额。

⑦承包单位的工程付款申请表及附件：指承包单位向监理机构申报的“工程款支付申请表”及其附件。

⑧项目监理机构审查记录：指总监理工程师指定专业监理工程师，对承包单位向监理机构申报的“工程款支付申请表”及其附件的审查记录。

⑨总监理工程师指定专业监理工程师对工程款支付申请中包括合同内工作量、工程变更增减费用、经批准的费用索赔、应扣除的预付款、保留金及施工合同约定的其他支付费用等项目应逐项审核，并填写审查记录，提出审查意见报总监理工程师审核签认。

6.5.3　费用索赔申请表

①费用索赔申请(表6.12)是承包单位向建设单位提出费用索赔，报项目监理机构审查确认和批复。

②“根据施工合同条款_条的规定”：填写提出费用索赔所依据的施工合同条目。

③“由于________”：填写导致费用索赔的事件。

④索赔的详细理由及经过：指索赔事件造成承包单位直接经济损失，索赔事件是由于非承包单位的责任发生的等情况的详细理由及事件经过。

⑤索赔金额计算：指索赔金额计算书，索赔的费用内容一般包括人工费、设备费、材料费、管理费等。

⑥证明材料：指上述两项所需的各种证明材料，包括合同文件；监理工程师批准的施工进度计划；合同履行过程中的来往函件，施工现场记录，工地会议纪要；工程照片；监理工程师发布的各种书面指令；工程进度款支付凭证；检查和试验记录；汇率变化表；各类财务凭证；其他

有关资料。

⑦承包单位向建设单位索赔的原因。

表 6.12　费用索赔申请表(表式 B4-4)

工程名称	××市××外环快速路桥梁工程	编　号	
致:××监理公司(监理单位) 根据施工合同条款××条的规定,由于1~5号桥墩混凝土工程已按原设计图施工完毕,设计单位变更通知修改,按洽商附图施工的原因,我方要求索赔金额(大写)贰拾玖万叁仟零伍拾元整,请予以批准。 索赔的详细理由及经过: 1~5号桥墩混凝土工程已按施工图纸(结-10,结-1)施工完毕后,设计单位变更通知修改,以核发的新设计图为准。因平面布置、配筋等均发生重大变动,造成我方直接经济损失。 索赔金额的计算: (根据实际情况,依照工程概预算定额计算) 附:证明材料。 工程洽商记录及附图 (证明材料主要包括有:合同文件;监理工程师批准的施工进度计划;合同履行过程中的来往函件;施工现场记录;工地会议纪要;工程照片;监理工程师发布的各种书面指令;工程进度款支付凭证;检查和试验记录;汇率变化表;各类财务凭证;其他有关资料。 承包单位:××建设集团××市政公司 项目经理:××× 日期:××××年××月××日			

6.5.4　费用索赔审批表

①总监理工程师应在施工合同约定的期限内签发费用索赔报审表(表6.13),或发出要求承包单位提交有关费用索赔的进一步详细资料的通知。

②“根据施工合同条款的规定”:填写提出费用索赔所依据的施工合同条目。

③“你方提出的费用索赔申请”:填写导致费用索赔的事件。

④审查意见:专业监理工程师应首先审查索赔事件发生后,承包单位是否在施工合同规定的期限内(28 d),向专业监理工程师递交过索赔意向通知,如超过此期限,专业监理工程师和建设单位有权拒绝索赔要求;其次,审核承包单位的索赔条件是否成立;第三,应审核承包单位报送的“费用索赔申请表”,包括索赔的详细理由及经过、索赔金额的计算及证明材料;如不满足索赔条件,专业监理工程师应在“不同意此项索赔”前“□”内打“√”;如符合条件,专

业监理工程师就初定的索赔金额向总监理工程师报告、由总监理工程师分别与承包单位及建设单位进行协商，达成一致或监理工程师公正的自主决定后，在“同意此项索赔”前“□”内打“√”，并把确定金额写明，如承包人对监理工程师的决定不同意，则可按合同中的仲裁条款提交仲裁机构仲裁。

⑤同意/不同意索赔的理由：同意索赔的理由应简要列明；对不同意索赔，或虽同意索赔但其中的不合理部分应简要说明。

⑥索赔金额的计算：指专业监理工程师对批准的费用索赔金额的计算过程及方法。

表6.13　费用索赔审批表（表式B4-5）

工程名称	××市××环××桥工程	编　号	
致：××建设集团××市政公司（承包单位） 根据施工合同条款××条的规定，你方提出的因工程设计变更而造成的费用索赔申请（第××号），索赔（大写）壹拾万伍仟肆佰陆拾贰元整，经我方审核评估： □不同意此项索赔。 （同意此项索赔，金额为（大写）壹拾万伍仟肆佰陆拾贰元整。 同意/不同意索赔的理由： （1）费用索赔属于非承包方的原因。 （2）费用索赔的情况属实。 索赔金额的计算： （1）同意1—3号桥墩钢筋拆除重做的费用。 （2）同意工程设计变更增加的合同外的施工项目的费用。 （3）工程延期5天，增加管理费3 000元。 项目监理机构：××监理公司××工程项目监理部 总监理工程师：××× 日期：××××年××月××日			

名人名言

我的事业在中国，我的成就在中国，我的归宿在中国。

——钱学森

项目小结

通过本章的学习,使学生熟悉了监理单位文件的形成过程,熟悉了市政工程监理资料的内容和归档要求,主要监理文件的编写及施工进度计划报验申请表、工程临时延期申请表、工程暂停令等表格的填写要求,使学生掌握了监理文件的分类及市政工程监理文件档案资料管理、监理质量控制资料、监理进度控制资料、监理造价控制资料,监理规划的主要内容,掌握监理实施细则的编制要求,使学生了解施工阶段监理工作的基本表格的形式,了解监理管理资料及监理工作总结的范本,并能对监理资料的内容进行分类和整理。

参考文献

[1] 中国建筑工业出版社. 现行市政工程规范大全[M]. 北京:中国建筑工业出版社,2011.

[2] 李忠湧. 房屋建筑工程和市政基础设施工程竣工验收备案管理必读[M]. 上海:同济大学出版社,2002.

[3] 王立信. 建筑工程技术资料应用指南[M]. 北京:中国建筑工业出版社,2003.

[4] 建筑与市政工程施工现场专业人员 职业标准培训教材编审委员会,中国建设教育协会. 资料员岗位知识与专业技能[M]. 2 版. 北京:中国建筑工业出版社,2017.

[5] 中国城市规划协会地下管线专业委员会,北京筑业志远软件开发有限公司. 市政基础设施工程施工资料应用指南——城镇道路、城市桥梁、给排水管道、给排水构筑物分册[M]. 北京:中国建材工业出版社,2016.

配套数字资源列表

序号	资源名称	资源类型
1	资料的类别及编号	PDF 拓展材料
2	单位、分部、分项工程及检验批划分表	PDF 拓展材料
3	填报资料填写内容及要求	PDF 拓展材料
4	压实	动画
5	无机结合料稳定层路拌法施工	动画
6	无机结合料稳定材料无侧限抗压强度试验	动画
7	热拌沥青混合料结构层施工	动画
8	沥青表面接缝处理	动画
9	路面摩擦系数测定	动画
10	钻孔灌注桩	动画
11	悬臂法施工	动画
12	后张法预应力	动画
13	灌砂法(压实度)	动画
14	机械取土掘进顶管法	动画
15	管道牵引铺设(普通)	动画
16	法兰盘联结(管道)	动画